ज्ञान गरिमा के
65 वर्ष

भारतीय ज्ञानपीठ

णाणं
पयासयं
वीर नि.सं. 2470
ई.सन् 1944
भारतीय ज्ञानपीठ

वसीयतनामा

(पं. सूर्यनारायण व्यास के प्रतिनिधि व्यंग्य)

वसीयतनामा

पं. सूर्यनारायण व्यास के प्रतिनिधि व्यंग्य

सम्पादक

राजशेखर व्यास

भारतीय ज्ञानपीठ

लोकोदय ग्रन्थमाला : ग्रन्थांक 947

ग्रन्थमाला सम्पादक

रवीन्द्र कालिया

सह-सम्पादक

गुलाबचन्द्र जैन

पहला संस्करण : 2008
दूसरा संस्करण : 2009

ISBN 978-81-263-1746-2

प्रकाशक :
भारतीय ज्ञानपीठ
18, इन्स्टीट्यूशनल एरिया, लोदी रोड
नयी दिल्ली-110 003

मुद्रक : श्रीकृष्णा ऑफसेट, दिल्ली-110 093

आवरण-चित्र : सुधीर तैलंग
आवरण-सज्जा : चन्द्रकान्त शर्मा

दूसरा संस्करण : 2009
मूल्य : 170 रुपये

VASIYATNAMA
(Satairs)
by Pt. Suryanarayan Vyas
Edited by Rajshekhar Vyas

Published by
Bharatiya Jnanpith
18, Institutional Area, Lodi Road
New Delhi-110 003
e-mail : jnanpith@satyam.net.in, sales@jnanpith.net
website : www.jnanpith.net

Second Edition : 2009
Price : Rs. 170

जयशंकर प्रसाद

सिद्धनाथ माधव आगरकर

श्रीनारायण चतुर्वेदी

माखनलाल चतुर्वेदी

विनोदशंकर व्यास

पांडेय बेचन शर्मा 'उग्र'

भानुदास शाह

महन्त मुंजीराम

डी.पी. शर्मा

पा.रा. तारे

विजय भट्ट

और

पंडित व्यास की विनोद मंडली के

सभी दिवंगत और विद्यमान पात्रों की

सुगन्धित सुस्मृति में सादर

उपोद्घात

व्यास जी और व्यंग्य

"या तो दीवाना हँसे, या तू जिसे तौ.फीक दे
वर्ना इस दुनिया में या रब मुस्कुराता कौन है?"

पं. सूर्यनारायण व्यास बेहद खुशमिज़ाज, हँसमुख, विनोदप्रिय व्यक्ति थे। उनकी खुशमिज़ाजी और विनोदप्रियता की चर्चा अनेक साहित्यकारों ने की है। यूँ व्यंग्य-विनोद उनका केन्द्रीय लेखन नहीं था, किन्तु जैसा उनकी प्रतिनिधि रचनाओं के सम्पादक डा. प्रभाकर श्रोत्रिय ने 'अनुष्टुप' में लिखा है—

"साहित्य के क्षेत्र में किसी भी विधा की अपेक्षा व्यास जी ने हास्य—व्यंग्य सबसे अधिक लिखे हैं। समकालीन विकृति पर उन्होंने मखौल-भरे व्यंग्य यथासमय किये हैं। यद्यपि आज व्यंग्य की चुभन और आस्वाद बदल गये हैं, लेकिन यदि इन व्यंग्यों को अपने युग की कसौटी पर कस सकें तो वे एक विशिष्ट स्थान के अधिकारी होंगे, क्योंकि उनके अतिरिक्त किसी हास्य-व्यंग्यकार ने अपने लेखों में ऐतिहासिक पृष्ठभूमि का प्रयोग नहीं किया है। यह हिन्दी-व्यंग्य की दृष्टि से एक सार्थक प्रयोग है। व्यास जी के व्यंग्य में चुभन कम, मखौल या उपहास ज़्यादा है, लेकिन उनके सांस्कृतिक व्यक्तित्व के कारण उसमें कहीं भी फूहड़पन नहीं आ पाया है, अलबत्ता 'उग्रजी' से एक अरसे तक उनकी संगत रही है। उनके व्यंग्य-लेखन के सन्दर्भ में उल्लेखनीय बात यह है कि यह उनका केन्द्रीय लेखन नहीं है। यह भारी-भरकम शोध से राहत पाने का ज़रिया है और इसीलिए इस पर पूरे साहित्यिक अस्त्र-शस्त्रों के साथ कूद पड़ने की ज़रूरत नहीं है। इसी तरह उनकी पैरोडियों और हलकी-फुलकी रचनाओं के बारे में समझना चाहिए।" (*अनुष्टुप,* आकलन, डॉ. प्रभाकर श्रोत्रिय, म.प्र. शासन साहित्य परिषद् प्रकाशन, भोपाल 1972)

जब शरद जोशी और हरिशंकर परसाई पालने में शायद अँगूठा चूस रहे होंगे,

उसी काल में जी. पी. श्रीवास्तव (लतखोरीलाल) विनोद शर्मा, भैया सा. उर्फ पं. श्रीनारायण चतुर्वेदी, अन्नपूर्णानन्द (स्व. डॉ. सम्पूर्णानन्द के भाई), पांडेय बेचन शर्मा 'उग्र', पं. सूर्यनारायण व्यास, मतवाला, स्वराज, वीणा, वाणी मालव मयूर, हंस, आज भविष्य, अभ्युदय, कर्मवीर, चाँद में निरन्तर व्यंग्य—विनोद, व्यंग्य—विनोद के स्तम्भ लिख रहे थे, धारावाहिक लिख रहे थे।

पं. सूर्यनारायण व्यास का पहला व्यंग्य—संग्रह 'तू-तू : मैं-मैं' पुस्तक भवन काशी से वर्ष 1935 में प्रकाशित हुआ था। बाद में इसी विषय पर लगभग 60 वर्ष बाद 'तू-तू : मैं-मैं' धारावाहिक सेटेलाइट चैनल पर प्रसारित हुआ। (इस पुस्तक को भी अभी पंडित व्यास जन्म शताब्दी वर्ष प्रसंग में वर्ष 2001 में हर्षिता प्रकाशन, ई-11/5, महरौली, दिल्ली ने पुनः प्रकाशित किया है।)

1976 में जब पं. व्यास का देहावसान हुआ, तब मैं बमुश्किल 13 या 14 वर्ष का था। उन्हीं दिनों मुझे मुम्बई जाने का अवसर मिला। प्रख्यात फ़िल्म निर्माता—निर्देशक और भारतीय सिनेमा के भीष्म पितामह श्री विजय भट्ट के घर ठहरा। वे पं. व्यास के अनन्य अन्तरंग मित्र-सखा थे। 'रामराज्य', 'भरत-मिलाप', 'बैजूबावरा', 'गूँज उठी शहनाई' आदि फ़िल्मों से विख्यात होने से पूर्व वे पंडित जी के साथ अत्यन्त महत्त्वपूर्ण ऐतिहासिक फ़िल्म 'सम्राट विक्रमादित्य' (पृथ्वीराज कपूर, रत्नमाला) एवं 'कवि कालिदास' (भारत भूषण, निरूपा राय) पंडित जी के मार्ग-निर्देशन में एवं उन्हीं की प्रेरणा से निर्मित कर चुके थे।

बिजू भाई जैसे बुजुर्ग निर्देशक विचारक ने मुझे व्यास जी के बारे में संस्मरण सुनाते हुए कहा था—पंडित व्यास बेहद विनोदप्रिय थे। मुम्बई में वर्ष 1942 में वे मेरे घर 21 दिन रहे, और आज यदि मुझसे कोई जीवन के इस उत्तरार्ध में पूछे कि आपके जीवन की सबसे महत्त्वपूर्ण निधि क्या है, तो मैं अपने द्वारा निर्मित—निर्देशित फ़िल्मों का नहीं, वरन् उन 21 दिनों का ज़िक्र करना चाहूँगा, जो मैंने पंडित व्यास के साथ हँसते-मुस्कुराते और ठहाका लगाते बिताये। वे इतने मज़ाकिया थे कि पूछो मत! उनके हर व्यंग्य में जीवन होता था, हर बात में हास्य का पुट होता था। यही विनोद, उनके संघर्षशील क्रान्तिकारी जीवन का आधार था। उन्होंने जीवन को विनोद बना लिया था। तो यह जो विनोदप्रियता है पं. व्यास की, मुझे लगता है इसके संस्कार उन्हें बचपन में ही मिल गये थे। वे वर्ष 1919 में काशी में पढ़ने गये थे। वहाँ उन्हें जयशंकर प्रसाद, पं. विनोदशंकर व्यास, 'उग्र', लाला भगवानदीन, शिवपूजन सहाय जैसे विनोदप्रिय लोगों की मंडली के साहचर्य का सौभाग्य मिला। (देखें *'प्रसाद स्मृति', माधुरी,* जुलाई 1939) एवं *'यादें'* (भारतीय ज्ञानपीठ, वर्ष 2001)। प्रायः प्रसाद जी की बैठक में पं. व्यास का भी सहज एवं नियमित प्रवेश था। बनारस से हँसी-ठट्ठे और ठहाके लेकर जो वे आये, तो मालवा में उनका साहचर्य हास्य-व्यंग्य विनोद सम्राट और प्रख्यात

क्रान्तिकारी, पत्रकार तथा 'कर्मवीर' एवं 'स्वराज्य' के सम्पादक सिद्धनाथ माधव आगरकर से हुआ। आगरकर जी ने ही उन्हें नाम दिया था 'व्यासाचार्य' और उन्होंने ही व्यास जी से इसी उपनाम से राजनीतिक एवं शिष्ट हास्य-व्यंग्य में अनेक स्तम्भ लिखवाये, जो स्वराज्य, कर्मवीर, क्रान्ति, सैनिक एवं आज में बराबर प्रकाशित भी होते रहे। व्यासाचार्य नाम से ही लिखे उनके व्यंग्य लेख 'तू-तू : मैं-मैं', वाग्युद्धकला, गद्य-गौरव, श्वान प्रबन्ध, अक्ल सप्लाय एंड को., विद्वत गर्व-हरण मंडली, बहुत मशहूर हुए थे और इसी नाम से फिर 1935 में जो व्यासाचार्य की पुस्तक काशी से प्रकाशित हुई—'तू-तू : मैं-मैं'—वह वास्तव में इसी अवधि में लिखे गये लेखों का संग्रह था।

बाद के काल में परिस्थितियों के कारण और विभिन्न कारणों से अपने महान ऋषि पिता के स्वर्गवास एवं क्रान्तिकारी गतिविधियों में, स्वतन्त्रता-संग्राम में सक्रिय रहने के कारण पत्रकारिता में संलिप्त हो जाने से व्यास जी का व्यंग्य-लेखन जब कम होने लगा तो पं. सिद्धनाथ माधव आगरकर ने उन्हें पत्र लिखा—

"तबियत में एक बार फिर वही मस्ती आने दीजिए, जो आपकी निजी प्रकृति रही है। हम लोग भौतिक सुखों की शोध में अपना आनन्द खो रहे हैं। 'भारती भवन' (पंडित व्यास का आवास) के सुधारू न वाढ़ विड़े ली आवृति (सुधारकर विस्तृत किये हुए संस्करण) में बैठे हुए सू. ना. व्यास से मुझे व्यासाचार्य की वह मस्त मूर्ति अधिक आकर्षित करती है, जो दुनिया को ललकारकर लड़ने के लिए ख़म ठोककर तैयार रहती थी। मैं वो दिन भूला नहीं, जब अकृत्रिम रीति से जनसेवा का आदर्श सामने रहता था, उस आनन्द और मस्ती की कल्पना आज भी मन को आनन्द देती है। उस समय शायद विभूति कम थी, परन्तु जीवन का वैभव अधिक था, उस 'कुटी' की साहित्य-साधना क्या कभी भूलने की बात है?" (*आगरकर स्मृति*, पुनः *'यादें'*, भारतीय ज्ञानपीठ, 2001)

अपने आरम्भिक संघर्षकाल में पंडित व्यास ने एक कुटिया में रहकर साहित्य-साधना की थी, जिसमें उनके अंतरंग साहित्यकर्मी प्रो. रमाशंकर शुक्ल 'हृदय', सिद्धनाथ माधव आगरकर, प्रो. गोपीकृष्ण शास्त्री आदि ने क्रान्तिकारी सहित्य का अनुवाद करने के साथ-साथ हास्य-व्यंग्य के लिए एक 'विद्वत्-गर्व-हरण मंडली' भी बनायी थी। इस मंडली में प्राय: देश-विदेश के विद्वानों का मान—मर्दन बड़े ही मज़ेदार ढंग से किया जाता था। मराठी और गुजराती में भी पंडित जी व्यंग्य लिखते थे और वे अनेक पत्रों में प्रकाशित भी हुए हैं।"

डॉ. शिवमंगल सिंह सुमन ने लिखा है—"राजशेखर द्वारा वर्णित युग की प्रतीति तो मुझे नहीं, पर अपने युग में मैंने आधुनिक राजशेखर पं. सूर्यनारायण व्यास के सभामंडल में इस परीक्षा का दृश्य कई बार देखा था। इसे भी संयोग कहा जाएगा

कि व्यास जी के व्यक्तित्व में राजशेखर की विद्वता और रसिकता दोनों का अद्भुत सम्मिश्रण था। ऐसी विद्वत् मंडली में मुझ-जैसे नौसिखिए के लिए कोई स्थान नहीं था। मैं तो काव्यशास्त्र—विनोद के क्षेत्र में उनके अखाड़े का लठमार था, जो बाद में पहलवान बनने का दम्भ करने लगा। उनकी संवेदनशीलता के सहभागी तो स्व. रमाशंकर शुक्ल 'हृदय' और गोपीकृष्ण शास्त्री जैसे मर्म-मधुर मनीषी थे।'' (*नई दुनिया,* 23 जून, 1977)

1919 से व्यंग्य—लेखन आरम्भ करने वाले व्यास जी सिर्फ़ व्यासाचार्य नाम से ही नहीं, अपितु अनेक छद्म नामों से भी लिखते थे—मसलन ख़ग, डॉ. एकान्तबिहारी, डॉ. चक्रधरशरण, महाकवि अंटशंटाचार्य, मालवसुत। वर्ष 1942 के आते-आते उनका व्यंग्य-लेखन पूरे उफान पर था। जब उन्होंने हिन्दी मासिक 'विक्रम' का प्रकाशन आरम्भ किया तो उसमें 'महन्त मूँजीराम' नाम से प्रति माह एक नियमित व्यंग्य-स्तम्भ लिखते रहे। विक्रम के अनेक अंकों में उनकी व्यंग्य—विनोद रचनाएँ बिखरी पड़ी हैं। विक्रम के ''होली अंक'' पूरे-के-पूरे उन्होंने लिखे हैं। अपने व्यंग्य लेखों में वर्ष 1942, 43, 44, 45, 46 में जब देश पराधीन था, सर विंस्टन चर्चिल, एटली, लार्ड इरविन, लार्ड माउंटबेटन तक के उन्होंने मज़ाक और उनके बेहतरीन कार्टून भी बनवाए। उज्जैन में उस समय दो प्रमुख व्यवसायी फर्म एवं मिल्स थीं—विनोदीराम बालचन्द एवं द विनोद मिल्स लि.। पंडित व्यास ने मुखपुष्ठ पर ही 'द विनोद मिल्स अन- लिमिटेड' का बेहद मज़ेदार कार्टून बनवाया था। विक्रम का वह होली अंक पं. व्यास के व्यंग्य-विनोद और सूझबूझ का एक बेहतरीन नमूना है।

पंडित व्यास का लिखा एक व्यंग्य—लेख तो उस समय बेहद मशहूर हुआ, जो अपने ढंग का सर्वथा अनूठा व्यंग्य था, जिसकी लपेट में डॉ. वासुदेवशरण अग्रवाल, प्रो. वि. वा. मिराशी, आचार्य हजारीप्रसाद द्विवेदी, डॉ. भगवतशरण उपाध्याय जैसे अनेक प्रसिद्ध विद्वान भी आ गये थे। उसकी कथा बड़ी ही दिलचस्प है। हुआ यह कि पंडित व्यास ने सोचा अ—कविता, अ—कहानी का दौरा आया तो 'अ-अनुसन्धान' भी होना चाहिए। प्रायः पंडित व्यास उन तथाकथित विद्वानों और पुरातत्त्ववेत्ताओं का मज़ाक उड़ाते ही रहते थे, जो किसी भी ऐतिहासिक विषय में शोध कर प्रमाण के लिए मनुष्य पर कम और शिलालेख, शिलाखंड, पत्थर, सिक्के, ताम्रपत्रों, और भोजपत्रों पर ज़्यादा यक़ीन करते थे। ऐसे में शोधी विद्वान इतिहासकार पुरातत्त्ववेत्ता पंडित व्यास का मुख्य कार्य विक्रम और कालिदास पर था। उनके जन्म, जन्म-स्थान, काल पर उन्होनें असाधारण कार्य किया था; इसी पर पाश्चात्य गति-मति से प्रभावित विद्वानों की टिप्पणी से खीजकर उन्होंने एक लेख लिखा—''अवन्ती में फिर जन्मे हैं कालिदास—लेखक डॉ. एकान्तबिहारी।'' यह लेख साप्ताहिक हिन्दुस्तान के होली अंक में प्रकाशनार्थ-गम्भीर विनोद, टिप्पणी लगाकर भेज दिया। इस लेख

में उन्होंने (चूँकि वे स्वयं संस्कृत के भी महान विद्वान थे) पद्यमय भाषा में संस्कृत में स्वयं कालिदास की तरह अनुष्टुप छन्द में आत्मकथात्मक परिचय लिखा है। मैं कैसे, कहाँ जन्मा और किस काल में कौन-कौन से ग्रन्थों की रचना मैंने कब-कब और क्यों तथा किन परिस्थितियों में की, जैसी सभी बातें बड़े ही सुन्दर श्लोकों में अंकित हैं। हाँ, सचमुच के पत्थर (प्रस्तर) पर वह पद्य अंकित भी किया और उसमें यह भी लिखा है कि मेरे जाने के बाद किसी भी कारणवश मुझे लेकर कोई विवाद न हो। अतः यह शिलालेख पर अंकित करवाकर फलाने मन्दिर में सुरक्षित रखवा रहा हूँ ताकि वक़्ते-ज़रूरत काम आए, यानी सनद रहे। इस शिलालेख के चित्र भी लेख के साथ संलग्न किये।

दुर्भाग्यवश या सौभाग्यवश यह 'साप्ताहिक हिन्दुस्तान' के होली अंक में तो नहीं छपा और उस पर लगी गम्भीर विनोद की टिप्पणी भी कहीं अन्यत्र हो गयी। कुछ अर्से बाद अचानक वह लेख फिर सम्पादक डा. बाँकेबिहारी भटनागर के हाथ आ गया। उन्हें लगा, अरे यह तो पं. सूर्यनारायण व्यास का लिखा बहुत महत्त्वपूर्ण शोध—लेख है। उन्होंने, आव देखा न ताव, कालिदास जयंती के अवसर पर उसे छाप दिया।

इसके बाद से देशभर के विद्वानों की चिट्ठी-पत्री आना प्रारम्भ हो गयी, अनेक मत-सम्मत आने लगे, खंडन-मंडन होने लगा, तर्क-वितर्क शुरू हो गये, अनेक लेख पक्ष-विपक्ष में लिखे गये। यहाँ तक तो ठीक था, अनेक खोजी विद्वान शिलालेख देखने उज्जैन भी आ टपके। मामला जब बहुत बढ़ गया तब पंडित व्यास को पत्र-पत्रिकाओं में, अख़बारों में लेख लिखकर बताना पड़ा कि यह डॉ. एकान्तबिहारी कौन है और यह व्यंग्य-लेख उन्होंने क्यों लिखा? उन्होंने पाठकों के मानसिक स्तर का भी मज़ा लेते हुए कहा कि अ—कविता, अ—कहानी के दौर में अ—अनुसंधान का अभी दौर नहीं आया। अतः पुनः डॉ. एकान्तबिहारी एकान्त में चले गये हैं।

वह गम्भीर शोध—लेख एवं 'डॉ. एकान्तबिहारी मेरा अभिन्न' प्रस्तुत ग्रन्थ में दिये जा रहे हैं। सबसे दिलचस्प घटना तो तब हुई, जब लखनऊ से प्रकाशित मासिक 'राष्ट्रधर्म' के सम्पादक पं. आनन्द मिश्र अभय ने मुझे पुनः पत्र लिखा कि मुझे पंडित व्यास का वह शोधपूर्ण निबन्ध 'अवन्ति में फिर जन्मे हैं कालिदास', जिसमें उन्होंने कालिदास के जन्म और काल का शिलालेख तक खोज निकाला था, पुनः प्रकाशनार्थ चाहिए। मैंने उनसे कहा कि यह व्यंग्य लेख है तो उन्होंने सच मानिए मेरी अल्पबुद्धि पर तरस खाया, जो ऐसे शोधपूर्ण लेख को समझ नहीं पाया।

प्रायः हिन्दी साहित्य के बारे में और हमारे देश के बारे में यह भी कहा जाता है कि हम भारतीयों में 'सैन्स ऑफ ह्यूमर' का अभाव है, हम अपना मज़ाक स्वयं नहीं उड़ा पाते। दूसरों का मज़ाक उड़ाना हमारे लिए सहज-सरल है, पर अपना मज़ाक हम सह नहीं पाते, दूसरों का मज़ाक क्षण भर में बनानेवाले हम अपने मज़ाक से क्षण

भर में नाराज़ हो जाते हैं। इस ग्रन्थ में उनकी व्यक्तिगत निजी डायरी से अब तक सर्वथा अप्रकाशित एक बेहद मजेदार आत्म-व्यंग्य दिया जा रहा है। हुआ यह कि भारत के प्रथम राष्ट्रपति डॉ. राजेन्द्रप्रसाद के हाथों उन्हें 'पद्मभूषण' का सम्मान प्राप्त हुआ (1958)।

जिस दिन उन्हें 'पद्मभूषण' प्राप्त हुआ, उसी रात अपनी डायरी में उन्होंने अद्भुत व्यंग्य लिखा 'पद्मभूषण का पाश', टिप्पणी के अन्त में जो पंक्ति उन्होंने लिखी है, उसे पद्मभूषण पंडित व्यास जैसा व्यक्ति ही लिख सकता था—'पद का पाश विकसित व्यक्ति का पराभव नहीं कर सकता।'

पंडित व्यास अपने नाम का मज़ाक उड़ाते हुए लिखते हैं—''मैं नाम का सूर्य (मुझमें प्रकाश कहाँ), ऐसे ही यह नाम का पद्म (इसमें भी सुगन्ध कहाँ), ऐसी अनेक छोटी-छोटी चुटीली बातों से पद्मभूषण उपाधि मिलने पर इसके बहाने अपना मज़ाक उड़ाया। बाद में तो उन्होंने 1967 में 'अँग्रेजी' को अनन्तकाल तक जारी रखने के विधेयक के विरोध में शासन को अपना 'पद्मभूषण' लौटाकर मानो सचमुच हिन्दी के उन भाँडों का भी मज़ाक उड़ाया, जो पद्मश्री-पद्मभूषण पाने के लिए शासन-सत्ता के आगे बिछ-बिछ जाते हैं।''

'अनुष्टप' में डॉ. प्रभाकर श्रोत्रिय ने एक और महत्त्वपूर्ण बात पकड़ी है। पंडित व्यास के अतिरिक्त हिन्दी में शायद ही कोई व्यंग्यकार हो, जिसके पास इतनी गहरी इतिहास-दृष्टि हो। मूलतः वे इतिहासकार थे। अतः आप उनके व्यंग्य में ऐतिहासिकता का भी पुट पाएँगे। वे अपने व्यंग्य में भी इतिहास रचते थे। ऐतिहासिकता उनके व्यंग्यों में है, उनका शोध-अनुसन्धान उनके व्यंग्यों में भी बराबर झलकता है। मसलन, आप देखेंगे अगर वे 'श्वान-प्रबन्ध' (कुत्ते पर शोध) लिख रहे हैं तो उसमें वेद, पुराण, उपनिषद्, रामायण, गीता, महाभारत आदि से उदाहरण मिलेंगे। ऋग्वेद में इन्द्र की कुतिया सरसा, पणि का उल्लेख आता है। वहाँ से आरम्भ करके वे अन्तरिक्ष में रूसी कुतिया 'लायका' का उल्लेख करना नहीं भूले। उस पर उनकी जो शैली है दिलचस्प और विलक्षण। भाषा भी अद्भुत है। 'उग्र' की संगत के बाद भी उनकी भाषा कहीं भी अशिष्ट, अशालीन या स्तरहीन नहीं होती, अपनी मर्यादा नहीं खोती।

श्वान-प्रबन्ध के अलावा उनकी एक और प्रसिद्ध रचना है—'एक और डॉक्टरेट' (गधे पर डॉक्टरेट), जो सिनोप्सिस उन्होंने विश्वविद्यालय में जमा कराई, उसके पात्र जीवित थे, जिला शिक्षा अधिकारी दुर्गाप्रसाद शर्मा। सिविल जज थे पा. रा. तारे, ये सब पंडित जी की व्यंग्य-विनोद मंडली के जीवित पात्र थे। सिनोप्सिस ही इतना मज़ेदार और शोधपूर्ण है कि जज साहब ने कहा, 'केवल इसी आधार पर भी डॉक्टरेट उपाधि प्रदान की जा सकती है। सिनोप्सिस में गधे का साहित्यिक, सांस्कृतिक, ऐतिहासिक, राजनैतिक, धार्मिक और आर्थिक अध्ययन किया गया है।

मैंने उनके व्यंग्य में एक अत्यधिक महत्त्वपूर्ण बात देखी। और वह उनके अतिरिक्त देश क्या संसार में किसी भी व्यंग्यकार में दिखाई नहीं देती—उनकी भविष्य—दृष्टि, वह भी व्यंग्य में। उनके अलावा शायद ही कोई व्यंग्यकार हो, जो उनकी तरह ज्योतिर्विज्ञान का सर्वोच्च न्यायालय, सूर्य और असाधारण भविष्यवक्ता हो। इसलिए उनके व्यंग्य में उनकी भवियष्दृष्टि बार-बार उभरकर आती है। उदाहरणतः, 'आज' के होली अंक में 1942 में प्रकाशित उनका एक लेख है—'न जाने किस काल में मरद महरिया हो।' वे लिखते हैं कि एक ऐसा समय आएगा, जब आदमी का औरत और औरत का आदमी बन जाना आसान हो जाएगा।

अब विज्ञान ने यह सम्भव कर दिखाया है। धर्मयुग में वर्ष 1952 के आस-पास उनका एक व्यंग्य-लेख प्रकाशित हुआ—'मंगल-गृह की सस्ती बस्ती' इस लेख में पंडित व्यास लिख रहे हैं कि मनुष्य को अपनी जनसंख्या वृद्धि रोकनी होगी और अगर नहीं रोक पाए तो बढ़ती आवास-समस्या में अपना अन्तिम आवास मंगल पर ही खोजना पड़ेगा। इस व्यंग्य में वे भारत भू-माफिया और कालोनाईजर्स द्वारा मंगल पर सस्ती बस्ती बसाने की दिलचस्प कल्पना करते हैं।

वर्ष 1960 में 'रंग चकल्लस' में उनका एक व्यंग्य छपा—'चीनी चूहों की घुसपैठ'। इस लेख में वे चीन द्वारा भारत में होने वाले भावी आक्रमण की ओर इशारा भी कर रहे हैं। विदेशमन्त्री दिनेशसिंह (जो पंडित व्यास के बड़े भक्त थे) का मज़ाक उड़ाते हुए लिख रहे हैं कि वे सोये हुए हैं और घर में चीनी चूहे ऊधम मचा रहे हैं।

'रंग चकल्लस' में उनके असंख्य लेख बिखरे पड़े हैं। श्री रामावतार चेतन, उनसे बराबर व्यंग्य लिखवा लेते थे। नियमित विषय देकर लिखवाते थे। स्वयं मेरे पास ये सारे लेख और अंक उपलब्ध नहीं थे। विगत दिनों कन्हैयालाल नन्दन, आ. बालकवि बैरागी और मुझे विदर्भ हिन्दी साहित्य सम्मेलन में आमन्त्रित किया गया, वहाँ मेरे अनन्य स्नेही श्रीयुत मधुप पांडेय मिल गये। वे अत्यन्त आग्रहपूर्वक अपने घर ले गये। प्राय: मैं किसी के घर जाता नहीं हूँ। मुझे उनके घर जाने में भी संकोच था। ज्योतिष मेरा व्यवसाय नहीं, मगर रक्त में है। अत: मुझे मालूम था कि ये जन्म-पत्रिकाएँ जरूर दिखाएँगे। पर संयोगवश कुछ व्यंग्य-विनोद पर चर्चा हुई और मधुप जी पूछ बैठे कि क्या आपके पिताश्री ने कभी व्यंग्य भी किये हैं? क्योंकि उन्हें यह विश्वास आना कठिन हो रहा था कि ज्योतिष, संस्कृत, इतिहास, पुरातत्त्व के विश्वविख्यात विद्वान महान क्रान्तिकारी, स्वतन्त्रता-संग्राम सेनानी, विक्रम कीर्ति मन्दिर, जिन्होंने सिंधिया प्राच्य विद्याशोध प्रतिष्ठान की स्थापना की होगी या जिसने अखिल भारतीय कालीदास समारोह (1928 से) आरम्भ किया हो और जो कालिदास अकादमी का आद्य स्वप्नद्रष्टा होगा, कालिदास और विक्रम का ऐसा असाधारण प्रबुद्ध शोधी और खोजी विद्वान ही वही पं. सूर्यनारायण व्यास है, जो उनके यहाँ रखे हुए

'रंग चक्कलस' के ढेर में सहेजे हुए व्यंग्य—लेखों का लेखक होगा। वे सहज विश्वास ही नहीं कर पाये।

अकेले बेचारे मेरे मित्र मधुप पांडेय जी का यह हाल नहीं है। अपने अलावा किसी और को न पढ़नेवाले हिन्दी के तमाम प्रबुद्ध व्यंग्य—विनोद लेखकों का भी यही हाल है। भारतीय ज्ञानपीठ से ही प्रकाशित रवीन्द्रनाथ त्यागी का ग्रन्थ 'हिन्दी-उर्दू के श्रेष्ठ व्यंग्य' देखते ही यह बात स्पष्ट हो जाएगी। कभी किसी नरेन्द्र कोहली, श्रीलाल शुक्ल ने पंडित व्यास, जी.पी. श्रीवास्तव, नवजादिक लाल, शिवपूजन सहाय, 'उग्र', विनोद शर्मा, कूट्टिचाटन (स.ही. वात्स्यायन 'अज्ञेय') के व्यंग्य पढ़े होंगे, मुझे तो शक है। विनोद शर्मा, श्री नारायण चतुर्वेदी का अपना स्वयं का अभिनन्दन—ग्रन्थ पता नहीं, कितने व्यंग्यकारों ने देखा है? वह हिन्दी के व्यंग्य में मील का पत्थर है। 'रंग चकल्लस' के अनुपलब्ध अंकों के लिए श्री मधुप पांडेय का आभारी हूँ। अभी ठिठोली, हजामत, हिन्दी शंकर्स वीकली, रंग और व्यंग्य, व्यंग्य और व्यंग्य, मतवाला के भी ऐसे अनेक अंक हैं, जो अनुपलब्ध हैं और जिनमें पंडित व्यास के असंख्य व्यंग्य लेख बिखरे पड़े हैं।

वर्ष 1919 से अपने दिवंगत होने तक और अस्वस्थता के कुछ वर्ष (1972 एवं 1976) छोड़कर उन्होंने नियमित व्यंग्य लिखे हैं, जो देश की तमाम पत्र-पत्रिकाओं में प्रकाशित हुए हैं—जो भी महत्त्वपूर्ण व्यंग्य लेख कालक्रम से उपलब्ध हैं, हिन्दी संसार के श्रीचरणों में अर्पित हैं।

22 जून, 1965 को हिन्दी दैनिक 'नई दुनिया' में उनका लिखा व्यंग्य-लेख प्रकाशित हुआ—'आँखों देखी अपनी मौत'। संसार के साहित्य में शायद ही किसी व्यंग्य—लेखक ने अपने जीवनकाल में अपनी मृत्यु का ऐसा आँखों देखा हाल इतनी मज़ेदार भाषा में स्वयं लिखा होगा।

"किसी के मर जाने की बात सुनकर ही कष्ट होता है। सहसा मुँह से निकल पड़ता है कि बहुत बुरा हुआ। यदि कोई स्वजन हो, तब तो दिल में चोट लगती ही है, अघटित-घटना हो जाने पर अनजान हो, विरोधी हो या पराया हो, तब भी मुँह से 'राम-राम' निकल पड़ता है। बहुत से लोग कई तरीके से शोक—संवेदना प्रकट करते हैं। वेदान्त की बातें भी करते हैं, किन्तु जब वे खुद ऐसी किसी घटना के शिकार हो जाते हैं हैं तो सारा वेदान्त भूल जाते हैं। अवश्य ही कुछ आधुनिक लोग उस शोक के समय भी इतनी सावधानी अवश्य लेते हैं कि शोक-प्रदर्शन के पूर्व घटना का पत्रों में प्रचार पहले आवश्यक हो जाए, यदि रुदन रिले किये जाने की व्यवस्था होती तो वे उसे भी पहले से कलापूर्ण ढंग से व्यवस्थित करने में न चूकते, पर अभी ऐसा वातावरण बन नहीं पाया है। 'टेलीविज़न' के पर्याप्त प्रचार हो जाने पर शायद यह सुविधा भी सम्भव हो जाए। मैं जिस घटना या दुर्घटना का विवरण प्रस्तुत करना चाहता

हूँ, वह उपरोक्त बातों से सर्वथा भिन्न है। उसमें अपनी शरीर से आत्मा के पृथक होने से पूर्व ही, अपनी आत्मा को शरीर से कुछ समय के लिए अलग रखकर अपने अन्त का सारा हाल स्वयं अवलोकन किया गया है। पूरा विवरण खुद लिखकर रख लिया था। इसमें किसी के शोक-संवेदना का प्रश्न ही नहीं उठता। यह तो एक प्रकार से अपने अन्त का आत्म-निरीक्षण ही है, इसलिए इसमें भ्रम का भी अवकाश नहीं है। तो लीजिए अपनी आँखों या दिल से देखी मौत इस प्रकार है—

किसी के मर्ग पर ऐ दिल न कीजे चश्म तर हर्गिज
बहुत-सा रोइए-पर जो जीने पर ही मरते हैं।

बेचारा सूर्यनारायण व्यास सहसा चल बसेगा, यह वह खुद भी नहीं जान पाया था, तब भला औरों को कैसे पता चल पाता कि इतनी जल्दी वह दुनिया से उठ जाएगा? उज्जैन से उसका इतना अपनत्व था कि उसका बस चलता तो वह बिना गहरायी से सोचे-समझे जल्दी से जाने की बात सोच भी नहीं सकता था, फिर उसे तो अभी कई काम करने बाक़ी थे, न जाने कितने सपने सँजो रखे थे। उज्जैन को ऊपर उठाने की बात उसके बलबूते की होती तो पता नहीं वह क्या—से—क्या कर देता? वर्षों से उसकी क़लम चलती आयी थी। शायद प्रद्योत अशोक 'विक्रम' के काल की उज्जयिनी दिमाग में घूमती थी। सोचता था कि फिर से कोई कालिदास यहाँ आ जाए और फिर से मेघदूत रचकर दुनिया को अपनी ओर आकर्षित कर ले। अपनी ताक़त भर वह प्रयत्न करता ही रहता था। कोई साथी हो या नहीं, वह अकेला ही धुन में लगा रहता था।...

...अन्तिम रात्रि को उसके सिरहाने रहने वाली 'पैड' पर निम्नलिखित कविता उसी के हाथों से लिखी हुई मिली थी। उसकी अन्तर्व्यथा का कुछ आभास उस कविता से मिल सकता है। वह कविता इस प्रकार है—

नाविक, मेरे हृदय-सिन्धु में उमड़ रही हैं लहरें,
तू ले जाता कुछ निकट है, मैं जाता हूँ गहरे।
पथ में अगणित भँवर पड़े हैं, आँधी और तूफ़ान,
और निराशा की रजनी है काली, कहना मान।
बहने दे, जीवन-नौका को अब मत लगा सहारा
इस जगती में एकाकी है, जीवन सखे हमारा!

आँखों देखी अपनी मौत (22 जून, 1965 नई दुनिया इन्दौर में प्रकाशित लेख का एक अंश)

चौंका देनेवाली बात यह है कि ठीक 11 वर्ष बाद 22 जून, 1976 को ही पंडित

व्यास ने स्वर्गारोहण किया अर्थात् उनका देहावसान हुआ, अक्षरशः लेख में वर्णित घटनाओं की ही तरह। पर उससे भी ज़्यादा चौंका देने वाली बात यह है कि अन्तिम रात्रि उनके सिरहाने वाले उस पैड पर नाविक कविता भी रंचमात्र संशोधन के साथ मिली और आज उनके देह-विसर्जन के 38 वर्ष बाद लेख में वर्णित अन्तिम पैराग्राफ़ का वर्णन भी अक्षरशः सत्य हो गया। वर्णित बात घटती जा रही है, घट रही है। व्यंग्य—लेख एक करुणा व्यथा—कथा में बदल गया है।

इसी से उनके व्यंग्य-लेखन में उनकी भविष्यदृष्टि का भी पता चलता है। बाद में वे इससे आगे भी गये। उन जैसे भविष्यद्रष्टा को तो यह भी ज्ञात था कि मेरे जाने के बाद मेरी प्रतिमा, मार्ग, ग्रन्थावली, रचनावली को लेकर भी लोग चर्चा करेंगे (कोरी चर्चा!) तब उन्होंने 1969 में ही 'नई दुनिया' हिन्दी दैनिक में 'मूर्ति का मसला' व्यंग्य भी लिख दिया था। यह व्यंग्य-लेख भी अब और दिलचस्प तथा महत्त्वपूर्ण हो गया है।

इस लेख में वे लिखते हैं कि 'उज्जैन में मेरे बाद कई जीवित लोग अपनी मूर्तियाँ लगवा लेंगे,—जीते जी।' जीवित लोगों की मूर्ति लगाने की पंडितजी व्यंग्य में प्रशंसा करते हैं। 'इसमें कोई बुराई नहीं है। ऐसा शास्त्रों में भी है। जीवित...(श्राद्ध) होता है...उन्होंने वेद का उदाहरण भी दिया कि 'तस्य, प्रतिमा अस्ति'। उन्होंने कहा कि तस्य के बजाए किसी अस्य की लगी ज़रूर थी, तभी तो प्रतिमा लिखा हुआ है, तो प्रतिमा लगती ज़रूर थी। इसलिए उन्होंने लिखा है, 'मैं भी ऐसा सोचता हूँ कि जीते जी अपनी प्रतिमा लगवा लूँ, पता नहीं बाद में लगे न लगे?'

कभी-कभी वे पैरोडी लिखते थे, तो माखनलाल जी और नवीन जी बड़े आतंकित रहते थे कि उनकी जो भी रचना जनमी, पंडित जी ने उसकी पैरोडी रच दी। 'मैं हूँ एक सिपाही' माखनलाल जी की चर्चित कविता पर पंडित जी ने पैरोडी की थी 'मैं हूँ एक लुगाई'। सुभद्राकुमारी चौहान ने अद्‌भुत रचना लिखी, दुनिया आज भी गाती है—'खूब लड़ी मरदानी वो तो झाँसी वाली रानी थी।' पंडित जी ने तत्काल एक कविता लिखी, जो लखनऊ के 'महामूर्ख सम्मेलन' में पढ़ी गयी और वह इतनी चर्चित हुई कि उस समय के तमाम लोग इस बात पर नाराज़ हुए, ख़ास तौर पर माखनलाल जी ने कहा 'आपने मेरी शिष्या की कविता का भविष्य चौपट कर दिया।' पंडित जी ने लिखा 'खूब लड़ाती मुर्गे वो तो दिल्ली की मुगलानी थी।'

उनकी एक और रचना देखकर आपको बहुत आनन्द आएगा कि न सिर्फ़ उन्होंने वह रचना रची है, वरन उसके कार्टून भी स्वयं बनाये हैं—'इन्दिरा स्तोत्रम्'; 1969 में जब इन्दिरा जी पद पर थीं, दीपावली विशेषांक में व्यास जी ने 'इन्दिरा स्तोत्रम्' लिखा। दीपावली की रात पठन-पाठन-अध्ययन और पूजा के लिए यह बहुत अद्‌भुत श्लोक है। पाठ करने से क्या फल मिलता है, वह भी पंडित जी ने अन्त में लिखा

है। जो इंदिरा जी का एक कार्टून बनाया, वह इन्दिरा जी को भेजा भी गया था। यही सरलता, सहजता, और सत्य कहने का साहस उनके व्यग्यों की विशेषता है— विनोदप्रियता और खुशमिज़ाजी। वे जीवन के सरल बातचीत के हिस्सों में भी व्यंग्य खोज लिया करते थे। उदाहरण के लिए, हमारे महाकाल में एक मुंजी (कंजूस) महन्त जी रहते थे। पंडित जी ने उनका नाम रखा महन्त मुंजीराम और वो 'विक्रम' में बराबर स्तम्भ चला। महन्त जी प्रायः भारती भवन आया करते थे। महन्त जी की एक आदत थी। वे आकर बैठ जाते पंडित जी के पास तो उठने का नाम न लेते...तो पंडित जी के नौकर चाकर उस कुर्सी पर गोंद डलवा दिया करते थे।

उनके पास एक कोट था, जो सर्दी, गर्मी, बारिश में पहनते थे। महन्त जी तो बैठते तीन घंटे और जब उठते, तो यह क्या... ? पंडित जी विनोद लेते थे। एक घटना का विवरण एक वरिष्ठ कवि ने दिया है, 'भाई पंडित जी की विनोदप्रियता का एक बार मैं बड़ा शिकार हुआ। मैं पहली बार मालवा आया। मैंने पंडित जी की कभी शक्ल नहीं देखी थी, नाम से परिचित था। प्रो. रमाशंकर शुक्ल 'हृदय' जी भी थे। मैं सुबह मिलने गया। पंडित जी ने झरोखे में से देख लिया था कि सुधीन्द्र आ रहा है तो 'हृदय जी' को अपनी सीट पर बैठा दिया और स्वयं सामने बैठ गये। यहाँ दिलचस्प वाकया सुधीन्द्र जी के शब्दों में देखिए। "उस दिन मैं पूरे दिन व्यास जी से यानी 'हृदय जी' से ज्योतिष की चर्चा करता रहा, बगल में बैठे हृदय जी यानी व्यास जी से काव्य-चर्चा'। पंडित जी को 'हृदय जी' की सारी कविताएँ कंठस्थ थीं तो वे सुनाते रहे और ज्योतिष-चर्चा में 'हृदय जी' ने मुझे कहीं भी यह महसूस नहीं होने दिया कि मैं सूर्यनारायण व्यास नहीं हूँ। यह रहस्य तो बाद में खुला जब साहित्यिक गोष्ठी में दोनों आये और उन्हें 'हृदय जी' और इन्हें 'व्यास जी' कहकर बुलाया गया। मैं आधे घंटे तक सोचता रहा कि इन दोनों ने सुबह मुझे भला क्या मूर्ख बनाया!

जब वे व्यंग्य लिखते थे तो व्यंग्य के शीर्षक के साथ एक शेर भी देते थे। 'नवीन देवों का उदय' व्यंग्य में उन्होंने लिखा—

'दवाओं को बदल डाला दुआओं को बदल डाला
पुराने पड़ गये थे, देवताओं को बदल डाला।'

इसी प्रकार पंडित जी ने 'कुत्ते' पर व्यंग्य लिखा—'कुत्ता एक सांस्कृतिक प्राणी'। वहाँ अल्लामा इकबाल साहब का एक शेर उन्होंने कहाँ इस्तेमाल किया देखें—'कुछ बात है कि हस्ती मिटती नहीं हमारी, सदियों रहा है दुश्मन दौर-ए-जहाँ हमारा' और तो और गधे पर जब उन्होंने व्यंग्य लिखा तो 'हनुमान चालीसा' को भी नहीं बख्शा।

'थीसिस के थोक विक्रेता' एक लेख में वे लिखते हैं—'फुल पीस और कट पीस बेचता हूँ जी हाँ हुजूर थीसिस बेचता हूँ...आइए थीसिस लिखवाइए। पं. विद्याविनास मिश्र पर व्यंग्य है यह। इसमें इस बात का भी पूरा विवरण है कि कैसे-कैसे हमारे विश्वविद्यालय में भी थीसिस लिखने वाले किराये पर मिलते हैं। 'हरि अनन्त, हरिकथा अनन्ता' की तरह पंडित जी का व्यंग्य—लेखन है और इतना विस्तृत है कि इस पर अनन्तकाल तक बात की जाए, तो कम है।

यूँ उनके व्यंग्य तमाम विषयों पर मिलते हैं, तब हैरत होती है कि अपने युग का इतना बड़ा इतिहासकार, पुरातत्त्ववेत्ता, क्रान्तिकारी, विक्रम विश्वविद्यालय का निर्माता, कालिदास समारोह का संस्थापक, कालिदास अकादमी का स्वप्नद्रष्टा और ज्योतिष के इतने बड़े प्रखर विद्वान ये व्यंग्य कब लिख लेते होंगे? और अपने समर्पित जीवन को कितनी सारस्वत साधना के साथ जीते रहे होंगे?

अनवरत साहित्य साधना और एक समर्पित समाराधक के लिए किन शब्दों में और क्या कहा जाए सिवा इसके कि उनके स्वर्गारोहण के 38 बरस बाद आज भारतीय ज्ञानपीठ उनके प्रतिनिधि व्यंग्य संकलन को आप तक पहुँचा रही है, आभार उनका भी, आपका भी और मेरा भी। तो लीजिए आपको समर्पित है एक समाराधक, व्यंग्यकार, लेखक, पत्रकार के ये सहज और मज़ेदार, दिलचस्प, पुराने, मगर फिर भी नये व्यंग्य— आज भी ताजे।

—राजशेखर व्यास

विजयिनी
118, सेक्टर 4, प्लाट 7 द्वारका I
दिन अर्पाटमेंट, नई दिल्ली—110075

अनुक्रम

विनोद विवेचन

जिस प्रकार नाट्य-साहित्य के दृश्य और श्रव्य दो भेद हैं, उसी प्रकार मनोरंजन-साहित्य के भी दो भेद हैं, सभा संसद नाटकों में किये जाने वाले विनोद को तथा गोष्ठी में होने वाले विनोद को हम श्रव्य समझ सकते हैं और लिखित तथा टेलिविज़न के हास्य-विनोद को हम दृश्य कह सकते हैं।

विनोद साहित्य का जीवन में महत्त्वपूर्ण स्थान है, सरस जीवन के लिए विनोद परम आवश्यक है। संस्कृत साहित्य में सभी अंगों में विनोद पर्याप्त मात्रा में मिलता है। उपनिषद् जैसे गम्भीर विषयों में भी विनोद उपलब्ध होता है। वेदान्त और दर्शनसाहित्य में भी विनोद को बहिष्कृत नहीं किया गया है। अवश्य ही वह अत्यन्त संयमित है। यही स्थिति दार्शनिक विनोद की है। प्राय: वैमनस्य स्थिति में होने वाली घटनाएँ पर्याप्त विनोद-विस्तार का कारण बनती हैं। संस्कृत साहित्य के नाट्यशास्त्र का विदूषक व्यंग्य-विनोद सृष्टि करने के लिए ही प्रयुक्त होता है।

अन्य अंगों में भी विनोद कम नहीं है। अँग्रेज़ी, फ्रेंच, जर्मन, रशियन आदि विदेशी साहित्य में विनोद पर स्वतन्त्र रचनाएँ हैं, परन्तु संस्कृत में विनोदी साहित्य-सीमित है। किन्तु व्यंग्य-विनोद के प्रयोग प्रचुर मात्रा में प्राप्त होते हैं। वह विषय अछूता नहीं रहा है। धार्मिक ग्रन्थों में, नीति विषयक सहित्य में, ज्योतिष, आयुर्वेद और पुराण तक में हास्य-विनोद के मर्मस्पर्शी प्रसंग प्राप्त होते हैं। आयुर्वेद में स्वास्थ्य के लिए हास्य का विशेष महत्त्व प्रतिपादित किया गया है। महाभारत, रामायण में भी विविध प्रसंगों पर हास्य-विनोद किया गया है। कौन-सी भाषा और कौन-सा साहित्य ऐसा है, जिसमें विनोद न मिलता हो? बंगला साहित्य के परशुराम को हिन्दी-साहित्य अच्छी तरह जानता है। मराठी के सन्तों तक ने सावधानी के साथ विनोद किया है।

मराठी के गड़करी, खाड़ीलकर, बांदरेकर, जोशी पु.ल. देशपांडे आदि के विनोदी साहित्य का जिन्होंने आस्वादन किया है, वे उनकी उच्चता, मौलिकता, प्रौढ़ता, भाषा सौष्ठव को स्वीकारे बिना नहीं रह सकते।

आचार्य अत्रे मराठी के विनोदी साहित्य में महत्त्वपूर्ण स्थान रखते हैं। गड़करी

के व्यंग्य-विनोद में बहुत चुभन है, जिसे अन्य भाषा में नहीं उतारा जा सकता।

साहित्य-सम्राट केलकर वास्तव में मराठी के साहित्य-सम्राट ही रहे। उन्होंने कौन-सा ऐसा विषय है, जिस पर साधिकार न लिखा हो। हास्य-विनोद पर उनका आठ सौ पृष्ठ का भारी पोथा है, जिसमें इसका सम्यक् विवेचन किया है, विदेशी हास्य-साहित्य का भी सुन्दर अध्ययन प्रस्तुत किया है। शायद ही भारतीय भाषा में उस जोड़ का कोई अन्य ग्रन्थ हो। गुजराती रचनाओं में भी ज्योतिन्द्र दवे, ओलिया, जोशी आदि ने इस पर पर्याप्त लिखा है। ज्योतिन्द्र जी तो दुर्बल देह में गन्ने की तरह मधुर और सरस थे।

हिन्दी में हास्यरस पर बहुत कम लिखा गया है। सूर, तुलसी, केशव, देव, पद्माकर ने सीमित विनोद किया है। अपनी सीमा में रहकर भारतेन्दु ने भी व्यंग्य-विनोदी रचना की है।

प्रतापनारायण मिश्र, जी. पी. श्रीवास्तव की कुछ रचनाएँ हैं। अन्नपूर्णानन्द, बेढब, नलिन, शिवशंकर शर्मा, बेधड़क, बेचन शर्मा 'उग्र' की अवश्य ही सुन्दर रचना है, विनोद शर्मा (श्रीनारायण चतुर्वेदी) के गद्य-पद्य के तीर कई के कलेजे को चीरकर पार निकल चुके हैं। उनका अभिनन्दन ग्रन्थ वाला विनोद तो हिन्दी में सर्वथा मौलिक और मनोरंजक है। इधर आगरा के चौबे बरसानेलाल आदि ने हास्य पर ही डाक्टरेट प्राप्त की है। गोपाल व्यास जी की पत्नी-साली लोगों ने पसन्द की है। श्रीनिवास जोशी ने हिन्दी और मालवी में मधुर मनोरंजन किया है।

हरिशंकर परसाई, शंकर पुणतांबेकर, शरद जोशी, अजातशत्रु, रामनारायण उपाध्याय व्यंग्य के नये हस्ताक्षर हैं। पर आज भी हिन्दी को उर्दू के मिर्ज़ा अजीम बेग चुगताई की चुभती चीज़ें, मौलिक रूप से नहीं मिली हैं।

हिन्दी में 'मतवाला' को अब तक कोई नहीं पा सका। 'हिन्दू पंच' की पंचरंगी भी प्राप्त नहीं हुई, 'मनसुख' भी कानपुर में कलम तोड़ गायब हो गया।

नाटकों में विदूषकों द्वारा जो हास्य योजना होती है, वह अंग हास्य, नैपथ्य हास्य के रूप में प्रकट होती है। इनका हमारे साहित्य में बहुत सूक्ष्म विवेचन किया गया है। जहाँ साहित्य में रसात्मक रूप का विवेचन हुआ, वहाँ आयुर्वेद ने हास्य से होने वाली शारीरिक प्रक्रिया पर प्रकाश डाला है। हृदय और मानसिक स्नायु पर होने वाले प्रभाव की चर्चा की है। जीवन के लिए उपयोगिता तथा आवश्यकता अनुभव की है। और कामशास्त्र के प्रणेता आचार्य वात्स्यायन ने हँसी के भेदों का अपने विशिष्ट दृष्टिकोण से विवेचन किया है। आचार्य चाणक्य ने अलग दृष्टिकोण से ही हास्य देखा है। महाभारत एवं नीतिकारों ने उनके सक्रिय उदाहरण भी प्रस्तुत किये हैं, जहाँ वात्सल्य की विमल स्वाभाविक हँसी दिखाई पड़ती है, वहीं दुर्योधन के कुटिल अट्टहास का प्रदर्शन भी प्राप्त होता है।

द्रौपदी के चीरहरण के समय जहाँ विषाद का वातावरण है, वहीं उन्मत्त हास्य का निर्लज्ज निरूपण भी है। ज्योतिर्विज्ञान में विनोदी मानस की मनोरचना के कारणों पर पर्याप्त प्रकाश भी डाला गया है। साधारण मनोरंजन से लेकर गम्भीर हास्य के प्रमाणों का जैसा सुन्दर संयुक्तिक और सारगर्भित तात्त्विक विश्लेषण-विवेचन भारतीय ज्योतिष साहित्य में सुलभ है, उसकी समता में शायद ही कोई अन्य साहित्य ठहर सके।

राजनीतिक हास्य, वैज्ञानिक, तान्त्रिक हास्य, दार्शनिक हास्य, स्वास्थ्यप्रद हास्य, निरर्थक हास्य, उन्मत्त हास्य, अट्ट हास्य, वेदान्त विनोद के सिवा रसों के साथ यथार्थ-समन्वय मन और बुद्धि को विस्मित कर देनेवाला ही है, अवश्य ही यह विषयानुरूप विभिन्न स्थलों पर यत्र-तत्र विकृत बना हुआ है, स्वतन्त्र रचना के रूप में नहीं है। संगृहीत किया जाए तो एक व्यापक विनोद-शास्त्र बन सकता है। विनोद का क्षेत्र बहुत है, विनोद का जीवन में जितना महत्त्व है, अन्य रसों का नहीं। सभी रसों में विनोद का स्थान है। भवभूति ने करुण रस को महत्त्व प्रदान किया और साहित्यशास्त्र ने शृंगार रस को रसराज के रूप में प्रतिष्ठित किया, किन्तु जिस रस में विनोद की प्रतिष्ठा नहीं हुई, वह परिपोष नहीं पा सका।

विनोद को विभक्त कर दिया जाए तो रसराज शृंगार भी अपूर्ण रह जाए। अन्य रसों की व्यापकता इसलिए है कि वे मानव ही नहीं, मानवेतरों में न्यूनाधिक रूप में रहते हैं। किन्तु विनोद मानव तक ही सीमित है। मानव-मन को प्रभावित प्रफुल्लित और विकसित करने के कारण मानव-जीवन में विनोद का विशिष्ट स्थान है। उसी में शृंगारिक हास्य, वीभत्स हास्य, रौद्र हास्य, वीर हास्य, शान्त हास्य, अद्‌भुत हास्य आदि भेदों को प्रकट करने का गुण मानव में निहित है। विमल और विकृत हास्य का सम्मिश्रण भी मानव में ही होता है।

इसी कारण मानव का मनोरंजन से महत्त्वपूर्ण सम्बन्ध है। हास्य-रहित जीवन नीरस जीव बन जाता है। और होली तो हँसी का पुनीत पर्व है, पर इधर होली पर भी हँसी का स्रोत सूखा हुआ दिखाई देने लगा है। बसन्त में भी वह मादकता कहाँ दिखाई देती है! तब जीवन का यह पतझड़ कैसे वसन्त हो? रसराग का कैसे संचार हो?

समाज की सरसता सूखती जा रही है। जहाँ पेट का प्रश्न परेशान कर रहा हो, वहाँ हँसी कहाँ से निकल आए? आज तो हृदय की हँसी को मुँह पर आने के पूर्व पेट की ज्वाला जलाकर खाक कर देती है। जिस प्रकार दीपक अँधेरे का भोजन कर काजल को जन्म देता है, उसी प्रकार कृत्रिम कूड़ा-करकट खाकर मानव मुस्कान की जगह मन मसोसकर मलिन मुँह से प्रकट कर रहा है।

वैसे यह भी सच है पेट का भोजन ही हँसी की खुराक नहीं है, हँसी तो मन

का धन है। कन्द-मूल खोनेवाले भी इस धन के धनी रहे हैं। पेट का पोषण पर्याप्त न हो पाने पर भी उनकी प्रसन्न आत्मा, परमात्मा को प्रकट करने के लिए प्रयत्नशील रहती है। समाज को सन्तुष्ट बनाये रखती है। पर आज तो निराशा इस तरह छा रही है कि जीवन-मरण का भेद भी भ्रम में डाल देता है। इस निराशा की दवाई के लिए भी किसी के मुँह पर मुस्कान तो दूर, उसका रस का स्रोत भी सूखा हुआ समझ में आता है।

लोग कहते हैं कि यह विज्ञान का युग है, पर मैं कहता हूँ कृत्रिमता का युग है। सन्तान कृत्रिम, वर्षा कृत्रिम, अन्न कृत्रिम, वस्त्र कृत्रिम, और अन्तरिक्ष में घूमने वाले ग्रह भी कृत्रिम। बात बनावटी, सूरत बनावटी, सौन्दर्य-साधन सड़े हुए इस तरह जीवन की समस्त स्वाभाविकता पर कृत्रिमता का कमांड हो गया है। किसी ज़माने में सजावट और बनावट केवल वेश्या में ही रह गयी थी। वे ढलती जवानी में जवानी का जादू जमाकर रहती थीं। रूप-यौवन का आकर्षण समेटे रहती थीं। उनके हँसने और रोने दोनों में बनावटीपन रहता था। ऐसे ही ज़माने की बात है, एक वेश्या साज-सजाए बैठी थी। लिपस्टिक का ज़माना नहीं था, पान से अधर अरुण बनाये थी, पान मुँह में दबा ही था कि उसके पिता के प्राणान्त का समाचार मिला, इसलिए उसे यह महान परेशानी हुई कि मुँह से 'पिता' कहकर रोती तो अधर के मिल जाने से पान का रंग उड़ जाएगा। काश, उस काल में भी गुजरात, राजस्थान की तरह रोने वाली किराये पर मिलतीं तो उसका रंज और रंग दोनों रह जाता। आज तो वैसे भी किसी के मरने का गम-गुमान नहीं। मानव के मन, मुँह पर सदैव मुहर्रम छाया है। लालिमा की जगह कालिमा है, इसलिए व्यवहार और व्यापार भी काला पड़ गया है और स्वाभाविक है कि विचार भी कलुषित हो ही जाएँगे।

जिस स्याही ने क़लम तक का मुँह काला कर दिया हो, वह सफ़ेदी पर काला न पोतेगी तो क्या करेगी! जब स्याही तक स्वाभाविक नहीं तो ऐसी हालत में अस्वाभाविक मन और साधन से सृजित होने वाला साहित्य कैसे स्वस्थ और स्वाभाविक हो?

मनोरंजन का मनोरंजन

जीवन में मनोरंजन का विशिष्ट स्थान है। यह मनोरंजन केवल मानव में ही नहीं, अपितु प्राणि–मात्र में पाया जाता है। मयूर जिस समय मनोरंजन के मूड में होता है, उसके पंख विकसित हो जाते हैं और सहसा वह मत्त होकर नर्तन करने लगता है। कबूतर भी अपनी शैली का नृत्य कर कपोती को मनोरंजन के लिए तत्पर बन जाता है। शुक—पिक—कोकिला के मनोरंजन के कौन नहीं जानता! भ्रमर और मकड़ी के अन्दर भी यह भाव भरा हुआ है। फिर मानव शिशु का तो कहना ही क्या, वह उत्पन्न होने के बाद अज्ञान अवस्था में भी मनोरंजन को चाहता है और मुग्ध होकर भूख को भी भुला देता है। संज्ञान होने वह पर वह गुड्डे–गुड़ियों के ब्याह रचाता है, सवारी निकालता है, साज–शृंगार करता है। यह मनोरंजन जीवन में क्रमशः विकास माना जाता है और खेल–कूद के क्रम भी परिवर्तित होते रहते हैं। युवाओं में क्रिकेट, टेनिस, पिंग—पांग, पोलों तक पहुँचता है और अशक्त अवस्था में कैरम, चौरंग, ताश, ब्रिज या इसी प्रकार के बुद्धिबल आदि के खेलों में पलट जाता है। मुसलमानों में यह मुर्गेबाज़ी, तीतरबाज़ी, चिड़ियाबाज़ी में परिवर्तित होता है। बहुत बड़ा व्यक्ति हुआ तो दूसरों को खिलाकर अपना नयनानन्द लेता है। कहीं–कहीं यह मनोरंजन इस हद तक बढ़ जाता है कि सिवा उनके जीवन में मनोरंजन के कोई और चीज़ नहीं रह पाती। जहाँ खाने–पीने की चिन्ता नहीं, कमाने की कठिनाई नहीं, वहाँ हाथियों की, शेर–पाड़ों की लड़ाई होती है और दूसरों की जान पर खेल किया जाता है। कश्मीर का एक महाराज था, नाम था उसका मिहिरकुल। उसका एक हाथी पहाड़ की चोटी से सहसा गिर पड़ा। गिरते हुए उसने जो चिंघाड़ मारी, वह राजा के कानों को बहुत पसन्द आयी, इसलिए उसने अपने हाथीख़ाने में से कई हाथियों को लाकर पहाड़ की चोटी पर से गिरवाया और मनोरंजन किया। इसी तरह रोम के नीरो का हाल था। सफ़ेदशहर में आग लगाकर इतना आनन्द अनुभव किया कि बंशी बजाकर आत्मसुख समझा, परन्तु यह मनोरंजन कितना क्रूर था! परतन्त्रता के काल में भी अनेक राजा–रईसों के मनोरंजन बड़े विचित्र होते रहे हैं। पंजाब के एक महाराज ने अपने प्यारे कुत्ते की बाकायदा शादी करवायी थी। सरकारी

महकमा और अधिकारियों को भी साथ रखा गया और हाथी पर दूल्हा-दुल्हन की सवारी शहर में घुमवाई थी। मध्य भारत के एक नवाब के कुत्ते भी नवाबी शान से रहे। जितना जनता के सुख-समाधान, ऐशो-आराम का ख़याल नहीं किया गया, उतना उन्होंने अपने पोषित कुत्तों का किया था। सौराष्ट्र के जूनागढ़ नवाब जब भारत से भागे, तब चाहे वे अपनी और जायदाद साथ नहीं ले जा सके, पर अपने प्यारे कुत्तों को वे साथ ले जाना न भूल सके। भारत केवल तीन साल ही से तो स्वतन्त्र हुआ है। इतनी जल्दी वह सुसंस्कृत तो नहीं बन सकता। न अपने स्वभाव को भुला सकता है। आज भी मनोरंजन के ऐसे कई कार्य देखने-सुनने को बराबर मिलते ही हैं। अभी-अभी लखनवी हुसैनगंज के वीरनगर में बड़े-बूढ़ों ने मिलकर बढ़िया मनोरंजन किया है। कोई जोधा नामक सज्जन की गुड़िया थी और शिवबालक पांडे का गुड्डा। दोनों के लिए अच्छा-सा मुहूर्त निकलवाया गया और धूमधाम के साथ बारात निकाली गयी। नाच-गाना-बजाना सभी बाकायदा किया गया और शादी की गयी, शादी के उपलक्ष्य में दावत भी दी गयी। अब यह पता नहीं चल सका कि इस दावत पर राशनिंग का असर हुआ या नहीं, यदि हुआ तो कंट्रोलर ने इस तरह की शादी के लिए कितनों को खिलवाने की इजाजत दी। दावत के बाद बात लखनऊ की ठहरी, सो मजे में किन्नरों की धम-चख भी खूब रही, आखिर वाजिदअली शाह की लखनऊ ठहरी, वहाँ मनोरंजन भी किसी से कम नहीं होता। पर इसमें आश्चर्य नहीं होनी चाहिए। 'बाण' की कादम्बरी में भी तोते की शादी का वर्णन आया है। राजा के दरबार में ही यह हुआ। तोता और मैना के पिंजरे पास ही टंगे रहते थे, उनमें आँखें लड़ गयीं, कोर्टशिप होने के बाद बाकायदा शादी कर दी गयी। इनमें आपसी प्रणय—कलह भी हुआ और उसके बीच-बचाव और समझाइश के लिए स्वयं महाराज को सुप्रीम कोर्ट के जज का काम अंजाम देना पड़ा था। यह सदियों पूर्व का मनोरंजन था। इसकी तुलना में तोते, कुत्ते आदि की शादियाँ आज के युग में रची जाती हैं तो यही कहना होगा कि इतिहास पुनरावर्तन करता रहता है। किसी ज़माने में मनोरंजन द्वारा राज-दरबारों में जासूसी का काम लिया जाता था। 'मुद्राराक्षस' नाटक इसका प्रमाण है। नट और सपेरों के जरिये खेलकूद में घरों के भेद प्राप्त कर लिये जाते थे। कौटिल्य ने तो गाँवों में नटों के साधारण प्रवेश करने पर ही आपत्ति की थी। ग्वालियर के राजा मानसिंह के समय में गूजरी रानी मृगनयनी को शादी के पहले ही उड़वा लेने के लिए मांडू के सुलतान ने नटों के सहारे जाल फैलाया था और वह दो शासकों के संघर्ष का कारण भी बन गया था। मृगनयनी की चिरसखी लाखारानी ने ठीक समय पर इसे नष्ट न किया होता तो न जाने क्या परिणाम होता। कौटिल्य ने कटराक दिखलाने वालों का उपयोग माना है। इसलिए मनोरंजन का साधारण मानव-जीवन में ही नहीं, राजनीति में भी महान स्थान रहा है। महाराज युधिष्ठिर का शासन जुए के मनोरंजन में ही तो बरबाद हुआ है और कौरव-

पांडवों का युद्ध 'महाभारत' बनने का कारण बना और दमयन्ती तथा नल की दुर्दशा भी इसी द्यूत ने की है। चौंसर के खेलों पर जूते चलते भी देखा जाता है। बड़े सभ्य और अधिकारियों में 'ब्रिज' तू-तू मैं-मैं करवा देती है। जहाँ मनोरंजन जीवन के उत्साही क्षणों में आनन्द का विषय है, वहाँ वह विग्रह का विषय भी बन जाता है। राजाओं के युग में अच्छे खिलाड़ियों की सहज उन्नति होती थी। किसी पोलो-प्लेयर को सहज ए.डी.सी. बने देखा है तो किसी क्रिकेट या टेनिसबाज़ को पावर में आते। खेलकूद का दर्जा हल्का नहीं है।

अब विनोद व्यापार में भी मन्दी आ गयी है

यह सच है कि मुझे मनहूसियत पसन्द नहीं, पर मैं अपने आपकी हँसी करवाना भी नहीं चाहता। कुछ लोग अकेले ही हँस लेते हैं और कुछ लोग हास्य पर गम्भीर ग्रन्थ लिखकर भी, मुहर्रमी सूरत बनाये रहते हैं। कुछ लोगों के हास्य में एक 'कला' होती है और कुछ लोग केवल उस कला का विवेचन ही करते रहते हैं। रसशास्त्री हास्य के भाव, अनुभव, प्रभाव, अभाव का लेखा-जोखा देखकर उसके रूप-रंग-राग का रुख़ तो बदलते हैं, पर उनको आप निरा नीरस ही पाएँगे। मेरी स्थिति कुछ अलग ही है। अपने 'पांडित्य' के प्रभाव को सुरक्षित रखने के लिए मैं गम्भीर बना रहता हूँ। पर अपनी समरस मंडली से मेरा बचपन, आप शौक से देख सकते हैं और फूल खिल जाने पर मैदान मारने से भी मुझे पीछे नहीं पाएँगे। हाजिरजवाबी और सूझ समय पर मेरा सही साथ देती है। अवश्य ही मैं अपनी मर्यादा में रहकर हँसता हूँ और मर्यादित क्षेत्र ही मेरे लिए हँसी-खुशी के होते हैं। इसलिए बाज़ार में या बाहर जो मेरा रंग जमा हुआ है, उसमें कोई उतार-चढ़ाव नहीं आ पाता। मेरी हँसी में वैयक्तिकता नहीं होती, न मार्मिक चुभन ही आ सकती है। हाँ, पूरी खिलखिलाहट और वह भी सुरुचि और सूझ के साथ आवश्यक रहेगी। पं. सूर्यनारायण व्यास के संपादन में प्रकाशित बहुचर्चित बहुप्रशंसित मासिक पत्र 'विक्रम' (1942) का स्तर तो अपना अलग ही है। उसमें आलोचना तीव्र होते हुए भी सभ्यता तक परिमित रहती है और हास्य की टिप्पणियाँ भी व्यंग्य और विनोद की दीवार नहीं लाँघतीं। होलिकांक के 70 पृष्ठ तक पूरा मैंने ही लिखा, एक कविता और एक कहानी-मात्र उसमें अपवाद रहे हैं। उसमें राष्ट्रीय और अन्तर्राष्ट्रीय लोगों पर भी छींटे हैं, पर इन छींटों से उनके कलेवर कुसुमित होते हैं, कलुषित नहीं। वर्षों हुए काशी के 'जागरण', दिल्ली के 'अर्जुन', खंडवा के 'कर्मवीर', 'स्वराज्य', 'मनोरंजन' आदि पत्रों में महीनों प्रति सप्ताह सार्वदेशिक विनोद लिखे और ये कई नामों से निकले हैं। एकाध पुस्तक भी छपी है—('*तू-तू मैं-मैं*' काशी से वर्ष 1935 में प्रकाशित, वर्ष 2002 में पुनः प्रकाशित—सं.)। अनेक प्रमुख कवियों की सुन्दर कविताओं की पैरोडी (परिहास) की है और स्वतन्त्र कविताएँ भी

ढेरों पत्रों में छपी हैं। पर हास्य-लेखकों की लिस्ट में मेरा नाम नहीं है। साप्ताहिक, दैनिक ज़बान पर उनकी चर्चा हुई है। यदि इन लेखों, कविताओं का संग्रह किया जाए तो आसानी से दो-तीन पुस्तकें प्रकाशन में आ सकती हैं।

मेरे परम सुहृद और बन्धु आगरकर जी (सम्पादक—स्वराज्य) को लोग बड़ा रूखा, मुँहफट और गम्भीर ही समझते थे, पर उनके चुभते और ओज-भरे मज़ाकों की महिमा महज मित्रों तक ही रही, जो प्रकाश में आयी वह निरंजन के रूपान्तर में, पर हमारी मंडली के कह-कहे, जिन्होंने देखे-सुने हैं, वे जान सकते हैं कि कितनी सूझ-बूझ और समय सूत्र के सलोने हास्य की मधुर, स्रोतस्विनी प्रवाहित होती रहती थी। उन्हें मज़ाक का मूड होता तो वे मुझे आगे बढ़ा देते थे और छेड़खानी शुरू हो जाती थी, फिर उसकी परिणति लोट-पोट बनने तक होती। इसके साक्ष्य हमारे समर्थक स्नेही बाबू पूनमचन्द दे सकते हैं। वह सुन्दर सुघड़ हास्य-विनोद अब कहाँ सुलभ है !

यही हाल मध्यभारत के अत्यन्त लोकप्रिय कवि और शालीनता की मूर्ति मेरे परम सखा प्रो. रमाशंकर जी शुक्ल 'हृदय' के सहयोग-काल में भी रहा। लगभग 11 वर्ष के माधव कालेज के परम प्रिय प्राध्यापक रहे और हमारे दुर्भाग्यवश इस लोक से विदा ले ली। पर हमें विश्वास है, वे जहाँ भी हैं, वहाँ उनका मुक्त हास्य बिखर रहा होगा। वे अकेले ही पूरी मंडली का प्रतिनिधित्व करने की क्षमता रखते थे। सड़क से उनकी सूरत दिखलाई दी कि दोनों ओर हँसी फूट पड़ती थी। वे सूझ के धनी थे और मौलिकता के महाराजा। उनके साथ बैठकर कोई मौन मुँह लटकाये नहीं रह सकता था। किसी के मौन को भी मौन-व्यंग्य से ही खिलखिला देना, दाँतों की बत्तीसी खुलवा देना उनका काम था। घंटों की चुहलबाज़ी भी थकावट नहीं आने देती थी। उस सभा-भवन में कोई प्रविष्ट हो गया तो उसकी गम्भीरता ग़ायब होकर ही रहती। एक बार राजस्थान के युवक कवि डॉ. सुधीन्द्र (अब स्वर्गीय) उस चक्कर में आ चढ़े थे। वे हम दोनों से अनजान, पर दोनों से ही से मिलने आये थे। दो दिन तक दो-दो घंटे इस महफ़िल में जमे रहे, पर यह समझ ही न पाये कि हम दोनों में सही व्यास जी और शुक्ल जी कौन हैं। जब वे श्री हरिभाऊजी उपाध्याय के साथ इस मंडली में दाखिल हुए, तब रहस्य उद्घाटित हुआ। तब वे दोनों की इस संस्मरणीय भूल-भुलैया पर इस तरह हँसे कि लोट-पोट हो गये। उन्हें शुक्ल की ज़िन्दादिली और व्यास जी बनकर सफल निर्वाह करना तथा मेरा शुक्ल जी बनकर विनोद करते रहना सदा स्मरण रहा।

हमारे एक परिचित श्री अय्याजी थे। उन्होंने जीवन में चलचित्र कभी नहीं देखा था। वे संस्कृत के पंडित थे, राष्ट्रीय विचार भी रखते थे और कार्य भी करते थे, एक रोज हम लोगों ने उन्हें सवाक् चित्रपट दिखलाया। जीवन में प्रथम बार किसी मधुमती

को देखकर वे मुग्ध बन गये। उनका दुर्भाग्य ही कहना होगा कि तीसरे रोज़ उस अभिनेत्री के मरण का समाचार समाचारपत्रों में छपा, अय्याजी यह समाचार पढ़कर बुरी तरह खिन्न हो गये, तब हमारी मंडली को विनोद सूझा। उन पर पूरी एक कहानी लिखी गयी—अय्याजी का 'वसीयतनामा', यह प्रकाशित भी हुई। इसमें अय्याजी का पूरा 'स्कैच' है। यह कहानी स्वयं अय्याजी पढ़ते थे और मित्रों को सुनाते थे। तब हँसी देखते ही बनती थी। (*प्रस्तुत ग्रन्थ में वसीयतनामा शीर्षक से यह सच्चा व्यंग्य दिया गया है। यही इस ग्रन्थ का नाम भी है—सं.*)

हमारी इस मंडली को एक संस्था का स्वरूप प्राप्त हो गया था। इसका नाम 'अक्ल सप्लाई एंड को' था। इस नाम पर कई विनोद लिखे गये और प्रकाशित हुए हैं।

कुछ दिनों हमें बनारस रहने का अवसर मिला। वहाँ स्व. प्रसादजी की मंडली में हमें प्रवेश मिल गया। धीरे-धीरे मेल-जोल बढ़ता गया और वहाँ भी प्रच्छन्न सरस्वती की विनोदिनी धारा प्रवाहित होने लगी। प्रसादजी को भी इसके अवगाहन में आनन्द आता और रात के 10 बजे तक हँसी के फव्वारे छूटते रहते। हमारे इस चक्र में जो चढ़ जाता उसे पंडिताऊ गम्भीरता के ओट में रहने वाला यह 'विनोद-बेताल' दिखाई देता तो वह दोनों रूपों की तुलना करने में ही उलझन में पड़ जाता था।

दूसरी जगह फुटकर विनोद के घरेलू उद्योग—धन्धे ही पनपते रहते हैं, पर उज्जैन में तो सभी जानते हैं कि एक जबर्दस्त 'विनोद मिल्स कं. लिमिटेड' ही चल रहा है। (*अब यह कं. बन्द हो गयी है—सं.*), फिर यहाँ विनोद-विस्तार में क्यों कमी होगी? अवश्य ही आज समाज की सुस्ती के कारण यह विनोद-व्यापार थोड़ा मन्दा ज़रूर पड़ गया है, पर माँग के मुकाम पर माल तैयार करने को तत्पर है। जैसे ही माँग बढ़ी, आयात-निर्यात की सुविधा सुलभ हुई यह धंधा 'दिन दूगना, रात चौगुना' ही चमकेगा। रफी साहब ने कंट्रोल से कटने वाले कमीशन की कल ही काटकर रख दी है। फिर आपको हमारे 'मजाकिया माल में' कूड़े—कर्कट की किसी प्रकार भी शंका नहीं होनी चाहिए। हमारा माल मौलिक ही मिलेगा। मिलावट का मैल इसमें मिलेगा नहीं। मुँहमाँगी मुराद पा सकेंगे और मनोरंजन मुफ़्त में मिलेगा। सस्ती मस्ती से आप महफूज नहीं रहेंगे।

'खुदा मह.फूज़ रक्खे अहले उल्फ़त को ज़माने में,
बनायी जा रही है मस.ख़रों की लिस्ट थाने में।'

(टिप्पणी : *उपर्युक्त तीनों लेख—'विनोद-विवेचन', 'मनोरंजन का मनोरंजन' एवं 'विनोद व्यापार में भी मन्दी आ गयी है' देश के ख्यातनाम सम्पादकों के आग्रह पर पंडित व्यास ने होली के अवसर पर लिखे थे। सभी लेखों का लेखनकाल 1951 से 1961 के बीच का है—सं.*)

श्वान प्रबन्ध

'कुछ बात है कि हस्ती मिटती नहीं हमारी
सदियों रहा है दुश्मन दौरे—जहाँ हमारा।'

कुत्ता साधारण कोटि का प्राणी समझा जाता है। राह-चलते लड़के उसे ढेला मार देते हैं और जब वह कू-कू करता हुआ भागता है, तब मजा लेते हैं। नगरपालिकाएँ उसे पकड़कर पिंजरे में बन्द कर देती हैं या सीधे स्वर्ग भी पहुँचा देती हैं। (कुछ अहिंसा-प्रेमी संगठन उसकी रक्षा के यत्न भी करते हैं!) डॉक्टर और वैज्ञानिक कुत्ते पर अपने प्रयोगों की आजमाइश करते हैं और भैरव का वाहन मानकर तान्त्रिक और कापालिक उसे अपनी साधना का माध्यम मानते हैं।

इसके विपरीत राजा, रईस और अफसर उसे स्वजनों से भी अधिक प्यार देकर पालते हैं। आज मिनिस्टर या नेता की नस्ल की ज़रा भी चिन्ता नहीं की जाती; परन्तु ऊँचे दर्जे के कुत्ते की नस्ल न बिगड़ जाए, इसकी बहुत सावधानी रखी जाती है।

वैसे कुत्ता साधारण भी है, और असाधारण भी। उसकी अनेक जातियाँ होती हैं। वर्ग-वर्ण-भेद भी उसमें होते हैं और तद्नुसार ऊँच-नीच भी होता है। किन्तु सभी वर्णों के कुत्तों में कुछ समानताएँ भी पायी जाती हैं, जो उनके जातीय गुण हैं। एक-दूसरे को देखकर गुर्राने की प्रवृत्ति उसमें बढ़ी-चढ़ी होती है। वे समानता के साथ बाँट-चूटकर खाना भी पसन्द नहीं करते, अपने खाने में से वे अपनी सन्तानों को भी एक टुकड़ा देना पसन्द नहीं करते। क़ारण शायद यह है कि उनके समाज में शायद अभी तक कोई मार्क्स, लेनिन या माओ नहीं पैदा हुआ, जो उन्हें साम्यवाद की दीक्षा दे।

परन्तु स्वर-साधना में वे 'सह नाववतु' के पूरे कायल हैं। नितान्त शान्त निशीथ में शेरखाँ स्वरालाप करके प्रगाढ़ निद्रा में पड़े हुए लोगों को जाग्रत कर सिर धुनने को मजबूर कर देते हैं, तो उनका स्वर सुनकर दूसरी दिशा में सोये भूरेखाँ भी मौन नहीं रह सकते। रियाज का राज़ ये खूब जानते हैं, दिन या रात श्वान-निद्रा की शोहरत सिर्फ़ इन्हें ही प्राप्त है।

कुत्तों के वर्ग-वर्ण-भेद की व्याख्या करने का हम अपने को विशिष्ट अधिकारी

नहीं समझते। परन्तु हमें लगता है कि यह भेद–भावना भारतीयों की संगति में रहने के कारण शायद फैली हो। सड़क पर बैठनेवाले और धूल में लोटनेवाले कुत्तों तथा कोच—कुर्सी—सोफ़े पर शान से रहने, महलों में मसनदों परे सोने और अधिकारियों के गलीचों पर गुर्रानेवाले कुत्तों के बीच परस्पर सहकार भावना या भावात्मक एकता की कैसे कोई उम्मीद रख सकता है! साम्राज्यवादी और सामन्तवादी से सड़कवादी (साम्यवादी) का कैसे सामंजस्य हो सकता है?

अवश्य ही यह युग साम्यवाद और उसके सहोदर समाजवाद का है। इसलिए साम्यवादी देश का कुत्ता भी आज बहुत ऊँचा उठता जा रहा है। अन्तरिक्ष की उड़ान में उसने अपना अलग स्थान बना लिया है। आश्चर्य नहीं कि एक दिन वह चन्द्रलोक भी पहुँच जाए।

हज़ारों साल पहले द्वापर युग से हमारे देश में जब भगवान कृष्ण ने 'शुनि चैव श्वपाके च पंडिताः समदर्शिनः' का आदर्श उद्घोषित किया था, महाराज धर्मराज के साथ उनका प्रिय कुत्ता सीधा स्वर्ग तक पहुँच गया था। (ऐसा प्रतीत होता है कि तब तक इन्द्र का साम्राज्यवाद क्षीण हो चला था), क्योंकि उससे पहले त्रेता में जब शुनि (कुत्ते) के बजाय स्वयं एक राजा ने अन्तरिक्ष में पहुँचने का साहस किया, तो वह त्रिशुंक बन बीच में ही लटककर रह गया। धर्मराज के कुत्ते के बाद रूस देश की कुतिया 'लायका' भी भाग्यशाली बनी, जो अन्तरिक्ष में उड़ान भरकर वापस जमीन पर उतर आयी।

कुत्ता आदमी की दृष्टि में भले ही साधारण हो, किन्तु उसका इतिहास असाधारण है।

दुनिया के समस्त साहित्य में हमारा वेद ही सबसे पुराना है। वेद भारत का महत्त्वपूर्ण धार्मिक ग्रन्थ है। वह अपौरुषेय है और पवित्र है। किन्तु उसमें भी कुत्ते की कथा मिलती है। फिर पता नहीं कोई ब्राह्मण कुत्ते को छूने से क्यों परहेज करता है?

आकाश के तारा मंडल में भी दो कुत्तों को जगह मिली है, किसी भी खगोलशास्त्री से पूछा जा सकता है। पता नहीं, प्रगतिशील युग की पार्लियामेंट में इनको प्रतिनिधित्व क्यों नहीं मिला? पार्लियामेंट में कई बार भौंकने की आवाज़ सुनाई देती है, किन्तु प्रायः द्विपद ही प्रतिनिधित्व करता है।

वैदिक साहित्य की तरह ही पुरातन पारसियों के धर्मग्रन्थ अवेस्ता में भी कुत्ते का महत्त्व मिलता है। ग्रीक—कथानकों में भी दो कुत्तों का वर्णन आया है। वहाँ ये यमराज के द्वारपाल माने गये हैं। वेदों में भी इसी तरह पितृलोक के द्वारगाल भी दो कुत्ते ही हैं। ये वैवस्वत कुल के हैं और श्याम—शबल नामधारी हैं। पारसी, ग्रीक और भारतीय वेद के कुत्तों के सिर्फ़ रूप, रंग, नामों में ही भेद है।

वेदों में वर्णन है कि पितृयान (आकाश का निचला भाग, जहाँ वैवस्वत यम

का शासन रहता है) की रक्षा के लिए दो कुत्ते पहरा देते हैं। पारसी धर्म में लोगों को पितृयान और देवयान को जोड़नेवाला एक चिन्वत सेतु है। मृत मानव की आत्मा को इस पुल पर कुत्ते पार पहुँचाते हैं। ग्रीक कथा में कर्बेरास नाम का तीन सिर वाला कुत्ता यम का रक्षक बतलाया गया है। ऋग्वेद में इसे चार आँखों वाला कहा गया है (10.14.10) और आकाश में भी दिव्य—शुन अर्थात् दिव्य कुत्ते का होना बताया गया है। (10.63.10)

वेद में 'शुनासीर' की प्रार्थना भी की गयी है। मैक्समूलर के मतानुसार शुनासीर श्वान-पुंज (केनिस) तारा ही है।

ऋग्वेद के पहले मंडल की एक ऋचा (1.161.13) में बतलाया गया है कि संवत्सर के पूर्ण हो जाने पर ऋतु देवता को कुत्ते जाग्रत करते हैं।

इसी वेद में वर्णित पणि और सरमा का संवाद बहुत प्रसिद्ध है। पणि देवों के दुश्मन समझ जाते हैं। इन पणियों ने इन्द्र आदि देवों की दुधारू गायों को चुराकर रसा नाम की बड़ी नदी के उस पार ले जाकर छिपा दिया था। तब देवों ने अपराधियों की खोज करनेवाली प्रशिक्षित 'सरमा' नाम की कुतिया को जासूसी के लिए भेजा था।

देवों की कुतिया होने के कारण 'सरमा' को देवशुनि कहा जाता है। उसने जाकर 'पणियों' के खेमें का पता लगाया और गायों को देख लिया पहले तो पणियों ने उसे दूध पिलाया, फिर डराया—धमकाया और पानी ताक़त की धौंस भी उस पर जमाने की कोशिश की। किन्तु सरमा उनकी चालों में नहीं आयी। फिर भी वह शुरू में इन्द्र के सामने झूठ बोल गयी। इस पर इन्द्र ने उसे एक लात जमा दी। पणियों का जो दूध पिया था, वह उसने 'कै' कर दिया। कहते हैं वही आज आकाशगंगा बन गया है।

वेद के इस सरमा—पणि संवाद से यह प्रमाणित हो जाता है कि पुराने ज़माने में भी कुत्ते प्रशिक्षित किये जाते रहे हैं। वे जासूसों का काम भी सफलता से किया करते थे और चोर पकड़ लेते थे।

कुत्तों के प्रशिक्षित किये जाने की बात 'वाल्मीकि रामायण' में भी बतलाई गयी है। जब भरत अपने मामा के घर कैकय देश में गये थे, तब वहाँ से अपने पिता दशरथ को उन्होंने लिखा, "मैं अपने साथ प्रशिक्षित कुत्ते भी ला रहा हूँ।" इस प्रकार खोज करने पर कुत्ता-कथा पर बहुत विस्तृत विवरण मिल सकता है।

कुत्ता वैदिक और पौराणिक तो है ही, पर वह ऐतिहासिक भी है। उसकी एक ताँबे की बनी हुई प्रतिमा मोहनजोदड़ों में मिली है। जब हमारे किसी देवी-देवता का जन्म नहीं हुआ था, ईसा से पहले 'भरहुत' की खुदाई में भी श्रीमान श्वानदेव मिले हैं। पुरानी सभ्यता वाले चीन में भी इसकी बड़ी जरूरत रही है। पर आज के चीन में उससे नफरत की जा रही है, इसीलिए वहाँ सत्ता संघर्ष चल रहा है। और कई लोग 'लाल रक्षकों' के हाथों कुत्तों की मौत मर रहे हैं।

देशकाल की परिस्थिति के परिवर्तन के अनुसार इस प्राणी की प्रतिष्ठा घटती-बढ़ती जा रही है। तब किसी समय आदमी की कीमत कुत्ते की तरह हो सकती है, तो कुत्ते की कीमत भी बदलती रही है, तो क्या आश्चर्य?

प्रतिमा दासगुप्ता नामक अभिनेत्री ने अपने कुत्ते को बम्बई की गर्मी बर्दाश्त नहीं होने पर उसे मसूरी भिजवा दिया था। मसूरी में रहनेवाले कुछ आदमी दिन में रिक्शा खींचने के बाद रात में कुत्ते की तरह पड़े रहते हैं कि बम्बई की सड़कों पर फिरनेवाला कुत्ता भी ऐसी दयनीय हालत में न रहे।

हम अपने देश में अभी भी बहुत पिछड़े हुए हैं। प्रमाण यह है कि कुत्तों के प्रशिक्षण के लिए कोई विद्यालय, कॉलेज तक नहीं खुलवा सके, जबकि जर्मनी में कुत्तों का एक स्वतन्त्र विद्यालय है। वहाँ उन्हें स्थानीय भाषाओं के अलावा लैटिन, ग्रीक और संस्कृत भी समझाई जाती है, जबकि हमारे यहाँ 'त्रिभाषा' फार्मूला में से संस्कृत का तो आदमी के लिए भी बहिष्कार कर दिया गया है।

जर्मन लोग आख़िर आर्य ठहरे। उनके कुलीन कुत्ते भी संस्कृत सीखते हैं। पर भारत का कुत्ता महज अँग्रेजी सीखना चाहता है। वैसे प्रसिद्ध लेखक स्वर्गीय 'उग्रजी' का एक कुत्ता (जिसका नाम उन्होंने चिंगक्यांग रखा था) सिखलाने पर राम-राम बोलने लगा था। आज यदि वह और श्रीअण्णादुरै दोनों जीवित होते, तो उनकी अवश्य भेंट करवाई जाती।

अपनी स्वतन्त्र मातृभाषा के रहते हुए भी उस पर कभी 'भाषावाद' का भूत सवार नहीं हुआ। वह सर्वभाषा प्रथम प्रवीण भी है और अपनी भाषा में आत्मतुष्ट भी। इसीलिए यह विश्व का नागरिक है, सभी के साथ समान स्नेह सम्पादित करने में समर्थ है।

वैसे कुत्ता स्वयं बहुत सरल प्राणी है, केवल उसकी पूँछ टेढ़ी है। अनुभवियों का कहना है कि बारह साल बाँस की नली में सीधी रख देने पर भी बाहर निकलने पर वह टेढ़ी ही रहती है। यह विज्ञान के लिए खोज का विषय है। चाँद पर यान भेजने में सफलता साध लेने वाला विज्ञान अब तक कुत्ते की पूँछ के टेढ़ेपन का पता लगाने में असमर्थ रहा है, कैसी विस्मय की बात है!

कुत्ते की संयमशीलता अद्भुत होती है। नर-मादा में सहअस्तित्व रहते हुए भी वर्ष में 11 महीने वह सदाचार का पालन करता है। ब्रह्मचर्य की महिमा को यह मानव से अधिक मानता है, वह परिग्रही नहीं है, मधुकरी वृत्ति से जीता है। वह ऐसा है कि चाहे लेटा रहे या सोफ़े पर सोता रहे, उसे विषमता विदित नहीं होती।

पृथ्वी, जल, आकाश, वायु जिस तरह सर्वव्यापी है, कुत्ता भी विश्वव्यापी है। वह प्रत्येक जगह प्राप्त होता है। ग़रीब से अमीर के घर तक समान प्रवेश करता है। पृथ्वी तो ठीक, अन्तरिक्ष में भी अस्तित्व रखता है और सभी से आत्मीयता स्थापित

कर लेता है। काला होने पर भी अफ्रीका या अमरीका से निर्वासित नहीं होता। यहूदियों का प्यार पाकर भी हिटलर के शासन में वह मजे से रहा। अँग्रेज़ों का प्रेम पाकर भी रूस या चीन से चिपका हुआ है। धर्मनिरपेक्ष रहकर भी वह कर्मनिरपेक्ष नहीं, राजनीति की राह में चलकर भी वह तटस्थ रहता है, समाधि में रहते हुए भी जागरूक बना रहता है।

कुत्ता प्राणियों में महत्त्वपूर्ण है, स्वतन्त्र सांस्कृतिक सत्ता का स्वामी है। हाल ही में कुछ श्वान—स्नेहियों ने सरकार के समक्ष याचना की है कि इस महाप्राण प्राणी के सम्मान में डाक-टिकट निकाला जाए। हम इस माँग से पूरी तरह सहमत हैं, बल्कि यह और कहना चाहते हैं कि श्वान—शिरोमणि की प्रतिमा पार्लियामेंट के समक्ष स्थापित की जाए और विरोधी दलों के प्रमुख वक्ताओं को पार्लियामेंट में प्रवेश के पूर्व इस प्रतिमा के पूजन के लिए विवश किया जाए। हमारा बस चले तो पार्लियामेंट में अवश्य ही विरोधी बेंचों के पास कुत्तों की कुछ सीटें रिजर्व कर दें। देश की स्थिति को देखते हुए यह समय भी निकट आता दिख रहा है।

हमारे खाद्यमन्त्री बड़े भैरव—भक्त हैं, इसलिए वे प्रत्येक कुत्ते के लिए राशन की व्यवस्था भी करें। अव्वल आज आदमी को दिया जानेवाला राशन पूरी तरह उसका भी पेट नहीं पाल पाता। इसलिए उसे अपने प्रिय कुत्ते को अपना पेट काटकर खिलाना पड़ता है। ऊपर से जो राशन दिया जा रहा है, वह आदमी के खाने लायक कम और कुत्ते के लिए ही ज़्यादा उपयोगी होता है।

इसी तरह शिक्षा मन्त्रालय से यह आग्रह है कि विश्वविद्यालय में एक 'कुत्ता चेयर' स्थापित करे और कुत्ते पर शोध करने की आवश्यकता हृदयंगम कराए। समझ में नहीं आता कि ऐसे महत्त्वपूर्ण प्राणी के विषय में किसी विश्वविद्यालय में शोधकार्य क्यों नहीं हुआ? पता नहीं, इन खोजियों की मौलिकता का कौन-सा मानदंड है?

एक और डॉक्टरेट

यह सभा बीच मुँह बा देने का गीत
यह डॉक्टरेट दिलवा देने का गीत!

श्रीमान,

कॉलेज महानुभाव,
उपकुलपति महोदय,
भूचाल विश्वविद्यालय, भूचाल (म. प्र.)

श्रीमान,

मैं कालेज का उपाधिधारी हूँ और डाक्टरेट के लिए प्रबन्ध लिखना चाहता हूँ। मेरा विषय है—रासभराज (भाषा में गधा) का ऐतिहासिक—सांस्कृतिक अध्ययन।

यह विषय सर्वथा महत्त्व का है और किसी भी देश के किसी विश्वविद्यालय में (जो प्रगतिशील कहलाते हैं), जहाँ तक मेरी जानकारी है, कहीं से इस नवीन महत्त्वपूर्ण विषय पर कोई थीसिस नहीं लिखी गयी है। मेरा इस विषय पर वर्षों से गम्भीर अध्ययन, मनन व चिन्तन है। मैंने देश-विदेश के मनीषियों से समय-समय पर विचार-विनिमय भी किया है। इस विषय में प्राप्त-अप्राप्त सभी ग्रन्थों, सन्दर्भों का भी अनुशीलन किया है। मैं यह कहने में संकोच अवश्य अनुभव करता हूँ कि (विवश होकर साहस करके कहना ही पड़ेगा कि) मैं इस विषय में एकमात्र विशेषज्ञ हूँ। मैंने कई शोध-पत्र भी पत्रों में प्रकाशित करवाये हैं, आदेश होने पर मैं प्रस्तुत कर सकूँगा। आज से दस वर्ष पूर्व मेरे इस ज्ञान-अन्वेषण के विषय में मित्रों ने पत्रों में लेख भी लिखे हैं। वे भी आप देख सकते हैं। मैं इस पत्र के साथ अपने विषय की रूपरेखा (सिनाप्सिस) प्रस्तुत कर रहा हूँ। इसे देखकर ही मेरे विषय-विस्तार और गहराई का आप अनायास अनुमान कर सकेंगे और मुझे विश्वास है कि आप अपने विश्वविद्यालय में इसे स्वीकार कर मुझे अवसर देंगे कि मैं आपके विद्यापीठ से डाक्टरेट प्राप्त कर

सकूँ। आशा है आप स्वीकार करेंगे। यद्यपि आजकल हर विश्वविद्यालय में बिना मिडिल पास लोगों को 'आनरिस काजा' के रूप में डॉक्टरेट ऑफर कर दी जाती है, जबकि मैं स्नातक उपाधि प्राप्त व्यक्ति हूँ, मुझे स्वीकृति देने में आपत्ति नहीं होनी चाहिए।

मेरे सामने एक और समस्या भी गम्भीर रही है (और मुझे आशंका है कि आपके सामने भी यही समस्या प्रस्तुत हो) कि इस विषय में मुझे निर्देश किसका प्राप्त हो? मैंने अरबराष्ट्र के नेता (जहाँ इस प्राणी का अत्यधिक महत्त्व सदियों से चला आ रहा है) से भी परामर्श किया है। तिब्बत के प्रमुख लामाओं से भी सम्पर्क किया है, परन्तु आपके विश्वविद्यालय की 'रिसर्च-गाइड-सूची' में उनका (देश के बाहरी व्यक्ति होने के कारण) नाम नहीं होगा। अतः इस विषय में विशेषज्ञ की खोज कर मेरा 'गाइड' नियुक्त करने का कष्ट उठाना पड़ेगा। चाहें तो विशेषज्ञ समिति या एकेडेमिक कौंसिल का परामर्श लेकर राय दें। और आप मुझ पर ही यकीन करें तो विशेष रूप से मेरा वर्षों का अध्ययन होने के कारण मैं ही अपना गाइड भी बन सकता हूँ, बशर्ते आप और आपके सिंडिकेट को कोई आपत्ति नहीं हो (होनी भी नहीं चाहिए)। अन्यथा, मैं ऐसे किसी भी प्राध्यापक का निर्देशन स्वीकार कर लूँगा, जिसे आप मेरे विषय के अनुरूप अनुभव करते हों, मुझे आपत्ति नहीं होगी। आप जानते ही हैं कि आज तो हर यूनिवर्सिटी में ऐसा ही चल रहा है कि जिस विषय का एक शब्द भी जो न जानता हो, वह गाइड का काम करता ही है। दस-बीस शोध-छात्रों का जब एक व्यक्ति गाइड होता है तो वह उनके सभी विषयों से क्या मतलब रखता होगा? और प्रायः ऐसे ही परीक्षक भी बनाये जाते हैं, जो उस विषय की ए.बी.सी. नहीं जानते हैं, तो ऐसे किसी भी व्यक्ति को आप नियुक्त कर दें, मुझे आपत्ति नहीं होगी। मेरा अपना काम तो हो जाएगा, गाइड का नाम (नाहक) हो जाएगा। वह आपकी सुविधा के लिए लिख रहा हूँ, वैसे मेरा उचित गाइड तो शायद कोई कुम्हार ही बन सकता है। वह मेरे विषय में किसी प्रोफेसर से ज़्यादा ही जानता होगा, पर वह आपके विश्वविद्यालय के सदस्यों को, सम्भवतः आपको भी, स्वीकार्य नहीं होगा। जो भी हो, मेरा सिनाप्सिस आप स्वीकार कर, अपनी संस्था से डाक्टरेट करने की अनुमति देवें। मेरा निबन्ध सभी विश्वविद्यालयों में अपूर्व एवं सर्वथा मौलिक ही सिद्ध होगा एवं आपकी संस्था को गौरवान्वित करने में समर्थ होगा।

धन्यवाद।

प्रार्थी

(डी. पी. शर्मा)

बी. ए.

सिनाप्सिस (रूपरेखा)

गधे का ऐतिहासिक—सांस्कृतिक अध्ययन

(समाजवादी दृष्टिकोण से)

गधे का उद्‌भव, विकास और व्यक्तित्व!

प्राणिशास्त्रीय अध्ययन (एक सामाजिक प्राणी के रूप में)

इतिहास की परम्परा।

समाज में गधे की उपयोगिता, सामाजिकता, निष्ठा, निस्पृह-भावना एवं 'कर्मण्येवाधिकारस्ते' का उदाहरण।

वैदिक साहित्य से लेकर पौराणिक परम्परागत, प्राक् इतिहास—मध्ययुग से वर्तमानकाल तक ईसा से मूसा तक का महत्त्व।

येरूस्लम, इजिप्ट—अरब, तिब्बत, मरु प्रदेश आदि में कार्यक्षेत्र।

देवों के वाहनों के रूप में स्थान।

मुद्राओं पर महत्त्व, खरोष्ट्री लिपि से सम्बन्ध, गन्धर्वसेन, गर्दभिल्लवंश से सम्बन्ध।

संगीत परम्परा में पंचम स्वर का उद्‌भव।

'ग' से 'गधा' का आरम्भ।

ग्राम—नगर—जनजीवन—निर्माण कार्य में आदर्श स्थान।

प्रजापति एवं रजक के जीवन-निर्माण में प्रमुख योग।

समाजसेवी निष्काम कर्म में प्रतिष्ठित स्थान।

राजनीतिक आन्दोलनों में, देश-सेवा में योगदान, नेता के निकट सहयोगी और नेता—निर्माण में बुनियादी कार्य।

वाइसराय, प्राइममिनिस्टर आदि के पद प्राप्त करके भी निर्लिप्त, स्वार्थरहित, समान स्थिति के निर्वाह में प्रमुख।

एशिया के प्राणियों में विशिष्ट स्थान।

प्राणियों में मानव का इसी नाम—उपाधि से अलंकृत अँग्रेज का गौरव प्राप्त।

कुछ विशिष्ट स्थानों के महत्त्व के कारण जहाँ उद्‌भव, विकास में महत्त्व प्राप्त हुआ है, उन कारणों और भौगोलिक स्थिति का अध्ययन।

साहित्य में गधे का स्थान, उस पर निर्मित साहित्य की प्रेरणा का आलोचनात्मक इतिहास।

कथा साहित्य में वर्णन।

पुराण साहित्य में।

धर्म साहित्य में।

व्यंग्य साहित्य में।

कविता आदि में स्थान, श्रृंगार और अश्लील में वर्णन।

गधे की गुंती—गौन (गाउन) की विकास-परम्परा, भाषाशास्त्रीय अध्ययन, विदेशी भाषा में, प्रदेश शिक्षा-क्षेत्र में महत्त्व।

गधे के स्वर में विभिन्न रागों का ध्वनिशास्त्रीय अध्ययन।

सेवाभावी प्रवृत्ति, निरीहता तथा उत्थान की दिशा में कर्त्तव्य एवं अपेक्षा पर प्रकाश।

गधे की अनुशासन—भावना स्थितप्रश्नता, निष्ठा, कर्त्तव्यशीलता। आत्मविस्मृत भावना पर विचार।

गधे की गरिमा एवं उक्त प्राणियों के साथ तुलनात्मक अध्ययन।

गधे के विभिन्न नामों की परम्परा तथा इतिहास, विदेशों में अस्तित्व, शीतलादेवी के साथ सम्बन्धों पर प्रकाश, शिल्प में 'गधाजाल' आदि की परम्परा।

मालव प्रदेश में—खरगौन, नरसिंहगढ़, राजस्थान, झालावाड़, मरुक्षेत्र में महत्त्व।

विभिन्न प्राणियों के साम्य, वैषम्य, रहन—सहन, आहार-विहार पर गम्भीर अध्ययन।

गधे के सिर के सींग के सम्बन्ध में वैज्ञानिक विचार।

'एक गधे की आत्मकथा' के लेखक कृष्णचन्दर के मन्तव्य तथा देश-विदेश के मनीषियों के इसी प्राणी के सम्बन्ध में मन्तव्य।

बसंतकाल में इस प्राणी की उपादेयता, लोकप्रियता पर विचार।

समाजवादी समाज—रचना के सन्दर्भ में इस प्राणी का आदर्श और महत्त्व।

गधे का मानव से ममत्व, अहिंसक भावना, साम्यवाद, वर्णभेद, धर्म के प्रति निरपेक्षवृत्ति, रूपरंग, कुलशील सेवा आदि के कारण। समत्त्व योग—साधना के स्थान।

पंचशील का प्रामाणिक आराधक तथा 'सहना ववतु, सहनौ भुनक्तु, सहवीर्य कारवावहे' का उपासक होने के कारण राष्ट्र के लिए अनुकरणीय राष्ट्रीय प्राणी होने का प्रमाण।

आनुवंशिकता का महत्त्व तथा मानव द्वारा गधे के साथ खच्चर का विषय—सहअस्तित्व बना देने पर भी यह अप्रभावित असंपृक्त।

यहाँ अत्यन्त संक्षिप्त रूपरेखा प्रस्तुत है। विषय के स्वीकृत हो जाने पर विस्तृत विचार प्रस्तुत किया जाएगा।

160 महाकाल मार्ग,
उज्जैन

पा. रा. तारे
एम.ए., एल.एल.बी.
रिटायर्ड सिविल जज

श्रीमान मान्य उपकुलपति महोदय, दिनांक 22.3.70

विक्रम विश्वविद्यालय,

उज्जैन

श्री डी. पी. शर्मा जी ने अपने शोध प्रबन्ध के लिए जो विषय चुना है, वह बहुत महत्त्वपूर्ण एवं मौलिक भी है। मेरी नम्र सम्मति में जो सिनाप्सिस शर्मा जी आपके समक्ष प्रस्तुत कर रहे हैं, वही इतने महत्त्व का है कि विश्वविद्यालय को उन्हें डाक्टरेट केवल इसी आधार पर दे देना चाहिए। आप और विश्वविद्यालय की एकेडेमिक कौंसिल इस पर गम्भीरता से विचार करेंगे। मैं इस सिनाप्सिस से बहुत प्रभावित हूँ।

सधन्यवाद।

आपका

(पा. रा. तारे)

विशेष : *(22 जून 2002 को प्रधानमंत्री भवन में पं. सूर्यनारायण व्यास जन्मशताब्दी समरोह के अवसर पर उन पर एक विशेष डाक टिकट जारी हुआ तो स्वयं प्रधानमंत्री अटल बिहारी वाजपेयी ने इस व्यंग्य का अत्यन्त मज़ेदार पाठ किया और उपस्थित श्रोताओं ने बहुत आनंद लिया—सं.)*

थीसिस के थोक विक्रेता

फुलपीस और कटपीस बेचता हूँ
जी हाँ, हुजूर, थीसिस बेचता हूँ

मैंने एम. ए. पास तो कर लिया, परन्तु मुझे उसमें स्थान तीसरा ही मिला, क्योंकि जो विषय मैंने लिया था, वह एक तो कठिन था, दूसरे मेरे अध्यापक ने कभी कोर्स पूरा करवाया ही नहीं। तो क्लास मिलने का प्रश्न ही नहीं था, तीसरे क्लास के लिए सर्विस में कोई भी जगह नहीं थी। इसलिए सोचा फिर विषय पलटकर एम.ए. किया जाए और क्लास पाने की कोशिश की जाए। ट्यूशनों से अपना काम चला लिया जाएगा। मैंने पुन: कालेज में प्रवेश ले लिया। इस बार 'राजनीति' में प्रवेश लिया था। मैंने विचार किया कि राजनीति ही ऐसा विषय है, जिसमें हर तरह की तिकड़म की सुविधा है, भ्रष्ट उपाय से ही राजनीति में महत्त्व मिलता है तो विषय में भी अवसर मिल जाएगा। मेरा विचार सही था। पहले वर्ष में ही मैंने अध्यापक से लेकर परीक्षकों तक को पटा लिया था, फलत: प्रथम वर्ष में मुझे अच्छे नम्बर मिल गये और अब साहस भी बढ़ गया, हथकंडे भी जान गया। दूसरे वर्ष में जाकर क्लास प्राप्त कर लिया, चर्चा तो होनी ही थी, पर आगे का रास्ता खुल गया। थोड़ी जोड़-तोड़ तो लगानी ही पड़ती है, बस सहज सर्विस मिल गयी। मन में उत्साह भर गया, बेकारी की चिन्ता भी चली गयी। मन में आया और मित्रों ने भी सलाह दी कि डॉक्टरेट अवश्य की जाए। एक रोज मित्र ने साथ जाकर फार्म पर दस्तखत करवा दिये और सिनाप्सिस लिखवाकर पेश भी कर दी। थोड़े दिनों के बाद ही नाम रजिस्टर हो गया। जिनके निर्देशन में काम करना तय हुआ, उनके पास पहले ही पाँच छात्र काम कर रहे थे, मैं छठा हो गया। उनसे एक रोज़ चर्चा करने गया। बोले—"देखो भई, मुझे तो जरा भी फुर्सत नहीं है, तुम्हें अपने ही बल पर काम करना है। और कुछ जानकारों से परामर्श कर अपना कार्य करना है। बनारस, आगरा, दिल्ली हो आओ, नेताओं से मिलकर मार्ग प्रशस्त करो, यही उत्तम है।" मैंने सोचा छुट्टियों में पहले 15 दिन दिल्ली में रहा जाए और उसमें प्रदेश के ही एम.पी. से मिला जाए। मैंने पत्र-व्यवहार किया, सांसद ने मिलकर चर्चा की

अनुमति दे दी, मैं तुरन्त ही दिल्ली जा पहुँचा, और एम.पी. महोदय का द्वार खटखटाया। वे चाय पी रहे थे। मुझे अन्दर बुलवाकर बिठाया और चाय का कप दिया। मैंने अपनी नम्रता प्रदर्शित कर विषय की चर्चा छेड़ दी। मैंने बतलाया कि मेरा विषय 'राजनीतिक नेताओं में भ्रष्टाचार, उसके कारण तथा निराकरण' है। इस पर मैं जब आपको सुविधा हो, विस्तार से परामर्श करना चाहता हूँ। एम.पी. महाशय बोले, "देखो भाई, मुझे अभी प्रादेशिक स्तर तक ही थोड़ा बहुत ज्ञान है। मैं यहाँ नया आया हूँ। कुछ समय लगेगा, जब सार्वजनिक और सार्वदेशिक स्तर की गहराई का अनुभव कर सकूँगा। उत्तम यह हो कि आप उन लोगों से भी सम्पर्क साधें, जो दिग्गज हों, संसद में जिन पर पर्याप्त चर्चा होती रही है और जिन्हें कीर्ति प्राप्त है। दूसरे वे लोग भी हों, जो कई वर्षों से मेम्बर हैं, अपने प्रदेश में और इस दिल्ली में भी उनके अपने बड़े-बड़े बँगले बने हुए हैं, वे आपकी पर्याप्त सहयता कर सकेंगे। दो तीन मेरे मित्र हैं, जो अपनी कार से लम्बे प्रवास पर गये हुए हैं, वे आने ही वाले हैं। उनसे मैं मिलवा दूँगा। उनके अनुभवों से आपकी पूरी 'थीसिस' भी बन जाएगी। तब तक आप मुझसे मिलते रहें, पता चलाते रहें।" मैंने सहयोग के लिए उनका धन्यवाद माना और मैं अपने ठहरने की जगह लौट आया, भोजन से निवृत्ति पाकर सोचा, चलें, थोड़ा 'कनाट सरकस' का चक्कर ही काट आएँ। तैयार होकर मैं निकल पड़ा। कपड़ों और जूतों की दुकानों को देखता बढ़ता गया, पान की दुकान पर जाकर रुका। एक पान लगाने को कहा। वहाँ बड़ी भीड़-भाड़ थी, मैं पास-पड़ोस की दुकानों के बोर्ड देख रहा था। सहसा एक बड़े बोर्ड पर निगाह पड़ी। चौकन्ना होकर पुनः पढ़ा। उस पर बड़े-बड़े अक्षरों में लिखा था—

थीसिस के थोक विक्रेता और निर्माता
प्रोफेसर 'प्रचंडमति' पांडेय!

मेरे मन में कुतूहल बढ़ गया। सोचा, अवश्य ही इसे देखा जाए। पानवाला अब भी बहुत व्यस्त था। मैं पान की चिन्ता छोड़ प्रो. प्रचंडमति से मिलने के लिए चल पड़ा। मेरे मन में तर्क-वितर्क चल रहे थे कि 'थीसिस के थोक विक्रेता निर्माता' से क्या मतलब होना चाहिए? क्या यूनिवर्सिटियों के पुराने थीसिस रद्दी के भाव खरीदकर ये बेचते हैं? या थीसिस बनाकर बेचते हैं? फिर यह निर्माता क्या बला है? सोचते-सोचते मैं सीधा बोर्ड के पास पहुँच गया। उस सजी हुई दुकान की अलमारियों में बड़ी साईज की जिल्ददार सुनहरी चमकते नामों वाली बहुत—सी पुस्तकें लगी हुई थीं। दो व्यक्ति एक टेबल के पास कुछ लिखते दिखाई पड़ रहे थे। सामने रेशमी पर्दा पड़ा हुआ था और अन्दर से चपरासीनुमा आदमी आ-जा रहा था। एक-दो युवक आपस में बातें कर रहे थे। मैं साहस करके अन्दर घुसा और टेबल कुर्सी वाले सज्जन के पास

पहुँचा और कहा मैं प्रोफेसर साब से मिलना चाहता हूँ। कुर्सी पर बैठे सज्जन ने इशारे से पास में पड़े बेंच पर बैठने का कहा। और जैसे ही अन्दर से चपरासी बाहर आया, उसे मेरी ओर संकेत कर मिलने की सूचना दी। चपरासी ने मुझे हाथ के इशारे से रुकने को कहा और वह अन्दर चला गया।

कुछ मिनट में ही बाहर आकर उसने मुझे अन्दर चलने को कहा। मैं उसके पीछे हो लिया। कमरे में प्रवेश करते ही मैंने देखा कि एक टेबल के पास शानदार कुर्सी पर चश्मा चढ़ाए, टाई लगाये, सूटेड—सज्जन फ़ाइलों के ढेर को उलटफेर कर रहे हैं। जैसे ही मेरी तरफ़ उनकी निगाह गयी, मैंने नमस्कार किया और वे पुनः फाइल के पन्ने पलटने लगे, उनकी आकृति नाम के अनुसार प्रचंड तो प्रतीत न हो रही थी। पाँच-सात मिनट के बाद फ़ाइल बन्द की और मुझसे पूछा—

"कहिए, कैसे आये हैं?"

"जी, मैं पी.एच.डी. करना चाहता हूँ। डबल एम.ए. किया है। सोचा आपसे भी मार्ग-दर्शन प्राप्त कर लें। उन्होंने मुस्कराकर प्रसन्नता व्यक्त की, और कहा 'अवश्य-अवश्य। मैं हर तरह से आपकी मदद के लिए तैयार हूँ। आपने विषय कौन सा चुना है?"

मैंने बताया—"राजनीतिक भ्रष्टाचार : कारण और निवारण।"

कहने लगे—यह विषय तो बहुत कॉमन है। इस पर तो आप कश्मीर से लेकर केरल तक के अनेक नेताओं पर सचित्र और विचित्र वर्णन सप्रमाण लिख सकते हैं। पार्लियामेंट की फ़ाइलों से, इन्कवायरी कमीशनों की रिपोर्ट पर लिखना चाहो तो एक नहीं कई थीसिस बन सकते हैं। और यह सारा साहित्य हमारे कार्यालय में भी उपलब्ध है। यदि हमारे माध्यम से कार्य करना चाहो तो सारी सुविधाएँ सहज उपलब्ध होंगी।

मैंने उत्सुकता से आभार व्यक्त करते हुए कहा कि मुझे आपके माध्यम से कार्य करने के लिए क्या करना होगा। कृपया मार्ग-दर्शन करें।

डॉ. प्रचंड ने बतलाया—"देखिए, हमारे कार्यालय में प्रत्येक विषय के स्पेशलिस्ट मौजूद हैं और सारे विषयों का साहित्य भी संग्रहीत है, भूगर्भ से अन्तरिक्ष तक के जानकार और आधुनिकतम उपलब्धियों का विवरण उपलब्ध है।"

हमारे यहाँ मास्को से मक्का-मदीना, जावा से जगदलपुर, बम्बई से बसरा और नार्वे से नागदा तक के छात्रों ने थीसिस लेकर डॉक्टरेट प्राप्त करने में सफलता प्राप्त की है। और नियमों के अन्दर कार्य करने पर ठेठ डिग्री दिलवाने तक की जिम्मेदारी हम लेते हैं, असफलता की आशंका ही नहीं, क्योंकि विश्वविद्यालयों और परीक्षकों से हमारा सीधा व्यावहारिक सम्बन्ध है। भारत के बाहर के विश्वविद्यालयों की डिग्रियाँ भी हमारे माध्यम से घर बैठे सुलभ हो सकती हैं। आपने यदि हमारा चुना हुआ विषय लिया तो सुविधा से कार्य हो सकता है। यदि अपने चुने हुए किसी विषय

पर हमारे द्वारा थीसिस देना चाहेंगे तो उसमें व्यय और समय अधिक लगेगा। वैसे हमारे यहाँ हर विषय पर नवीन थीसिस बिलकुल तैयार भी मिलते हैं। आप इधर लीजिए और उधर विश्वविद्यालय में पेश कीजिए। इनमें जैसा गम्भीर विषय होगा, वैसा ही व्यय होगा। हमारे कार्यक्रम और बाहर के विशेषज्ञ द्वारा निर्मित थीसिस की हम सप्लाई करते हैं, माल की नवीनता और मौलिकता की हमारी गारंटी होती है।

"बड़ी ही कृपा होगी यदि आप मेरी सहायता करें!" मैंने निवेदन किया।

प्रो. प्रचंड ने टेबल की घंटी बजाकर चपरासी को बुलवाया और कहा—"देखो, इनको राजनीति विभाग में ले जाओ और प्रोफेसर विद्याविनाश मिश्र से मिलवा दो।"

प्रो. प्रचंड को नमस्कार कर चपरासी के साथ अन्दर गया। एक कमरे में पर्दे के अन्दर, जिसके समक्ष चपरासी ने मुझे पहुँचाया, वह एक युवक था। उसने मुझे सामने कुर्सी पर बिठलाया, "क्या आपने राजनीति में एम.ए. किया है?" उसने पूछा।

"जी हाँ। मैंने कहा।"

"आपने थीसिस के विषय में कोई विषय चुना है या हमें विषय देना होगा?"

"जी, मैंने अपना विषय चुन लिया है—'राजनीतिक भ्रष्टाचार : कारण और निराकरण'।"

"बहुत खूब, विषय तो सुन्दर है, सामयिक भी है और सरल भी, परन्तु श्रमसाध्य अवश्य है।"

"इसी के मार्ग-दर्शन के लिए मैंने प्रो. प्रचंड से प्रार्थना की थी और उन्होंने आपके निकट मुझे भिजवाया है।"

"ज़रूर-ज़रूर! मैं हर तरह से आपकी सहायता करूँगा। आप चिन्ता न करें।"

"आप कितना बड़ा निबन्ध चाहेंगे?" 200 पृष्ठ, 300 पृष्ठ या 400 पृष्ठ?

"कम-से-कम मीडियम साइज का 300 पृष्ठ का हो तो उत्तम!"

"बहुत ठीक। कहकर युवक ने कागज पर नोट कर लिया।"

"अब, यह बतलाइए कि हिन्दी में चाहेंगे या अँग्रेजी में?" युवक ने पूछा।

"जी, मैं तो हिन्दी ही ठीक जानता हूँ, अँग्रेजी ठीक से नहीं जानता।"

"अजी, आप क्या-क्या जानते हैं, यह प्रश्न छोड़िए, आप न भी जानते हों तो क्या फ़र्क पड़ेगा? हम तो जानते हैं। हिन्दी राष्ट्रभाषा भी है, पर उसका असर उतना नहीं होगा। यदि अँग्रेजी में होगी तो बड़ा प्रभाव पड़ेगा, साथ ही वह सहज प्रकाशित हो सकेगा और आपको लाभ भी अधिक होगा।"

"परन्तु लिखने का प्रश्न...।"

"भाई, मेरे लिखने की बात छोड़िए। यह सारी जिम्मेदारी हमारी होगी।"

"यदि इतनी कृपा आप करें तो 'अँग्रेजी' ही ठीक रहेगा।"

"बहुत खूब।"

"इस कृपा के लिए मैं बहुत आभारी हूँ।"

"तो देखिए, 300 पेज की थीसिस के लिए 3 महीने का समय चाहिए और 3000 रुपये ख़र्च होंगे। और यदि कलकत्ता, दिल्ली, आगरा, बनारस की किसी यूनिवर्सिटी से यह डिग्री लेनी हो तो 2000 रुपये और लगेंगे। पंजाब, राजस्थान, मध्य प्रदेश के किसी विश्वविद्यालय से डिग्री लेनी हो तो आपका काम 1500 में ही निपट जाएगा।"

"क्या मुझे और कुछ करना पड़ेगा?"

"जी नहीं, आपको तो थीसिस तैयार हो जाने पर सिर्फ़ अपने दस्तख़त करने होंगे। और फिर विश्वविद्यालय में जाकर थीसिस पेश करनी होगी। शेष आपकी चिन्ता करने का कारण नहीं।"

"तो मुझे मंजूर है। मैं अपने प्रदेश के ही विश्वविद्यालय से डिग्री करना चाहता हूँ।"

"कोई हर्ज नहीं। हमारे एग्रीमेंट पर हस्ताक्षर कर दें और 1500 साथ लेते आएँ तो डिग्री श्योर!"

"क्यों साहब, यदि कोई ग़रीब छात्र हो तो उसे लिए कोई सहूलियत हो सकेगी?"

हाँ, अवश्य, पर उसके लिए विषय का चुनाव हमसे करवाना होगा और हमारे यहाँ प्राय: सभी यूनिवर्सिटियों के पुराने थीसिस का संग्रह है। हम उन्हीं के आधार पर विषय देते हैं और उन्हीं थीसिस के आधार पर नवीन रूप देते हैं। उसके लिए सब मिलाकर 1500 रुपये में पूरा काम हो जाता है। परन्तु यह हिन्दी में ही सम्भव है। अँग्रेजी का स्टैंडर्ड हमने ऊँचा रखा है। वैसे मात्र विभिन्न कोटेशन्स को शृंखलाबद्ध करके थीसिस तैयार करने के हम सिर्फ़ 1000 ही लेते हैं।

"तो क्या मुझे परीक्षकों से भी सम्पर्क साधना होगा?"

"जी नहीं। सभी विश्वविद्यालयों की परीक्षक—सूची हमारे पास रहती है और किस विषय का थीसिस, किसके पास पहुँचेगा या भिजवायी गयी, उसकी सूचना भी हमें तत्काल मिल जाती है। वे लोग हमारे कार्यालय के स्थायी सदस्य रहते हैं, इसलिए आपको किसी प्रयत्न या चिन्ता की ज़रूरत नहीं रहती।"

मैंने अपने ऐग्रीमेंट पर हस्ताक्षर कर दिया और एक हफ़्ते में रुपये पहुँचाने का वादा कर उनसे इजाजत ली। कमरे से बाहर आया तो प्रो. प्रचंड के पास बाहर से आये हुए कई छात्र बात कर रहे थे और उनका भी वैसा ही प्रचंड मार्ग—दर्शन हो रहा था।

वसीयतनामा

'रोमान्स' के लिए हिन्दी में कोई उपयुक्त शब्द नहीं मिलता। हमारे अय्याजी यद्यपि संस्कृतज्ञ थे, किन्तु इस शब्द के साथ उनका सम्बन्ध ठीक उसी तरह जुड़ गया था जैसे मलहम के साथ पट्टी। अँग्रेज़ी न जानने पर भी वे रोमान्स का रहस्य समझते अवश्य थे। हमारी यह धारणा और भी बलवती हो गयी, जब उन्होंने एक दिन 'लव-मैरेज' का जिक्र कर डाला। काम पड़ते रहने पर गाँव के लोग भी 'टेशन' और 'ट्रिक्स' समझने लगते हैं, परन्तु रात-दिन व्याकरण की फक्किकाएँ घोखनेवाले अय्याजी भी जब एक दिन कहने लगे कि 'लव-मैरेज' में जो रोमान्स रहता है, वह मड़वे के खम्बे के साथ चक्कर खाकर चुनरी और दुपट्टे से गाँठ जोड़ने में नहीं, तो हमने समझा कि हमारे अय्याजी भी पंडितराज जगन्नाथ की तरह, 'युवती नवनीत कोमलांगी' के मधुर मिलन की चासनी चखने की फिराक में ज़रूर हैं। अपनी समझ को मजबूत करने के ख़याल से ही उस दिन हमने बात-बात में अय्याजी से कहा, "खादी की तरह आपका दिल खुरदरा नहीं है। जेल में रहकर गीता का वेदान्त तो चक्की के साथ पिस गया, परन्तु आपका 'रोमान्स' अवश्य ही वहाँ की साँकलों की तरह 'पक्का' बना रहा।"

"नहीं महाशय, आप तो जानते हैं कि लोग प्रेम जैसे विश्वव्यापी तत्त्व को भी जातीयता और प्रान्तीयता के झगड़ों की तरह बनाना चाहते हैं, प्रेम को कसने की कसौटी 'स्मृतियाँ' नहीं हैं, वह है 'दिल'...।" अय्याजी ने उत्तर दिया।

"आपका दिल तो राष्ट्रीयता के रंग में रंगा हुआ है। अफसोस इसी बात का है कि घर में अय्यानीजी की उपस्थिति आपको उसी तरह खलती होगी जैसे काँग्रेस के मंच पर डॉ. मुंजे। फिर भी, बताइए तो, आपने अपना प्रेम किसी के दिल की कसौटी पर कसा है कि नहीं?" हमने हँसते हुए पूछा।

"उल्टी बात न कीजिए। अब तो किसी का प्रेम इस दिल की कसौटी पर कसा जा रहा है।" अय्याजी ने अद्भुत मुद्रा बनाकर कहा।

"ओहो! कुर्बान अय्याजी तुम्हारे मुखड़े पर। हमें क्या पता था कि आप हमारे भोजन में से 'कन्दर्प' छीनकर किसी 'कन्दर्पिनी' के नाम का भोग लगाते जाते हैं, फिर

भी यह बताइए कि आपसे इस टूटे पिंजरे में कौन-सी बुलबुल चहकने लगी?''

''यह न पूछिए! अगर हो सके तो एक बार फिर मुझे वहीं ले चलिए।''

''कहाँ की बात कर रहे हैं, अय्याजी?''

''वहीं की और उसकी, जिसकी निगाह की चिनगारी ने मेरे विचारों की फूस में आग लगा दी थी।''

हम एक क्षण तक अय्याजी की यह पहेली न बुझ सके। हम समझ न सके कि वह वैय्याकरणी किस सूत्र में हमें पिरो रहा है! बहुत प्रयत्न करने पर हमें मालूम हो सका कि अय्याजी स्टार टाकीज की बात कर रहे हैं, जहाँ हम उन्हें सिनेमा दिखाने ले गये थे। उसमें एक स्थान पर नृत्य करते हुए मुश्तरी बीवी ने गले से कमर तक झूलती हुई मोतियों की जाली में से नाजुक कलाइयों को धीरे-धीरे ऐंठते हुए उँगलियों की झाँझरियों के भीतर से तीर फेंका था। मालूम होता है कि उस क्षण वह अय्याजी के ही दिल में घुसकर टूट गया। हमें स्मरण है—अय्याजी की उस समय की मुद्रा, उनकी अदाओं की रोशनी 500 यूनिट के लट्टू की तरह चमककर सिनेमा के कोरे परदे पर पड़ रही थी। सिनेमा हाल से निकलकर अय्याजी ने हमें उस दिन बहुत-बहुत धन्यवाद दिये थे।

परन्तु हमने यह कल्पना न की थी कि अय्याजी का घाव भीतर—ही—भीतर यूँ पक उठेगा। कहाँ सिनेमा की एक अभिनेत्री नर्तकी और कहाँ यह सीधा-सादा दिखाई पड़ने वाला, खादीपोश, राष्ट्रीयता का उपासक, तेलंग ब्राह्मण!

हमने अय्याजी से कहा, ''वहाँ रखा ही क्या है! यदि हो सके तो राष्ट्रीयता की देवी के प्रत्यक्ष दर्शन करा देने का अवसर कभी प्राप्त हो सकेगा।''

इसी समय हमारा लड़का भोजन ले आया और बात वहीं टल गयी।

अय्याजी के चरित्र के विषय में हमें कुछ कहने का अधिकार नहीं, किन्तु उसके सिद्धान्तों को भी ठीक-ठीक समझ सकने का अधिकार अय्याजी की बुद्धि ने हमसे छीन लिया था। हाँ, हम यह कह सकते हैं कि चरित्र और सिद्धान्त अय्याजी में मिक्शचर की तरह मिलकर उनके दिल के बुखार का इलाज किया करते थे।

हमने उन्हीं के मुख से सुना है कि वे एक बार जेलख़ाने चले गये थे। परन्तु यह धोखा वह कैसे खा गये, उसका उन्हें अभी तक दुख है। इस दुख में उन्हें एक नफ़ा ज़रूर था, लौटते ही उन्हें देशभक्त का लायसेंस मिल ही गया था। भला हो इस अहिंसा-सिद्धान्त का, जिसकी बदौलत एक साधु ने अय्याजी को अपने यहाँ व्याकरण पढ़ाने के लिए नौकर रख लिया। एक देशभक्त अहिंसा के साथ इस तरह मिल गये जैसे अँधेरे में काला रंग। अय्याजी ने व्याकरण पढ़ाना स्वीकार किया था, परन्तु साधु के यहाँ उन्हें प्रतिदिन इनसानियत का सबक सीखना पड़ता था। उनकी आदतें जेल में रहकर जेल की कोठरी की तरह सिकुड़ गयी थीं, कि साधु जी के तनिक-तनिक

से आक्षेपों का उत्तर देने के समय अय्याजी अपनी तनख्वाह के रुपये गिनने लगते थे। साथ ही स्वदेशी की खाल ओढ़कर उनमें उद्दंडता इतनी आ गयी थी कि पेट के दर्द को बन्द करने के लिए वे जब तक दो रसगुल्ले और आधा पाव नमकीन सेव के साथ कच्चे प्याज का टुकड़ा ज़बरदस्ती माँगकर न खा लेते, तब तक उनका दर्द मिटता न था।

हमारे यहाँ बगीचे में वे नित्य पधारा करते थे, संध्योपासना के लिए नहीं, ट्यूशन से उठकर उन्हें इसी तरह खाने-पीने की हाजत मालूम होती थी। वह खादी पहनते थे, इसलिए खादी की धुली धोती उनके लिए सुरक्षित रखनी पड़ती थी, गर्मी के दिनों में वहीं स्नान करते और फिर फव्वारे की तरह फूला हुआ पेट और पराठे की तरह त्रिकोण मुखाकृति लेकर दीवाल से टिककर 'अर्जुन' पढ़ने का अभिनय वे नियमित ही करते थे।

इसी तरह वे एक दिन 'अर्जुन' पढ़ रहे थे। उनके मुँह से वाह का नाला फूट पड़ा। दिल्ली के रॉक्सी थियेटर में आगामी सप्ताह 'मुश्तरी जान' का नृत्य-गायन होगा। 'अर्जुन' में इसी समाचार को पढ़कर उनका दिल दूध में भीगी हुई किसमिस की तरह फूल उठा।

''कैसा होगा उसका नृत्य! मैं तो कल्पना करके ही खुश हो जाता हूँ।'' यह कहकर अय्याजी ने गहरी साँस ली।

उनके दिल के तापमान को समझने के लिए हमने धीरे से कहा, 'आप नहीं जानते कि मिस मुश्तरी सुसंस्कृत युवती है। मुस्लिम होकर भी उसने संस्कृत का अध्ययन किया है। उसका हृदय सब तरह से 'हिन्दू' है, परन्तु दुःख इसी बात का है कि कोई हिन्दू खुल्लमखुल्ला उससे विवाह—सम्बन्ध करने को तैयार नहीं होता।'

—यही तो हिन्दुओं की सबसे बड़ी कमज़ोरी है। इसी से तो हिन्दू एक राष्ट्र होने की अभिलाषा पूरी नहीं कर सकते। अगर मेरे बस की बात हो तो मैं निश्चय ही समाज के सामने, वही आदर्श पेश करता, जो एक बैरिस्टर आसफ़अली और अरुणा जी ने किया है। मगर अफ़सोस, मैं विवाहित हूँ। यह कहकर अय्याजी ने भेद—भरी दृष्टि से हमारे ओर देखा।

हम पहले से ही तैयार थे। हमने कहा, ''हम तो आपके इस साहस की निन्दा कभी नहीं कर सकते। आप समाज के सम्मुख ग्रहण और त्याग का भद्दा उदाहरण पेश नहीं कर सकते। किन्तु मुश्तरी से विवाह करने की कल्पना जितनी सुन्दर है, उसका फल भी उतना ही कटु है। आपके हृदय फिर भी हिन्दू ही है और राष्ट्रीयता के नाम पर आप यह भी सहन नहीं करेंगे कि विवाह कर लेने पर भी वह नर्तकी अपनी आज़ादी में कोई फ़र्क आने दे। आपके साथ उसका व्यवहार विशेषतासूचक न होगा। आप उसके मित्रों को मित्रता तक पहुँचने में बाधक बन सकेंगे।

अय्याजी का दिल तो मुश्तरी के नाम पर बिक चुका था, वे पहले तो कुछ ढीले और फिर तीव्र स्वर में बोले, "आप मुझे कोरा पंडित न समझें। मैं मुश्तरी की प्रतिभा का उपासक हूँ, उसकी प्रेमभावना का पुजारी हूँ, अपने और मुश्तरी के बीच के बन्धन की कोई गाँठ नहीं रखना चाहता, समझे!"

"तो फिर ठीक है। आप अपनी प्रथम पत्नी और पंडित पिता की परिस्थितियों को समझ लीजिए। हमारी राय में...।" इसी समय डाकिये ने लाकर हमें एक पत्र दिखाया। पत्र दिल्ली से ही आया था। उस पत्र की कुछ बातें ऐसी थीं, जो हमारे वार्तालाप के विषय को अधिक अनुकूल बनाने वाली थी। पत्र इस प्रकार था—

प्रिय...जी

मैंने आपके सम्बन्ध में आख़िरी बार...मूवीटोन के मैनेजर से मिलकर सब बातें तय कर ली हैं। वे आपको सिनेरियो-सम्पादक की हैसियत से अपने यहाँ रखने को तैयार हैं। शीघ्र ही उनकी ओर से आपको निश्चित सूचना प्राप्त होगी।

हमने अय्याजी के सामने वह पत्र रखते हुए कहा, 'हितेच्छु, आप तो अभी बहुत दूर हैं, किन्तु मैं आपकी मुश्तरी से मनमाना नाच नचाने का प्रोग्राम तय कर रहा हूँ। मेरा एक-एक शब्द उनके होठों पर झूम-झूमकर नृत्य करेगा, समझे!'

अय्याजी को तो मानो स्वर्ण—संयोग प्राप्त हो गया था। वे बोले, "आप ही की सुलगाई हुई यह आग है। खैर, मैं आप ही का आश्रय लेना चाहता हूँ। क्या आप स्टूडियो में मुझे मुश्तरी का अभिनय एक बार दिखा सकेंगे? मैं इसी क्षण दिल्ली चलने को तैयार हूँ।"

मालूम नहीं उस दिन का पाठ पढ़कर उनके साधु शिष्य उस रात सूत्रों का मनन करते हुए अय्याजी का कौन-सा रूप देख रहे थे?

अय्याजी दिल्ली से लौटकर आ रहे थे। अपनी दिल्ली-यात्रा का वर्णन करते हुए उन्होंने अपने मित्र को पत्र लिखा था। योगायोग से वह हमारे हाथ लग गया था, उसका अंश इस प्रकार है—

'मैं न हिन्दू हूँ, न मुसलमान। मैं तो राष्ट्रीयता का पुजारी हूँ। दिल्ली यात्रा ने मेरी आँखें खोल दी हैं। मैं अब तक न जाने किस चारदीवारी के अन्दर बन्द था। स्वामी सत्यदेवजी से उपदेश प्राप्त करके भी मैं हिन्दू-संगठन का हामी नहीं बन सका हूँ, क्योंकि मेरी धारणा है कि स्वामीजी स्वयं अन्तर्राष्ट्रीय भावनाओं के पूजक हैं। उनके चित्त में संकुचित इच्छाएँ टिक नहीं सकतीं। दिल्ली में सबसे क्रान्तिकारी परिवर्तन मेरे जीवन में हुआ है, वह है मेरी राष्ट्रीय भावना का प्रेम—भावना के साथ समन्वय। अपने मित्र की कृपा से उस दिन मैंने मूवीटोन 'सटूडियों' में (अय्याजी स्टूडियो का उच्चारण इसी तरह करते हैं) पहुँचकर उस सौन्दर्य की मूर्ति, कला की साकार प्रतिमा के दर्शन

किये। उसी क्षण मैं हिन्दुत्व की संकुचित भावना को लात मार चुका था। मुश्तरी ने मुझे इतना उत्साहित किया कि अब मैं हिन्दू और मुस्लमानों की दलीलों पर सिवा हँसने के और कोई टीका नहीं कर सकता। उस समय तो नहीं, परन्तु, मेरे मित्र ने मुझसे बाद में कहा था कि वह मेरे संस्कृत—ज्ञान पर मुग्ध थी और उससे अधिक मुग्ध थी मेरी राष्ट्रीय भावनाओं पर। संस्कृत के पंडित निरे पोंगे ही समझे जाते हैं, किन्तु मैंने अपना अपवाद पेश कर दिया है। लक्षण कह रहे हैं कि अपने जीवन का स्वप्न मैं एक दिन अवश्य ही सत्य रूप में देखूँगा।'

दिल्ली से लौट आने पर अय्याजी को साधु को व्याकरण रटाने में आनन्द नहीं आता था। एक दिन एकाएक व्याकरण की पुस्तक में से एक स्त्री की तस्वीर साधु के सामने टपक पड़ी। पुस्तक अय्याजी की थी और फोटो था मुश्तरी का, जो शायद दिल्ली से लौटते हुए अय्याजी बाजार से खरीद लाये थे। साधु जी ने सशंक दृष्टि से चित्र उठाते हुए पूछा, 'किसका चित्र है?' अय्याजी ने उत्तर दिया, 'यह? यह तो...मेरी राष्ट्र-भगिनी है।' अन्त:करण की आवाज़ अय्याजी से कह रही थी कि राष्ट्रीयता का अर्थ यह नहीं है।

साधुजी ने चित्र देखकर अय्याजी की शक्ल का मुआयना किया। फिर यह सोचकर कि एक ही जगह कुमुदिनी और मेढ़क राष्ट्रबन्धु हो सकते हैं, अय्याजी की उपेक्षा की। किन्तु सन्देह ने पीछा न छोड़ा। उन्होंने अय्याजी पर कठोर दृष्टि डाली। परन्तु वे उसी क्षण मुश्तरी के मोहिनी रूप का आनन्द उठा रहे थे, उन्होंने वह चित्र धीरे से उठाकर दिल के ठीक ऊपर जेब में रखकर व्याकरण की चर्चा में सिर मारना शुरू किया। परन्तु उस दिन न तो अय्याजी को पढ़ाने में कुछ मजा मिला और न साधुजी को पढ़ने में।

आज 8 महीने हो चुके, अय्याजी ने अपने घर पर कोई ख़बर नहीं भेजी। जब तक वे जेलखाने में थे, उनके पिता और पत्नी को यह भरोसा रहता था कि चिड़िया घोंसले में दबी है, लेकिन अब तक बरसात के कौए की तरह अय्याजी न जाने कहाँ उड़े-उड़े फिरते थे। कुछ दिनों तक तो हमें ही यह मालूम न हो सका कि अय्याजी किस खेत की मूली बने हुए हैं। जब एक दिन हमें उनका पत्र मिला तो हमारे आश्चर्य का कोई ठिकाना न रहा। पत्र इस प्रकार था—

'प्रिय...जी,

यही पत्र मेरे जीवन का पटाक्षेप है। हाय, मेरी मुश्तरी का देहान्त हो गया। आज मेरे सभी अरमानों पर पानी फिर गया, जीवन की मधुर कल्पनाएँ मुश्तरी के साथ ही सो गयीं। आपने मेरे जीवन की अँधियारी में प्रथम बार मुश्तरी का आलोक फैलाया था। मैंने दिल्ली से लौटकर निश्चय किया था कि चतुर्मास होते ही साधुजी का काम

छोड़कर मुश्तरी का फकीर बनूँगा। हाय! वही संसार में न रही, अब कौन मुझे इस शोक में सांत्वना देगा?'

उसी दिन सायंकाल 'हजामत' नामक पत्र में, जो दिल्ली से प्रकाशित होता था, एक टिप्पणी पढ़ने को मिली। वह इस प्रकार थी—

'बी मुश्तरी का जीवन अद्‌भुत था। वे नृत्यकला में निष्णात तो थीं ही, किन्तु उनके विचार भी बड़े उदार थे। मरते समय उन्होंने अपनी सम्पत्ति का जो 'वसीयतनामा' किया है, कहते हैं वह अनोखी चीज़ है, "एक नर्तकी का वसीयतनामा!" दरअसल, आश्चर्य की चीज़ होगी। हम बड़ी उत्सुकता से उस वसीयतनामे के रहस्योद्‌घाटन की बाट जोह रहे हैं।'

एक दिन मुश्तरी का वसीयतनामा खुल गया। उसने भारतवर्ष में नृत्यकला के शास्त्रीय प्रसार में अपनी तमाम सम्पत्ति का विनियोग कर दिया था, परन्तु हमारे लिए इसमें विशेष आश्चर्य की कोई बात न थी। उस वसीयतनामे के लिफाफे में एक और पत्र निकला, जो हमारे आश्चर्य का कारण बन गया।

'भाई...अय्याजी,

प्रथम बार जब दिल्ली में हिन्दी सुलेख और मूवीटोन के सिनेरियो सम्पादक श्री...ने आपसे परिचय कराया था, तभी आपके रंग-ढंग देखकर मैं समझ चुकी थी कि आप दिल्ली आकर किसी का आखेट बन गये हैं। मेरी यह धारणा और भी मजबूत हो गयी। थोड़े ही समय में आपके 20-25 प्रेमपत्र मुझे मिले। आप खादी पहनते हैं, राष्ट्रसेवक कहलाते हैं और आप ही ने लिखा है कि जेल भी जा चुके हैं। मुझे सन्देह है कि रस्सी बटने के साथ आपकी अक्ल भी किसी चारे के साथ बटी जा चुकी है। आपने अपने पत्रों में जिस भाषा का प्रयोग किया है, वह शिष्ट है? क्या आपका हिन्दुत्व और महात्मा जी के अनुगामी का राष्ट्रीयत्व यहीं समाप्त हो जाता है? इस समय मेरा उद्धार करना चाहते हैं। मुझे तो अपने उद्धार के लिए आपकी सहायता की अपेक्षा नहीं है। किन्तु मेरी बहिन, जिसके साथ आप प्रतिज्ञापूर्वक विवाह-सम्बन्ध जोड़ चुके हैं, आपके इस राष्ट्रीयत्व से कुछ लाभ नहीं उठा सकती। आप मेरा उद्धार करने की झोंक में अपनी परिणीता पत्नी का पतन अपनी आँखों से देखना गँवारा कर सकते हैं? मेरे प्रति सहानुभूति विशेष है। मैं आपको उन लाखों आत्माओं का प्रतिनिधि समझती हूँ, जो देश और राष्ट्रधर्म के नाम पर अपने जीवन की दुर्बलता लिए इसी तरह लड़खड़ाती फिरती हैं।

एक बात निश्चित है कि आकी सहानुभूति से मैं लाभ उठाना चाहती हूँ। जिस दिन मैंने वेश्या के रूप में अपने जीवन को कलंकित किया था, उस दिन मेरे पास कुछ सम्पत्ति थी। आज लाखों रुपयों का वसीयतनामा कर देने पर भी मैं उस सम्पत्ति को

अपनी अमूल्य निधि समझती हूँ और इसीलिए मैंने उसे सुरक्षित रख छोड़ा है। इसमें मेरे जीवन का असली चित्र है और यदि आपको मेरी जैसी बहनों से सहानुभूति है तो हमारे जीवन का अध्ययन कीजिए। मेरा विश्वास है कि घरों में रहनेवाली लाखों बहनें मेरे इस वैभव का रूप लिए बैठी रहती हैं। आप मेरी इसी सम्पत्ति के उत्तराधिकारी हैं।

आपके सभी प्रेम-पत्र मैंने अपने मित्र को, जिनके द्वारा आपका मुझसे परिचय हुआ था, भेज दिये हैं। मेरा ऐसा विश्वास है कि पत्रों को पढ़कर इस बात का यथार्थ दिग्दर्शन हो सकेगा कि संस्कृत साहित्य में कामुकता का वर्णन किस कोटि का है। मुझे इन पत्रों में यह देखकर भी विशेष कौतूहल हुआ कि आपकी रूपरेखा बाहर जैसी है, भीतर से भी वह उतनी ही ऊँची-नीची और ढीली-पोली है, जो कुछ भी हो मैंने अपने मित्र से कह दिया है कि सभी पत्र किसी सुन्दर मासिक पत्र में प्रकाशित करा दिये जावें।

अन्त में यद्यपि आपनें मुझे दूसरे रूप में देखा है, परन्तु मैंने तो एक भोले राष्ट्र-बन्धु के रूप में आपको समझने की चेष्टा की है। आपमें सहानुभूति की मात्रा अधिक है और इसी भाईचारे के नाते मैं आपसे प्रार्थना करती हूँ कि आप इस सत्य को समझें कि घर की स्त्रियाँ ही अन्त में वेश्याएँ बनती हैं। आपकी सहानुभूति बाहर की ओर है, घर की ओर नहीं।

आपकी बहिन
मुश्तरी'

इसी वसीयतनामे के प्रकाशित होने के आठ दिन बाद दिल्ली की अदालत में अय्याजी को मजिस्ट्रेट के सामने हाजिर होना पड़ा। बी मुश्तरी के वसीयतनामे के अनुसार उन्हें उनकी व्यक्तिगत सम्पत्ति प्राप्त करने के लिए अपने हस्ताक्षर मजिस्ट्रेट के सामने करने थे, बेचारे अय्याजी के आश्चर्य का ठिकाना नहीं रहा, जब भरी अदालत में निम्नलिखित वस्तुएँ वसीयत के रूप में उन्हें प्राप्त हुईं—

1. टूटी चारपाई मय फटे गद्दे के।
2. एक तवा मय चिमटे के।
3. एक पेशबाज गोटदार (गोटा कच्चा)
4. एक ओढ़नी जिसमें सिरवाली कोर तेल से मैली हो रही थी, तथा
5. एक कंघी और छः कोने वाला फूटा शीशा मय टूटी सुरमादानी के।

अय्याजी ने अदालत में खड़े होकर क्या अनुभव किया यह तो नहीं कह सकते, परन्तु लोगों ने उन्हें वहाँ से बड़ी तेजी से भागते हुए देखा। अय्याजी कहाँ चले गये, यह कोई नहीं जान सका। अभी परसों हमारे पास उनका एक पत्र कहीं से आया है। उनमें पता—ठिकाना कुछ नहीं है। दुर्भाग्य कि डाकखाने की मुहर भी ठीक से नहीं छपी है। पत्र इस प्रकार है—

'प्रिय...जी,

परमात्मा के नाम पर, अब राष्ट्रीयता के नाम पर नहीं, आपसे यह भिक्षा माँगता हूँ कि मेरी सम्मान-रक्षा के लिए आप मेरे वे पत्र कहीं भी प्रकाशित न कराएँ।

भवदीय

अय्या'

अय्याजी हमारे मित्र हैं। अत: वे जहाँ कहीं भी हों यह विश्वास कर लें कि जब तक बिलकुल अनिवार्य न हो जाएगा, तब तक वे पत्र हमारे ही पास सुरक्षित रहेंगे।

वैक्रमादैत्य

अब यह तथ्य निर्भ्रान्त रूप में प्रमाणित हो गया है कि वैक्रमादैत्य भी महाराजा थे। भारत के इतिहासज्ञों ने उनके विषय में कई किंवदन्तियाँ प्रचलित कर रखी हैं, जिससे अनेक तरह के भ्रम उत्पन्न हो गये हैं। परन्तु भारत के बाहर कोई भ्रम नहीं है। वहाँ वैक्रमादैत्य के सम्बन्ध में इतना अधिक साहित्य है और उपलब्ध साहित्य है कि शंका करने का कोई अवसर नहीं है। हाल ही में भारत के एक सज्जन ने नया शिगूफा छोड़ा है कि वैक्रमादैत्य का राज्य अरब में भी था। इन महाशय ने एक 22 वर्ष पुराने लेख को तोड़-मरोड़कर जो मतलब निकाला है, उससे तिल का ताड़ बन गया है। पर वैक्रमादैत्य के विषय में ऐसी बात नहीं है।

हमने कुछ समय पूर्व ईस्ट की सहसा यात्रा की थी। एशिया कमान को लेकर जब लार्ड वेवेल अरब—काहिरा की बालुकाओं में फौजों के साथ चिलचिलाती धूप में भटकते फिर रहे थे, उन्हें एकान्त बीहड़ों में कई उपत्यकाओं में भी घूमने का अवसर मिला। सफ़ेद वेवल को सफ़ेद के अलावा इतिहास से भी गहरा प्रेम था, जैसा कि एक पुरातत्त्वविद् को होना चाहिए। विक्रम संवत् के दो हज़ार साल पूरे होने पर जो चर्चा भारत में चारों ओर छिड़ी, वह वेवेल साहब के कानों पर भी जा टकराई थी। इससे उनके दिल में भी सहज गहरा अनुराग जाग्रत हो गया था। विक्रम से वे अनजाने ही इतना प्रेम करने लगे थे, जितना कि उनकी लेडी अपने कुत्ते से नहीं करती थी।

हाँ, तो अरब की खाक छानते हुए जगह-जगह उन्होंने अपनी खोज का काम जारी रखा था। 'जिन खोजा तिन पाइयाँ' यह कहावत बिलकुल सोलह आने सही है। लार्ड वेवेल को भी घूमते-घूमते चमड़ों पर सुनहरी हरफों में कीलों से खुदी हुई कुछ पट्टियाँ नील नदी के रेतीले जंगलों में चट्टानों के नीचे दबी मिल ही गयीं।

इनके मिलने का भी दिलचस्प किस्सा है। जब वेवेल साहब रेगिस्तान में पीठ पर पानी की मशक बाँधे एक निहायत बीहड़ रास्ता पार कर रहे थे और लंच के लिए किसी जगह ही तलाश में बढ़े जा रहे थे, तब मीलों तक निकल जाने पर भी कोई

जगह दिखाई नहीं पड़ रही थी। चारों तरफ़ दूर-दूर तक केवल रेत का सागर दिखाई दे रहा था। लंच का सामान तो साथ में ही था, सिर्फ जगह की तलाश थी।

बहुत दूर निकल जाने पर एक जगह उन्हें रेती का ऊँचा-सा टीला दिखाई दिया। उधर ही बढ़ते चले गये थे। थक जाने पर टीले के पास जाकर ही दम लिया। हवा में उड़-उड़कर रेत का ढेर बन गया था। उन्होंने अपने बैठने की जगह बनाने के लिए थोड़ा साफ करना चाहा। जब वे साफ़ कर रहे थे, उन्हें मालूम पड़ा कि अन्दर पत्थर की पट्टियों के जमे हुए घर हैं। ऐसा लगता था कि किसी ने तरतीब से कुछ दबाकर रखा है और ऊपर से पट्टियाँ जमाकर रेत से ढँक दिया है।

जब वेवेल साहब ने पट्टियों को एक-एक कर उठाना शुरू किया, तो अन्दर से लाल-पीली पट्टियाँ रेत से धुँधली, किन्तु बहुत तरतीब से जमायी हुई दिखाई दीं। देखते ही वेवेल साहब की थकान मिट गयी और लंच लेने की बात भी वे भूल गये। अब उनमें जोश आ गया, आस्तीनें चढ़ाकर वे अन्दर से पट्टियाँ निकालने में जुट गये। लगभग 10-15 पट्टियाँ निकलीं। उन्होंने जेब से रेशमी रूमाल निकालकर उन्हें साफ़ किया। तब अपनी पीठ पर लटकती हुई मशक से चुल्लूभर पानी लेकर पट्टी पर छिड़का और पुनः रूमाल से पोंछा। इस बार पट्टियों पर लिखे सुनहरे हरूफ़ साफ दिखाई देने लगे थे। वे यह भी समझ सके कि ये पट्टियाँ चमड़े की बनी हुई हैं।

अब लार्ड वेवेल की आँखें चमक उठीं। उन्हें यह जानते देर न लगी कि अवश्य ही ये कोई बेशकीमती चर्म-लेख हैं। वे खुशी से उछल पड़े कि ओहो, बेशकीमती ख़जाना हाथ लग गया। उन्होंने एक-एक कर पन्द्रह पट्टियों को साफ कर लिया। लंच का तो ख़याल ही दिमाग़ से निकल गया था। पट्टियों को पोंछते जाते थे और लिखावट देखकर दंग होते जाते थे। वे इतने मशगूल हो गये कि उन्हें समय का ध्यान ही नहीं रहा।

जिस फौज़ (की टुकड़ी) को वे चार मील पीछे छोड़ आये थे, जब घंटों बाद वह टुकड़ी आगे बढ़ती हुई इस तरफ़ आयी और उन लोगों ने लार्ड वेवेल को इस अजीब हालत में देखा तो वे भी हैरानी में पड़ गये।

टुकड़ी के सैनिक जब वेवेल साहब के पास पहुँचे और सलाम बजाया तो लार्ड बहुत खुश नज़र आये। उनका फौजी व्यक्तित्व अनजान बन गया था और इतिहासज्ञ जाग्रत हो गया था। वेवेल साहब ने अपने फौजियों को सारा हाल सुनाया और चमड़े की पट्टियों को साथ ले चलने को कहा। चूँकि लंच का समय बहुत पहले बीत गया था, इसलिए तय किया गया कि लंच को डिनर के साथ जोड़ दिया जाए।

दो घंटे बाद लोग अपने पड़ाव पर पहुँचे। कैंप में मेजर मिश्रा मौजूद थे ही। वेवेल साहब ने उन्हें पास बुलाकर सारा किस्सा बताया और अपनी बेचैनी जाहिर की कि

कैसे जाना जाए कि इन पट्टियों पर आख़िर क्या लिखा हुआ है? मेजर मिश्रा ने भी पट्टियों को उलट-पलटकर देखा। सुनहरी लिखावट को देखकर वे भी बड़े प्रभावित हुए। पर यह नहीं समझ पा रहे थे कि यह किस लिपि में लिखा गया है?

मेजर मिश्रा मेरे पुराने मित्र रहे हैं। उन्हें मेरे पुरातत्त्व प्रेम का भी पता था। वे यह भी जानते थे कि मैं कई बार खाई-खन्दकों में खोज के लिए भटकता रहा हूँ। मैं बरसात में खंडहरों में खोजकर कई पुरानी चीजें उठा लाता था। एक बार मेजर मिश्रा भी मेरे साथ एक भयानक खन्दक में चले आये थे। अन्दर दीवार में लगे हुए पत्थर के एक टुकड़े को हम लोग निकाल रहे थे, जिस पर कुछ लिखा हुआ था। जब उसे साफ़ कर हमने पढ़ा, तो इतिहास पर उजाला डालने वाली बात निकल आयी थी।

मेजर मिश्रा यह जानते थे कि मैं पुरानी लिपियों को छपी पुस्तकों की तरह पढ़ लेता हूँ। उनका मतलब निकाल लेता हूँ। पट्टियों को देखते ही उन्हें स्मरण हो आया, उन्होंने यही सलाह दी कि मुझे बुलवा लिया जाए, तो वह समस्या सुलझ जाएगी।

वेवेल साहब तो बुरी तरह बेचैन थे ही, अन्धे को चाहिए दो आँखें। उन्होंने मेजर मिश्रा को कहा कि तुरन्त मुझे बुलवा लें। मेजर ने वायरलेस से मुझे ख़बर भिजवाई—"बहुत ही ज़रूरी काम है, तुरन्त आइए, डकोटा की व्यवस्था की जा रही है। खाना खा लिया हो तो पानी यहाँ आकर पीना।"

मैं बता चुका हूँ कि मेजर मिश्रा मेरे बड़े मित्र हैं। उनकी बात को टालना मेरे लिए सम्भव नहीं था। जब वायरलेस की ख़बर मिली, मैं खाना खाकर और पानी पीकर थोड़ा आराम करने जा रहा था। ख़बर मिलते ही आराम का विचार छोड़, आवश्यक सामान जुटाने लगा। इतने में डकोटा भी आ पहुँचा। मैं उसमें सवार होकर मिस्र-यात्रा के लिए चल पड़ा।

ठीक 4 घंटे और 24 मिनट के बाद उस जगह पहुँचा, जहाँ एशिया कमान का हेडक्वार्टर था। हवाई अड्डे पर एक जीप कार लिए खुद मेजर मिश्रा मौजूद थे। वे मुझे देखते ही लिपट पड़े। जीप कार में बैठने के बाद उन्होंने सारा हाल सुनाया। मेरी भी उत्सुकता उन पट्टियों को देखने-पढ़ने की हो गयी। मैं आश्वस्त था कि कुछ दिनों पूर्व ही मैंने प्राचीन मिस्र, सुमेरियन व बेबलोनियन लिपियों और वहाँ के पुराणों का अध्ययन किया था।

बातों ही बातों में हम उस पड़ाव पर पहुँच गये, जहाँ लार्ड वेवेल अपनी टेबल पर उन पट्टियों को रखे मुग्ध बने देख रहे थे। हमें और मेजर मिश्रा को सामने आते देखकर वे कुर्सी से उठ खड़े हुए और हर्ष के साथ हमारा स्वागत किया। वे इतने उत्सुक थे कि चाय की चर्चा किये बिना ही उन्होंने अपने सामने रखी चर्मपट्टियाँ हमारे सामने खिसका दीं और उत्सुकता से हमारी ओर देखने लगे। हमने एक-एक पट्टी को उठाकर गौर से देखा और वेवेल साहब को मुखातिब करके कहा, 'जी, यह सब हमने समझ

लिया है। आप मूल और मतलब दोनों समझ लीजिए।'

मैंने एक पट्टी उठायी और इस तरह पढ़ दी, जैसे पहले से पढ़ रखी थी। उसका मतलब समझाया। इस तरह पन्द्रह पट्टियों को कुछ मिनटों में पढ़कर सुना दिया। लार्ड वेवेल और मेजर मिश्रा भौचक्के होकर मेरा मुँह देखते रहे।

बात यह थी कि इन पट्टियों पर जो लिपि लिखी गयी थी, वह हमारी परिचित पुराणों की लिपि थी। हमने वेवेल साहब को बतलाया कि इन पट्टियों पर मिस्र के लेखक इब्ने बतूता का यात्रा-विवरण है, जिसे चर्मपत्रों पर अंकित करवा दिया था।

लार्ड वेवेल का चेहरा प्रसन्नता से चमक उठा। कहने लगे, 'आपने तो इन्हें आसानी से पढ़ डाला। क्या आपने इस प्रदेश की कभी यात्रा की है?'

मैंने बतलाया, 'शायद आपको विदित न हो, अलबरूनी जब भारत आया था, तो एक हफ्ते हमारे घर पर ठहरा था। इस कारण हमारे घर के सभी लोग इस भाषा को अच्छी तरह से जानने लगे थे। मुझे पुरानी भाषा और लिपि से बहुत अनुराग है। इसलिए मैं बराबर ध्यान से यह सब देखता रहता हूँ।' बीच ही में बात काटते हुए वेवेल साहब ने पूछा, 'क्षमा कीजिए। मैं तो यह पूछना भूल ही गया कि इन पट्टियों में विक्रम का कोई जिक्र आया है क्या?'

मैंने कहा, "अवश्य आया है। चार पट्टियाँ महज विक्रम पर ही भरी हुई हैं।"

"क्या यह विक्रम वही है, जो दो हज़ार साल पहले था?" वेवेल साहब ने प्रश्न किया।

"जी नहीं", 'मैंने कहा, 'उसका नाम तो विक्रमादित्य था। इन पट्टियों में जिसका जिक्र आया है, वह 'वैक्रमादैत्य है।'

वेवेल साहब की उत्सुकता और बढ़ी। पूछा, "तो क्या यह दूसरा है?" इसमें और उसमें क्या फ़र्क है?

मैंने बतलाया, "बहुत फ़र्क है साहब। एक देवता और दूसरा राक्षस में जो फ़र्क होता है, वह फ़र्क है। देवता विक्रमादित्य की खोज तो मालवे की ज़मीन में ही करनी पड़ेगी। वह बाहर कैसे मिलेगा? ज़िन्दगी-भर खोजकर मि. स्मिथ, मि. कीथ आदि मर मिटे, पर वे पा न सके। उनकी आँखों पर चश्मा ही ऐसा चढ़ा था कि देख न पाये, देखते हुए भी उसे ठीक पहचान न पाये। आपकी इन पट्टियों में जिस वैक्रमादैत्य की बात लिखी हुई है, वह इसी अरब देश का था।"

"यह बतूता का वैक्रमादैत्य भी कोई राजा था क्या?" वेवेल ने पूछा।

मैंने कहा, "यों तो यह कहीं का राजा नहीं था, पर रेतीले मैदानों का वह महाराजा ही था। बतूता ने बतलाया है।"

मैंने विक्रम की जानकारी पाने की भारत में बहुत कोशिश की। उसकी तारीफ़ हर एक की जुबान पर थी। उन दिनों सारा भारत विद्वानों से भरा हुआ था। भारत के

महान विक्रमादित्य ने ज्ञान-प्रचार के लिए कई विद्वानों को अरब जगत में भेजा था। इससे अरब लोग भी बहुत प्रभावित थे। विक्रमादित्य की तारीफ़ में अरबी कवियों ने प्रशस्ति भी लिखी थी और उसे सोने के पतरे पर खुदवाकर मक्का में लगवाया था। पर जब भारत में देखा तो न जाने कितने राजों-महाराजों ने अपने नाम के साथ 'विक्रम' शब्द जोड़ रखा है। मैं भ्रम में पड़ गया, अपनी यात्रा अधूरी छोड़कर मैं वापस आ गया। पर रह-रहकर विक्रम की याद आती रही।

एक रोज़ इसी उधेड़बुन में राह भटककर रेतीले मैदानों में चला आया। वहाँ अचानक एक नंग-धड़ंग आदमी मुझे अकेले में मिल गया। वह मेरी ओर ही बढ़ता आ रहा था और मेरे निकट आकर सहसा रुक गया। मुझसे पूछने लगा कि तुम इस रास्ते पर कैसे आ गये? क्या तुम्हें भी विक्रम बनना है? क्या तुम हिन्दोस्तान गये थे? मैं उसके प्रश्नों को सुनकर हैरान था कि शायद यह भी कोई मेरी तरह निराश यात्री है, विक्रम की खोज में पागल हो रहा है।

मुझे चुपचाप खड़े देख वह फिर कहने लगा, 'मालूम होता है, तुम भी उसी फ़िराक में भटक रहे हो। देखो, विक्रम की तलाश में कहीं मत जाना, भारत में तो गोरी चमड़ीवाले बाहरी लोगों ने विक्रम को कहीं दबा दिया है। कई लोगों को विक्रम के मुखौटे लगा दिये हैं। पहचान ही न पाओगे। तुम्हारी हालत भी मेरी तरह हो जाएगी। मैं विक्रम-विक्रम करता हुआ खोजता फिरा, पर लोगों ने मुझे ढेले मार-मारकर बाहर भगा दिया और पागल करार दिया। देखो न, मैं अब वैक्रमादैत्य बन गया हूँ।

अट्टहास करके उसने गर्जना की, 'अ—ह—ह! मैं वैक्रमादैत्य हूँ। भागो! हटो! तुम शकों की टोली के दिखाई देते हो या गोरी चमड़ीवाले, बाहर हो! हटो! भागो!"

बतूता ने आगे लिखा है, 'मैं जान छुड़ाकर बड़ी दूर तक भागता ही चला गया। बहुत दूर तक जाकर पीछे मुड़कर देखा, तो वह व्यक्ति उसी तरह रेत में खड़ा गरजकर अट्टहास कर रहा था और कहता जाता था, 'भागो, तुम भी शक की टोली के हो, मैं वैक्रमादैत्य हूँ।'

बतूता ने बतलाया है, 'मैं बराबर भागता गया। रेत के एक टीले की आड़ में पत्थर के पीछे छिपकर जान बचायी और विश्रान्ति ली। भारत में कई विक्रम देखकर भ्रमित हो गया था, पर अपने देश में इस वैक्रमादैत्य से अवश्य भेंट हो गयी। यही सारा आँखों देखा हाल चर्मपट्टियों पर मैंने अंकित कर दिया है। और इसे बालू के टीले के नीचे सुरक्षित रख दिया है। जो भी इसे प्राप्त करे, वह प्रचारित कर दे कि अरब में विक्रम तो नहीं वैक्रमादैत्य अब भी जीवित है।

वेवेल साहब यह सुनकर सन्न रह गये। सिगरेट का एक लम्बा कश खींचते हुए बोले, "नाहक इस खोज में अपना खाना ख़राब किया और अपनी एक आँख भी खो दी।"

मुझसे हाथ मिलाते हुए तकलीफ़ की माफ़ी चाही और मेजर मिश्रा से कहा, "देखिए पंडित जी को कोई तकलीफ़ न होने पाए, बहुत थक गये हैं, खाने और आराम की व्यस्था कर दीजिए। थैंक यू...गुड नाइट!"

[*टिप्पणी— विक्रम सम्वत् के दो हजार वर्ष पूर्ण होने पर पं. सूर्यनारायण व्यास ने एक सौ चौदह देशी राजा-महाराजाओं को इकट्ठा कर उज्जैन में विक्रम महोत्सव मनाया था। जिसके फलस्वरूप आज उज्जैन में विक्रम विश्वविद्यालय, विक्रम कीर्ति मन्दिर, विक्रम स्मृति ग्रन्थ और सिन्धिया शोध प्रतिष्ठान खड़े हैं। इस समारोह से अँग्रेज शासक, मियां जिन्ना के इशारे पर भयभीत हो गये थे और इस समारोह को भंग करने का आदेश जारी कर दिया था। उन्हें भय था कि विक्रम के नाम से भारत के राजा-महाराजा पराक्रम न दिखाने लगें, जिससे लार्ड वेवेल को खतरा हो जाए। उसी विक्रम के भूत, वैक्रमादैत्य पर यह व्यंग्य उस समय पं. व्यास द्वारा सम्पादित विक्रम में प्रकाशित हुआ और उसकी चारों और चर्चा हुई—* सं.]

महाकवि कालिदास : अवन्ती में फिर जनमे हैं

महाकवि कालिदास के जन्मकाल को लेकर भारतीय और पाश्चात्य विद्वानों में गहरा मतभेद और वाद-विवाद रहा है। कोई उन्हें प्रथम शती की देन मानता है, तो कोई उनके जन्मकाल को 11 वीं शती तक खींच लाता है। इस प्रमुख संस्कृत कवि को लेकर अनेक कल्पनाएँ, भ्रान्तियाँ और किंवदन्तियाँ प्रचलित रही हैं। इसे ईश्वर की कृपा ही मानना चाहिए कि इस विवाद को समाप्त करने के लिए महाकवि ने अपनी जन्मभूमि अवन्ती में दोबारा जन्म लिया है। इस तरह इतिहास की एक बहुत पुरानी गुत्थी सुलझ गयी है, एक बहुत पुराना विवाद हल हो गया है।

अवन्ती (वर्तमान उज्जयिनी) महाकवि की अनुराग—भूमि रही है, इसमें किसी को सन्देह नहीं है। स्वयं महाकवि ने मेघदूत में अपमान अवन्ती—प्रेम प्रकट कर दिया है। इसलिए तथा अन्य अनेक कारणों से अनेक मर्मज्ञ—मनीषी यह स्वीकार करते जा रहे थे कि महाकवि का जन्मस्थान मालवभूमि में अवस्थित अवन्ती ही होना चाहिए। परन्तु कुछ विद्वान उन्हें बंगाल, बिहार, विदर्भ, कश्मीर, उड़ीसा आदि से सम्बन्धित मानते जा रहे हैं। महाकवि रवीन्द्र ने अपनी रचनाओं में यह स्वीकार किया है कि कालिदास का जन्मस्थान अवन्ती है और शिप्रा के पावन—पुनीत तट पर उनकी रसवन्ती ने रसवर्षा की है।

कालिदास के समय और स्थान को ही नहीं, साहित्य को भी लेकर जो आशंका उत्पन्न की जा रही थी कि काव्यकार कालिदास नाटककार कालिदास से भिन्न है अथवा ऋतुसंहार कवि—रचित है ही नहीं, उसका भी परिहार हो गया है। अवन्ती के भूगर्भ ने आज इतिहास को दुबारा जन्म देकर सभी सन्देहों का निराकरण कर दिया है।

वर्षाकाल में जलप्रवाह के कारण अवन्ती के पुरातन अंचल में अनेक खाई—खन्दकों, टीलों, कछारों आदि का निर्माण होता रहा है। भैरवगढ़ इसका प्रत्यक्ष साक्षी है, जहाँ 2-3 सौ फुट नीची खाइयों ने इतिहास के अनेक रहस्यों का उद्घाटन किया है। उसके गर्भ से मुद्रा, पात्र, मूर्तियाँ, भग्नावशेष आदि समय-समय पर प्रकट होते

रहे हैं। इतिहास की विपुल धरोहर अब भी इस भाग में प्रच्छन्न पड़ी हुई है, जो कभी-कभी काल-प्रवाह में नीचे से ऊपर आ जाती है।

दुर्गम खन्दकों में पड़े मूर्ति—खंड

इसी भूमि से संलग्न शिप्रा-तट से लगी हुई भूमि बहुत लम्बी चली गयी है। ऐतिहासिक कालियादेह महल का भाग भी उसी इसे जुड़ा हुआ है। महल से कुछ दूरी पर ही कालियादेह ग्राम है और पास ही शिप्रा प्रवाहित हो रही है। शिप्रा के तटवर्ती भाग अनेक स्थानों पर बरसाती नालों से कट-कटकर खन्दक के रूप में परिवर्तित हो गये हैं और उनके भीतर के भू—क्षरण से प्रायः अनेक अवशेष दुर्लभ वस्तुएँ दर्शन देने लगती हैं। हाल की हुई वर्षा से खन्दक का एक बड़ा भाग धराशायी हो गया और उसमें से पुरानी ईंटों की आकृतियाँ दिखाई देने लगी। इस सुयोग का लाभ उठाने के लिए एक निरीक्षक इन खन्दकों में प्रति वर्ष सैर को निकल आता है और नवीन वस्तुओं की उपलब्धियों से अवगत करवाता रहता है। सूचना में आकषर्ण हो तो निरीक्षक के साथ ही एक यात्रा उन खन्दकों में मैं भी कर लेता हूँ। इसी क्रम में जब भू—क्षरण के बाद निरीक्षक ने यह बतलाया कि उन खन्दकों में कुछ सुन्दर खुदाई के मूर्तिखंड और आढ़ी-टेढ़ी लकीरों से अंकित चिकने पाषान-पट्ट भी निकले हैं, तब तुरन्त मैं भी वहाँ पहुँच गया। मैंने दुर्गम खन्दकों में उतरकर मूर्तिखंडों को देखा, वे सभी क्षत-विक्षत अवस्था में थे। गीली मिट्टी उन पर पुती हुई थी। लगता था कि खंडित भाग के नीचे कुछ अक्षर अंकित हैं। पाषाणपट्टियों के अनेक खंड नीचे पड़े हुए थे। उन पर भी कुछ खुदा था। मैंने पड़ोस के गाँव से बैलगाड़ी मँगवाकर उन्हें उठवाया और साथ ले आया। शाम हो गयी थी। इन अंकित अक्षरों को लेकर मस्तिष्क में ऊहापोह चलता रहा। मुझे ठीक से नींद नहीं आयी। कई अक्षर स्पष्ट ही शुंग-काल और कुषाणकाल का आभास दे रहे थे। साफ़ करके मैंने उन्हें पढ़ने का प्रयास प्रारम्भ किया, लगभग तीन घंटे में एक शिलाखंड पूरा पढ़ा जा सका। लगा कि जिस दिग्विजय—यात्रा में अनेक महारथी निराश-परास्त हुए, उसमें मैं सम्पूर्ण रूपेण सफल हो गया हूँ। वह खंड महाकवि अवन्तिका के प्रिय साहित्य—सम्राट कालिदास का ही है।

शिलाखंड के आरम्भिक अंश इस तरह नष्ट-भ्रष्ट हो गये हैं कि ठीक तरह क्रमबद्ध रूप से नहीं पढ़े-समझे जा सकते। उनमें कुछ शब्द ही विदित हो सकते हैं, जैसे प्रथम पंक्ति में जयतिव्योम...द्वितीय पंक्ति में राजच्छी...आदि।

शीर्षाम्म (णिः)...महोजा। तीसरी पंक्ति—श्रीमच्चिक्रम...शासिते...शिप्रातरंगे ज्वले।

तीसरी पंक्ति में आगे सभी शब्दावलियाँ घिसी हुई हैं और अन्त में है—94

वत्सरे...श्री हरिस्वामिनौ...आज्ञा...

इस तरह गद्यभाग त्रुटित रूप में है, परन्तु विक्रम शासिते, शिप्रा-तरंगे एवं सम्वत् 94 के उल्लेख के साथ 'श्री हरिस्वामी' का स्पष्ट उल्लेख मिलता है। सम्भवतः यह हरिस्वामी विक्रम का धर्माध्यक्ष ही होना चाहिए, उसी की आज्ञा से यह अंकित हुआ है।

साथ के दूसरे शिलाखंड पर पद्य अंकित है। ये पूर्ण हैं और स्पष्ट पढ़े जा सकते हैं। श्लोक सभी अनुष्टुप छन्द हैं। श्लोक निम्नलिखित हैं—

जयतु कविमूर्धन्यः कालिदासो द्विजोत्तमः
अवन्तीप्रभवः श्रीमान् गुण-गौरव-मंडितः (1)
पूजितश्चाग्निमित्रेण राज्ञाशुंग-सुतेन च,
विदिशायां राजपुत्रायाँ मालवेन्द्र—सुशोभिताम् (2)
निवसन् कृतवान् काव्यं नाटकं च सुधीरयम्
ऋतुसंहारमारभ्य मेघदूतं मनोरमम् (3)
नाटकं चाग्निमित्रस्य रघुवंशमतः परम्
शाकुन्तलं सुललितमुर्वशीयन्तु वैक्रमम् (4)
कुमारसम्भवकथां पद्ययुक्तमरीरचत्
ग्रन्थ सप्तक सृष्टायममरत्वमवाप्तवान् (5)
विनयाद्वामनः सोयं महनीय तमोऽभवत्
राज्ञा समादृतः सख्यं श्रेष्ठं स्वीकृतवानयम् (6)
ततः परं महाप्राज्ञो नीतिमान् समुदारधीः
शासकोऽसौ महावीरो विक्रमो भूस्महीतले (7)
भूभृतविक्रमार्केण पूजितश्च द्विजाग्रणीः
अजरामरवन्मान्यः कालिदासः कलानिधिः (8)
पृथ्वियामीदृशः कोऽपि न भूतो न भविष्यति
विद्याविभवसम्पन्नः कविसम्राट् रसेश्वरः (9)
पंचाधिकनवत्वुभयं काव्यकलाधरः
रत्नालंकार रूचिरैरर्चयामास भारतीम् (10)
कृत सवंत्सरस्यान्ते विक्रमारभन्तः पुरा
पंचत्वमगमच्छ्रीमान् महाकालस्य सन्निधौ (11)
कार्तिकेकादशी शुक्ला रविवासर संयुक्ता
कविकीर्तिमयी भूभौ कौमुदीव विराजते (12)

शिलाखंड के ये 12 श्लोक इतने स्पष्ट हैं कि समस्त सन्देहों का क्षण-भर में

निराकरण हो जाता है। इनमें यह स्पष्ट विदित होता है कि—अवन्ती में उत्पन्न महाकवि कालिदास विदिशा के राजा अग्निमित्र शुंग-पुत्र के साथ समादृत—मित्रवत होकर रहा था और उसी काल में ऋतु-संहार, मेघदूत, रघुवंश, विक्रमोर्वशीय, कुमारसम्भव, मालविकाग्निमित्र—सात ग्रन्थों का सृजन कर उत्तरावस्था में अवन्तीपति महाराजा विक्रमादित्य के साथ स्नेहपूर्वक निवास किया। 94 वर्ष की अवस्था तक जीवित रहकर कृतसंवत् के अन्त और विक्रम सम्वत् के आरम्भ होने के पूर्व कार्तिक शुक्ल एकादशी रविवार को उनकी इहलीला समाप्त हुई। उक्त श्लोकों से यह तथ्य प्रकट हो गया है। आश्चर्य यह है कि जिस कार्तिक शुक्ला एकादशी को मेघदूत के यक्ष का शापमोचन हुआ, उसी एकादशी को कवि चक्रवर्ती कालिदास का देह पंचतत्त्व में विलीन हो गया।

इन श्लोकों के नीचे भी दो पंक्तियाँ खुदी हुई दिखाई पड़ती हैं, परन्तु वे नष्ट हो गयी हैं। किसी ने वहाँ के पालिश को नष्ट कर दिया है, किन्तु ऊपर के श्लोकों से चला आने वाला भ्रम सर्वथा निरस्त हो जाता है। कालिदास को लेकर चलनेवाली कल्पनाएँ और अनुमानों का अब कोई स्थान नहीं रहेगा। यह शिलाखंड भारत के ऐतिहासिक जगत में महत्त्वपूर्ण क्रान्तिकारी माना जाएगा। जहाँ इससे महाकवि के विषय में भ्रम परम्परा समाप्त हो जाती है, वहाँ विक्रमादित्य के विषय में भी अस्तित्व को चुनौती देने वाली धारणाएँ धूल में मिल जाती हैं।

अवश्य ही यह श्लोकांकित शिलाखंड महाकवि की पवित्र स्मृति से सम्बन्धित है, यदि उन खन्दकों में पर्याप्त खुदायी की जाए तो भविष्य में बहुत कुछ महाकवि के स्मृति-सम्बन्धी साधन उपलब्ध होने की आशा है।

शिलाओं के पढ़े जाने के पश्चात् हमने यह उचित समझा कि मूल पाठ और प्रतिछाया (फोटोप्रिंट) लेकर सर्वप्रथम देश और विदेश के विद्वानों, पुरातत्त्ववेत्ताओं के पास भेजे जाएँ। हमने प्रथम और पंचम शताब्दी के पुरस्कृर्त्ता-मूर्धन्यजनों के पास उन्हें तुरन्त भिजवाया भी। साथ ही फ्रांस, जर्मनी और इंग्लैंड के अनुसन्धानकर्ताओं के निकट भी पाठ और फोटोप्रिंट भिजवा दिये। परन्तु साश्चर्य खेद है कि देश के संशोधकों की ओर से हमें कोई भी उत्तर अब तक नहीं मिला। संभवतः पंचमशती के माननेवालों ने अपने मत के प्रतिकूल होने के कारण कोई प्रतिक्रिया प्रकट करना उचित न समझा हो, विनोद का विषय मान लिया हो तथा प्रथम शती के पंडितों ने अपने अनुकूल मानकर सहज समाधान की श्वाँस ली हो, परन्तु अवश्य ही विदेशों के कई विद्वज्जनों के पत्र आये और यही नहीं, उन्होंने मूल शिलाखंडों को प्रत्यक्ष देखने की तीव्र उत्सुकता प्रकट की। उन्होंने अपने राजदूतावासों से भी अनुरोध किया कि वे यहाँ सम्पर्क साधकर इन शिलाखंडों को सम्पूर्णरूपेण सुरक्षित कर उन्हें भिजवाने की व्यवस्था करें। उधर दूतावासों के पत्र—व्यवहारों का एक प्रकार से हमारे पास ताँता

ही लग गया। जब हमने दूतावास से स्पष्ट रूप से इंकार किया कि केवल शिलालेख किसी को भी हम इस तरह सुपुर्द करने में असमर्थ हैं, तब यह दूसरा प्रस्ताव उन लोगों ने दिया कि यदि किसी जिम्मेदार व्यक्ति के साथ भिजवाने को आप तत्पर हों, तो सारा व्यय-भार भी उठाने को तैयार हैं। इस प्रस्ताव पर हमने गम्भीरता से विचार किया। हमारे सहयोगी और इस कार्य में विशेष रूप से जिनकी प्रचुर प्रेरणा और कृपाप्रसाद से हमें पुरातत्त्वान्वेषण में प्रवृत्त होने और सीखने-समझने का अवसर मिला तथा उक्त शिलाखंडों को प्राप्त करने एवं पढ़ने में जिनका सम्पूर्ण मार्गदर्शन ही नहीं, सारा सहयोग मिला, हमने उनके समक्ष अपनी यह सारी समस्या प्रस्तुत की। आदरणीय पं. सूर्यनारायण जी व्यास ने इस पर गम्भीरतापूर्वक विचार किया और आदेश दिया कि इस बहुमूल्य दुर्लभ वस्तु को साथ लेकर हमें ही जाना चाहिए और विदेशों के विद्वज्जनों से मिलना चाहिए। इस आदेश को पाकर तदनुरूप हमने अपनी स्वीकृति-सूचना सर्वप्रथम दूतावास को पहुँचा दी। ठीक एक सप्ताह के अन्दर ही वहाँ से वीसा और व्यय की व्यवस्था हो गयी और हमने अगस्त के अन्तिम सप्ताह में इस पुरातत्त्व की दुर्लभ निधि को लेकर प्रवास प्रारम्भ कर दिया। आरम्भ में हमने फ्रांस पहुँचकर विद्वानों को दिखलाया। अनेक विद्वान इन शिलाओं को देखकर विस्मित और विमुग्ध हो गये। एक सप्ताह का यह प्रवास पूर्ण कर इंग्लैंड और जर्मनी जाना है। फ्रांस में ही हमसे अमेरिकन और रशियन विद्वानों की ओर से भी अनुरोध हो रहा है कि वहाँ भी इन वस्तुओं को प्रदर्शित किया जाए, सम्भवतः वहाँ भी जाना पड़े, यथासम्भव प्रयास यही होगा कि हम उज्जैन में होने वाले कालिदास समारोह के समय इन महत्त्वपूर्ण प्रमाणों का प्रदर्शन करें, ताकि विद्वज्जन समाधान मानें। हमारा अपना विचार तो यही है कि जब हमारे देश के विद्वान उदासीनता का भाव रखते हैं तो सर्वप्रथम विदेशी विद्वानों को ही प्राथमिकता दी जाए, जिनके विचारों से हमारे भारतीय विद्वानों ने पन्थ-भ्रान्त बन अपने महाकवि के लिए भ्रम—विस्तार किया है। आरम्भ में उन्हीं लोगों का भ्रम हटाना आवश्यक है। विदेशों में एक बार भ्रम निस्तारण हो गया तो हमारे यहाँ अनुकरण करने में फिर विलम्ब नहीं होगा। श्री व्यास जी से भी हमने परामर्श लिया है और वे हमारे विचार से सहमत हो गये हैं। विदेशों में भ्रम मिट जाने पर कोई कठिनाई न होगी। हमें विश्वास है कि समस्त जग में महाकवि कालिदास के समय, स्थान और सृजन को लेकर आज तक चल रहे मतभेदों का अब पूर्ण निराकरण हो जाएगा।

डॉ. एकान्तबिहारी : मेरा अभिन्न

जानते हैं? शायद ठीक तरह न जानते हों, बहुत पुराने लेखक रहे हैं, सन् 1925 से प्राय: वे बहुत लिखते आ रहे थे। कई विषयों पर लिखा, कई पत्रों में वे चमके, भाषा में तीखापन होने से अनेक की आँखों में चुभे, पर वे इधर पॉलिटिकल सफरर्स की तरह साहित्यिक सफरर बन एकान्तवासी हो गये हैं। उन्हीं के एक और मित्र रहे हैं—'डॉ. चक्रधर।' क़लम के धनी, नाजुक बातों पर भी ये बड़ी नज़ाकत से लिखते रहे हैं। उनकी लेखनी के सिवा (उस समय भी जब वे लिखते थे) बहुत कम लोग उनसे व्यक्तिगत परिचय में आ सके, प्रचार और प्रसिद्धि से दूर रहने के कारण समाज के सामने आने से झिझकते रहे। पत्र-पत्रिकाओं में 'मूड' आने पर दिखाई दे जाते थे, पर्दे की ओट में लज्जाशीला की तरह आमगोपन ही उन्हें पसन्द था। मेरे साथ उनके रिश्ते बहुत खुले हुए थे। सोलह आने का खुला खाता था। यों कहें कि हमारे-उनके बीच अत्यन्त आत्मीयता थी, अभिन्नता थी तो यह अतिशयोक्ति नहीं होगी।

डॉ. एकान्त और डॉ. चक्रधर दोनों ही बुद्धिजीवी और साहित्यप्रेमी जीव रहे हैं। उन दोनों में जितनी आत्मीयता थी उससे अधिक अभिन्नता मुझसे रही है। हम लोगों की घनिष्ठता का परिचय कुछ ही लोगों को रहा है। भाषा, शैली और विचारों में भी हम लोग अभिन्न दिखाई देते थे। कई बार मित्रों-परिचितों को यह भ्रम हो जाता था—किस लेख का लेखक कौन है? परन्तु हममें कहीं भ्रम का अवकाश नहीं था। लोगों के लिए हम भूल-भूलैया बन सकते थे, खोज का विषय बन जाते थे। डॉ. चक्रधर शरण की, दिल्ली के एक साप्ताहिक में, कई महीनों तक एक लेखमाला छपती रही। बात बड़ी पते की होती थी। दूसरे पत्रों में भी इस तरह की पैनी बातें प्रकाश में आतीं, पर चक्रधर प्रकाश में नहीं आये। हाँ, डॉ. एकान्तबिहारी को हमारे परिचितों की टोली के कुछ लोग या सम्पर्क में आने वाले कुछ सज्जन पहचानने लग गये थे। पर वे भी कभी हमसे ही डॉ. एकान्त की परकाया-प्रवेश का अनुमान करने लगते थे, हमने भी उनके भ्रम पर से पर्दा नहीं उठाया, क्योंकि अपनी एकता को क्यों विच्छिन्न करते? भगवान के सहस्र नाम होते ही हैं, यदि लोग हमारे भी दो-चार नाम रख लें

तो हमें क्यों आपत्ति होनी चाहिए? फिर डॉ. एकान्त और डॉ. चक्रधर में जब हमारी कोई भेद-भावना ही नहीं, तो हमें क्या आपत्ति होने लगी? यहाँ तो अद्वैतवाद ही है। डॉ. चक्रधर ने लम्बे अर्से से चुप्पी साध रखी है। पढ़ने में तो निरन्तर प्रवृत्ति है, लिखने में रूचि नहीं रही, हमने भी उन्हें एक अर्से से आग्रह नहीं किया, पर वर्षों के बाद एक बार फिर डॉ. एकान्त का मौन कुछ समय पूर्व मुखर हो उठा और क़लम भी सहसा चल पड़ी। दिमाग़ में मज़ाक सूझा और ऐसा गम्भीर टाइप का मज़ाक कि पढ़ते ही मस्तिष्कवालों का मस्तिष्क उलझ जाए। डॉ. एकान्त में मौलिकता है, इसकी बरबस दाद दुश्मनों को भी देनी पड़ेगी। वह ऐसी सूझ-समझ और पकड़ की बात पेश करता है कि मौलिकता को मानना ही पड़े।

ऐसी ही एक बात दिमाग़ में आयी। मुझसे मशवरा किया। मैंने भी मंजूर किया। होली नज़दीक ही आ रही थी। मैंने कहा बढ़िया किस्म का और ऊँचे दर्जे का मज़ाक रहेगा। डॉ. एकान्त ने वह लिख डाला, बड़ी दिलचस्प चीज़ ही नहीं मजेदार मौलिक खोज की भी। हालाँकि वह महज दिमाग़ी खोज थी। लिखकर मुझे बतलाया, मेरी पसन्दगी के बाद उसने 7 कापी टाइप करवाकर सात पेपरों पर एक 'स्लिप' लगाकर भेज दी। उस 'स्लिप' पर लिखा था—'होली या पहली अप्रैल के लिए प्रकाशनार्थ गम्भीर विनोद।'

बड़े पेपरों के बड़े ही कारोबार होते हैं। स्लिप की कौन परवाह करे, हफ्तों नहीं, महीनों वह लेख दफ़्तर में दबा रहा। होली बीत गयी, अप्रैल भी पार हो गया। सात साप्ताहिकों में से पाँच ने कोई परवाह नहीं की। दो साप्ताहिकों के सम्पादकों की जब नींद खुली और जब वे लेख हाथों में आया, उस विनोद को केवल गम्भीर मानकर जब जी में आया प्रकाशित कर डाला। लोगों ने उस दिमाग़ी खोज को 'असली' की शक्ल में समझा और यह स्वाभाविक भी था। उसका रंग तो असली की तरह ही था। इधर डॉ. एकान्त के नाम प्रशंसा—भरी चिट्ठियाँ आने लगीं। पर डॉ. एकान्त भला उनका क्या उत्तर दें? देने की बात भी नहीं थी।

इसी बीच अपने ही नगर की एक दुकान पर एक पुराने परिचित गपशप लड़ा रहे थे। कहीं से एक पत्रकार वहाँ टपक पड़े। बातें चलीं, डॉ. एकान्त के नाम से परिचित थे और उनकी परकाया—प्रवेश की माया से भी परिचय रखते थे। उन्होंने डॉ. एकान्त का मित्र होने के नाते हमसे सम्पर्क करने की अपेक्षा सीधे ज़िले के अधिकारी के बंगले की राह ली और उनसे इन्टरव्यू लेकर अपने पत्रों में समाचार भिजवा दिया। ज्यों ही समाचार छपकर आया, कुछ अकलदारों (!) के खेमे में हलचल मच गयी। सम्पादक से पूछताछ शुरू की गयी। पत्रकार का अपना काम पूरा हो गया। कई को परेशान करके वह प्रसन्न हो गये।

बात का बतंगड़ बन गया। शायद 1-2 साल पहले एक ऐसी ही पुस्तक 'कोर्स'

की छप गयी थी। उसमें एक मशहूर[1] देशभक्त कवि का लिखा उच्चकोटि का व्यंग्य—लेख था, दूसरे प्रतिस्पर्धी प्रकाशकों ने उसका लाभ लेकर लोगों की धार्मिक भावना को स्वार्थसिद्धि के लिए भड़काने का प्रयास किया और गम्भीर विनोद को न समझकर कई भाई और धारासभाई भी महज भड़क उठे। मज़ाक के मतलब समझने का भी तो माद्दा होना चाहिए। वह कितने अकलदारों (?) में पाया जाता है? उस पुस्तक के सम्पादक को जिस परेशानी में उतरना पड़ा, डॉ. एकान्त अगर हाथों पड़ जाते तो उतना चाहे न हो, कुछ परेशानी तो उठानी ही पड़ती।

20-22 वर्ष पूर्व बनारस के प्रसिद्ध पत्र 'आज' के साप्ताहिक में डॉ. एकान्त के ही किसी सहयोगी ने एक ऐसी ही मौलिक खोज छपवायी थी। साथ में खोज का चित्र और शिलालेख के चित्र के साथ शिलालेख के विषय पर भी गम्भीर चर्चा की थी, किन्तु वह बनारस के प्रतिष्ठित पत्र में छपा था और पढ़ने वाले भी उस प्रदेश के पर्याप्त समझदार थे, इसलिए वे उस गम्भीर विनोद का आनन्द उठा सके, सूझ की दाद देते रहे। प्याले में वहाँ तूफान नहीं उठा? पर हमारा तो खुदा ही हाफ़िज है। जब पं. हजारीप्रसाद द्विवेदी की लिखी 'बाणभट्ट की आत्मकथा' प्रकाशित हुई, उसमें ठीक डॉ. एकान्त की तरह की अनोखी सूझ और खोज हुई थी। पूरी पुस्तक पढ़ जाने पर भी रहस्य नहीं खुल पाता कि यह सत्य है या कल्पना-विहार, लेकिन डॉ. एकान्तबिहारी की सूझ और खोज ने लोगों में अपना एक बार फिर जादू जमा दिया। वे वर्षों का मौन लेने के बाद एक बार चमकने चले आये थे, किन्तु आज भी लोगों में उनकी चमक को सहने, समझने की सामर्थ्य नहीं आयी है। यह देखकर पुनः अपने एकान्तवास में चले गये हैं। अ-कविता या अ—कहानी के युग में अभी अ—अनुसन्धान का अवसर नहीं आया है। तब तक प्रतीक्षा में उन्हें प्रच्छन्न ही रहना पड़ेगा।

(डॉ. एकान्तबिहारी/डॉ. चक्रधरशरण जैसे अन्यान्य नामों से स्वयं पं. सूर्यनारायण व्यास ही लिखा करते थे। एक बार उन्होंने साप्ताहिक हिन्दुस्तान में 'अवन्ती में फिर जनमे हैं कालिदास' व्यंग्य लिखा था, (यह लेख पूर्व पृष्ठ पर दिया गया है) जिसे लोगों ने गम्भीर शोध मान लिया और उस पर विद्वानों में खूब वाद-विवाद चले, तब उन्हें अपनी स्थिति स्पष्ट करने के लिए लिखना पड़ा कि कौन है यह लेखक डॉ. एकान्तबिहारी—सं.)

1. मुक्तिबोध

क़र्ज़ : हमारी परम्परा

भारतवर्ष में रहने वाला मुसलमान या ईसाई अपने अल्लाताला अथवा ईसा मसीह का कोई क़र्ज़ सिर पर लेकर आया है या नहीं, हमें नहीं मालूम, परन्तु यह सच है कि हर हिन्दू अपने सिर पर तीन क़र्ज़ लेकर ही पैदा होता है। और वह कितनी ही सम्पत्ति क्यों न रखता हो, मालदार या जायदाददार हो, उसे जिन्दगी—भर तीन क़र्ज़ चुकाते रहना पड़ता है। वह उन कर्जों से तो जिन्दगी—भर छुटकारा नहीं पा सकता। यह बात पढ़ा-लिखा आदमी भी जानता है और अनपढ़ भी खूब जानता है। न ये कर्ज़ कभी उतर पाते हैं और न छुटकारा ही मिल पाता है। ये क़र्ज़ पीढ़ी—दर—पीढ़ी चलते हैं और हर हिन्दू बिना लिखा-पढ़ी, कोर्ट के दस्तावेज़ या जमानत के बिना भी बराबर स्वीकार करता रहता है। इस तरह क़र्ज़ उसके संस्कार का विषय बन गया है। वह क़र्ज़दार होकर पैदा होता है और सिर पर क़र्ज़ रखकर ही मरता है। हाँ, बेटी के धन को (अगर बेटी पैदा हुई हो, आपरेशन या लूप न लगवाया हो) वह पराया धन मानकर अमानत समझकर सहेजता है, डिग्री होने पर उसे अनजाने आदमी के साथ सुपुर्द कर अपने को क़र्ज़-मुक्त मान लेता है, छुटकारा पा लेता है, किन्तु धर्मशास्त्रों में लिखित में किये हुए देव-ऋण, ऋषि-ऋण और पितृ-ऋण के सदैव सूद देते रहने पर भी उसका कभी, किसी तरह भी छुटकारा नहीं हो पाता। मूल क़र्ज़ा सिर पर सदैव सवार रहता है। क़र्ज़ भी यह अजीब तरह का है, जिसका क़र्ज़ हो उसे चुकाने का सवाल ही नहीं रहता, लिया एक से और दिया दूसरे को, न क़र्ज़ घटता है, न बढ़ता है। विशेषता यही है कि यह स्थायी क़र्ज़ है। मूल रकम का चाहे पता न हो, पर वह रकम सूद देते रहने पर बराबर चलती रहती है। पीढ़ी-दर-पीढ़ी देते रहने पर भी सिर्फ़ वह सूद समझी जाती है, न कहीं जमा होती है, न बही-खाता रहता है। आदमी अपने को खुद क़र्ज़दार मानता है और ईमानदारी या बेईमानी से वह बराबर सूद के नाम पर हर किसी को चुकाता जाता है। पितृ-ऋण (पुरखों के कर्ज़) को वह हर किसी ज़िन्दा आदमी के हाथ पहुँचा देता है। देवता के ऋण को मानवों की जेब में डालता रहता है और ऋषि-ऋण को किसी भी बाबा-बैरागी के हाथ दे देता है, पता नहीं वह उनके खाते में जमा

होता है या नहीं, पर क़र्ज़ देनेवालों की कोई शिकायत नहीं आती, इसलिए वह पहुँचा समझ समाधान कर लेता है।

अवश्य ही ये देव, ऋषि और पितृ-ऋण किसी शर्त से बँधे हुए नहीं हैं। न इन्हें पाउंड या डालरों में या देशी रुपयों में देने का बंधन होता है, न यह भी होता है कि किश्तें कितनी रकम की होंगी, यह सब कर्ज़दार की मर्जी और उसकी सुविधा पर ही निर्भर करता है, जबकि यह कर्ज़ भी विदेशी ही होता है। देव, ऋषि और पितृ ये इस भारत के रहनेवाले नहीं है। ये अमेरिका, कनाडा, रूस जैसे अलग-अलग लोक (देश) के ही रहने वाले हैं, परन्तु भारत के हिन्दुओं पर इनका न जाने कब से कर्ज़ चला आ रहा है। और न जाने कब से बिना लिखा-पढ़ी के भी कर्ज़ की मन-माफिक अदायगी होती चली आयी है। कोई पीढ़ी इससे इंकार नहीं करती। यह हिन्दुओं की जबरदस्त ईमानदारी का सबूत ही है। लेकिन यह भी इससे प्रमाणित होता है कि भारत का हिन्दू पैदायशी विदेशी कर्जदार रहता आया है। रकम मुद्दतपार नहीं होती, न बट्टेखाते या डूबते खाते में जा पाती है। असल रकम पर जरा भी आँच नहीं आती, मतलब यह कि हमारा देश हिन्दुस्तान परम्परा से विदेशी कर्ज़ पाने का हकदार रहता आया है और आदिकाल से लेकर उसका (कर्ज़ का) सूद भर चुकाता चला आ रहा है। हम कर्ज़दार-मनोवृत्ति लेकर ही पैदा होते हैं तथा बाप-दादों का कर्ज़ सिर पर लेकर ही स्वर्ग तक जाते हैं। (शायद स्वर्ग में पहुँचकर जमा-खर्च कर्ज़ देकर भरपाई पा लेते होंगे या दस्तखत या निशानी अँगूठा लगा देते होंगे।)

विदेशी शासन के रहते हुए हमारी रकम विदेशों में बराबर जाती रही। पर वह हमारे कर्ज़ में जमा नहीं हुई और हमारे सिर कर्ज़ बढ़ता गया। पता नहीं चल पाया कि वह किस जगह चली गयी? पर जब हमारा देश स्वतन्त्र हो गया तो पितृऋण, देवऋण, ऋषिऋण तो परमानेन्ट बना ही रहा और दूसरे ऋण भी हमें विदेशों से बराबर मिलने शुरू हो गये। अवश्य ही इनमें शर्तें लगी रहती हैं, क्योंकि जिन विदेशों में (देवलोक, पितृलोक और ऋषिलोक में) हमारी पुरानी साख चली जाती थी, उनमें शर्तों का कोई सवाल ही सामने नहीं आ सकता था। सो कर्ज़ तो बराबर चलता रहा, पर नये देशों से जो हमने (हमारे शासन ने) नया कर्ज़ लेना शुरू किया तो स्वाभाविक है कि साख न होने से कर्ज़ पर शर्तें लगनी ही थी, परन्तु हम चूँकि संस्कारवश, खानदानी क़र्ज़दार हैं, इसलिए अरबों की उधारी हमारे नये क़र्ज़ किश्तों और शर्तों से जुड़े हुए हैं। यह हमारे नहीं तो हमारी आनेवाली 4-6 पीढ़ियों के हाथों चुकते चले जाएँगे। क़र्ज़दारी हमारा धर्म है, इसलिए चिन्ता का कोई कारण नहीं होना चाहिए। जो परमानेंट क़र्ज़ (देव-ऋषि-पितृ का) है, वह स्थायी है ही, शेष सरकारी अनगिनत टैक्सों की तरह सुपरटैक्स है। उसे आपद्-धर्म की तरह, चाहें या न चाहें, स्वीकार करना ही पड़ेगा। इसके लिए यदि हम हिन्दू-धर्म पर आस्था, विश्वास, निष्ठा रखते

हैं तो किसी ऋण (क़र्ज़) मोचनस्तोत्र का पाठ आरम्भ कर दें। अब किसी वार या तिथि को उपवास या व्रत रखने की वैसे ही आवश्यकता नहीं है, क्योंकि चावल, गेहूँ, घी, तेल आदि पदार्थ वैसे ही सुलभ नहीं हैं, सरकार और उसकी व्यवस्था (?) की कृपा, दया से रोज़ाना किसी-न-किसी चीज़ का व्रत-उपवास रखने को मजबूर बन ही गये हैं। यदि हिन्दुओं में धार्मिकता जाग्रत है (संकट में वैसे भी जाग्रत हो जाती है) तो ऋण-मुक्ति के लिए जो अनेक साधन पाठ-पूजा के बतलाये गये हैं, वे आरम्भ कर दें और जिस तरह देव-ऋषि-पितृ ऋण को आस्थापूर्वक आदिकाल से चुकाते आये हैं, उन्हीं तीन ऋणों में राज्य ऋण (सरकारी क़र्ज़) को भी शामिल कर लें, यह हमारे क़र्ज़दारी के संस्कार या मनोवृत्ति के प्रतिकूल न होगा। हमारी धर्मनिरपेक्ष सरकार ने अरबों के विदेशी ऋण लेने की परम्परा स्वीकार कर क़र्ज़-धर्म का ही पालन किया है।

महर्षि चार्वाक ने जो सदियों पूर्व सूत्र बनाया था कि 'ऋणं कृत्वा घृतं पिबेत' (अर्थात् क़र्ज़ लेकर भी घी पियो) यह चाहे नास्तिकवाद के प्रर्वतक का मत कहा गया हो, परन्तु देव, ऋषि और पितृ को स्वीकार कर आस्तिकों ने भी समस्त हिन्दुओं को आनुवंशिक क़र्ज़दार घोषित कर दिया है। हमारा स्वतन्त्र शासन चाहे अपने को हिन्दू न माने, धर्मनिरपेक्ष माने, पर क़र्ज़ की परम्परा को स्वीकार कर उसने सर्वथा हिन्दूधर्म को माननेवाला ही सिद्ध किया है।

मेहमान : एक महत्त्वपूर्ण समस्या

किसी ज़माने में 'मेहमान' शब्द बड़ा मोहक रहा है, किसी के अपने घर आने पर लोग फूल उठते थे, तरह-तरह की मेहमानदारी होती थी, दोस्तों-मित्रों-रिश्तेदारों को बुलाकर मिलवाया जाता था, दावतें दी जाती थी, मेहमान यदि कहीं जाने की सोचता तो आग्रह-अनुरोध कर कहा जाता था कि भला इतनी क्या जल्दी पड़ी है? कहाँ निकल पाते हो? आये हो तो 2-4 दिन रुककर ही जाना, अभी यह कहाँ देखा, वह कहाँ देखा, कल फलाँ जने को मिलने बुलवाया है और परसों फलाने ने दावत पर बुलवाया है, अरे भई, कौन किसके घर जाता है? हमारे बड़े भाग जो आप आये, हमें नाराज करके तो नहीं जाओगे, कल सिनेमा की टिकट रिजर्व की है, नहीं भाई, इतनी जल्दी नहीं जा सकोगे!

इस तरह मेहमान आने पर अपने अरमान निकाले जाते थे, अपना सौभाग्य सराहा जाता था। कई लोगों की अपने-अपने शहरों में शोहरत होती थी कि वे बड़े 'मेहमाननवाज़' हैं, कुछ लोगों के घर के द्वार सदा खुले ही रहते थे कि कोई भी आए, खाना खा जाए। बड़ा पुण्य मानते थे, कहते हैं कि बनारस के बाबू शिवप्रसाद गुप्त ऐसे ही व्यक्तियों में थे कि उनके 'सेवा-उपवन' के द्वार सदैव खुले रहते थे, बंगाल में देशबन्धु चित्तरंजनदास की भी यही प्रसिद्धि रही है। महाराष्ट्र में यह प्रथा ही रही है कि साधारण व्यक्ति भी अपने घर एक-दो विद्यार्थियों को आश्रय देकर उसे खाने-पीने की चिन्ता से मुक्त बना देता था। कुछ लोग किसी छात्र को किसी एक 'वार' के रोज़ (सप्ताह में एक दिन) प्रति सप्ताह भोजन करवाता था। पता नहीं, आज यह प्रथा किस हद तक चलती है? पर वर्षों से यह परम्परा विशेष रूप से छात्रों के लिए महाराष्ट्र में प्रचलित रही है। और अनेक छात्र इस प्रथा का लाभ लेकर चोटी के विद्वान, वैज्ञानिक, संशोधक बने हैं और इस पर वे गर्व करते रहे हैं।

(स्वयं पं. व्यास की भी यही प्रतिष्ठा रही है। उनके आतिथ्य-सत्कार की असंख्य साहित्यिकों ने चर्चा की है, उनकी खुशमिज़ाजी, विनोदप्रियता और चाय-पकौड़े, चाय-पान मशहूर रहे हैं। सात हज़ार विद्यार्थी तो उनके परिवार से प्राप्त भोजन, वस्त्र, आवास पाकर पढ़ते

भी रहे हैं और देश के मशहूर नाम बने है—सं.)

हिन्दुओं के संस्कारों में ही 'अतिथि सत्कार' के बीज पड़े हुए हैं, उपनिषदों में 'अतिथि देवो भव' का उपदेश दिया है। उपनिषदों से लेकर पुराणों में ऐसे शतशः उदाहरण भरे पड़े हैं कि किस तरह अपने अभावों की रत्ती-भर चिन्ता किये बिना अतिथि को आदर दिया है, मेहमानी की है और अपने को धन्य माना है।

कालिदास के काव्य का 'वरतन्तु' अत्यन्त निर्धन था। वर्षों गुरु के आश्रम में शिष्य और कौत्स की बात बड़ी प्रसिद्धि पायी हुई है। वरतन्तु ने उन्हीं के पास रहकर, उन्हीं से पोषण प्राप्त कर 14 विद्याएँ सीखी थीं, विद्याध्ययन पूरा होने पर उसने औरों की तरह गुरु से प्रार्थना की थी कि मुझसे भी गुरु-दक्षिणा ली जाए। गुरुजी उसकी निर्धनता को जानते थे, पहले तो उन्होंने मना किया। जब शिष्य बार-बार आग्रह करने लगा तो विनोदवश कह दिया कि अच्छा 14 विद्या के लिए 14 करोड़ ले आ। विद्यार्थी ने सिर झुकाकर स्वीकार किया। उसने तत्कालीन राजा से निवेदन किया कि मुझे गुरु-दक्षिणा के लिए 14 करोड़ की रकम चाहिए, उस समय राजा का संयोगवश ख़ज़ाना खाली था। राजा 'न' नहीं करना जानता था। राजा बहुत चिन्तित हुआ, पर उसी रात को उसके घर ख़ज़ाने में सोने की बरसात हो गयी। तब राजा ने कहा, 'भाई, यह सब तुम्हारी वस्तु है। तुम ले जाओ!' पर शिष्य बीसवीं सदी का नहीं था। उसने कहा कि मुझे सिर्फ़ 14 करोड़ ही लेना है, अधिक की मुझे ज़रूरत नहीं! देने और लेनेवाला दोनों ही आदर्श थे। शिष्य ने 14 करोड़ ही लिया और जाकर गुरुजी को भेंट कर दिया।

इसी तरह सभी को मालूम है कि राजा दशरथ के घर ऋषि आये और उन्होंने उनके लड़कों को माँग लिया था। राजा की हिम्मत नहीं हुई कि मना कर सकें। ऐसी अतिथि-परायणता की कथा-गाथाएँ हज़ारों भरी हुई हैं और इस युग में भी इस तरह की घटनाओं का अभाव नहीं रहा है। मा. पुरुषोत्तमदास टंडन की कई घटनाएँ हैं। उन्होंने घर में जो वस्तु सुलभ थी, मेहमानों को भेंट कर दी और वे स्वयं भूखे रह जाते थे।

किन्तु आज ज़माने ने बड़ी बुरी तरह पलटा खाया है। महँगाई 'एवरेस्ट' पर चढ़ने की शर्त लगाये हुए है, कई हज़ार फुट की ऊँचाई पर पहुँचकर अपना पड़ाव डाल रखा है, और मौसम की ख़राबी के बावजूद, वह ऊपर ही चढ़कर शिखर पर पहुँचने को आमादा है, नीचे उतरने का नाम नहीं लेती। आदमी चाहे मौसम की ख़राबी का शिकार बन हिम्मत हार रहा है, पर महँगाई तेनसिंह की तरह बढ़ने को दृढ़प्रतिज्ञ दिखाई दे रही है। महँगाई से मुक़ाबला कर आदमी अड़ना चाहता है, पर वह नीचे उतरकर उससे मिलना नहीं चाहती, बड़ी मुसीबत तो यह कि महँगाई के बढ़ते हुए भी वस्तु ही उससे लुका-छुपी का खेल खेल रही है। सफ़ेदी (व्हाइट) से उसे नफ़रत लगने लगी है और काले (ब्लैक) में वह पर्दे की ओट मिलने की मुँहमाँगी मुराद पाने

पर तैयार है। सरकार जिसको अभाव कहकर, बतलाकर अपना मुँह फिरा लेती है, वह पर्दे में अपना पूरा 'प्रभाव' दिखलाकर चमकती रहती है। जिसे इस चोरी की चमक पाने की चाह हो, सवा बित्ते का कलेजा हो, वह उसका सहज दीदार पा ले! किन्तु हर शर्मदार की उस हरम में पहुँचने की कैसे हिम्मत हो?

सरकार राशन देती है, उसके परिवार की जाँच की जाती है, कोई फ़र्जी नाम तो नहीं, उस राशन में भी कटौती होती है। कई बार दुकानों पर वस्तु का अभाव भी होता है, अर्से तक दर्शन दुर्लभ होते हैं, उपदेश अलग मिलता है कि 'कम खाओ, ग़म खाओ!' चावल छोड़कर गेहूँ, गेहूँ छोड़कर चावल खाओ! देशी गेहूँ सिर्फ़ एक किलो रहेगा। विदेशी गेहूँ चार किलो रहेगा और मिलने वाली वस्तु भी वास्तविक वस्तु है कि नहीं, यह देखना आवश्यक नहीं। ऐसी हालत में जब किसी आदमी का महज अपने परिवार के पेट को पालने का सवाल ही अत्यन्त कठिनाई से भरा बन जाता है, तब वे अपने मेहमान और रिश्तेदार की बात ही कैसे सोच पाएगा? सोचकर भी कर क्या पाएगा? सरकार ने ऐसी कोई सुविधा ही कहाँ रख छोड़ी है? लेकिन मेहमान और रिश्तेदारों से शर्मदार का कहाँ छुटकारा हो सकता है? पर राशन में तो इसकी गुंजाइश नहीं होती, तब अब यह समस्या सामने है कि 'अतिथि देवो भव' की भावना को कैसे पाले, हमारी सरकार 'धर्म-संस्कारों' से निरपेक्ष ही है। क्या ही उत्तम हो कि वही मार्गदर्शन दे, जिस तरह वह हर आदमी को गिनती लगाकर, सिर्फ़ जाँचकर राशनकार्ड देती है, उसी तरह वह कोई कानून बनाकर यह भी प्रसारित कर, सख़्ती कर दे कि कोई मेहमान कहीं नहीं जाए। किन्तु यातायात की समस्त सुविधाएँ होने के कारण लोगों का आना-जाना रुकता भी नहीं है और वे जाने-आनेवाले लोग कहीं-न-कहीं मेहमान बनते भी हैं, इसलिए टूरिंग राशन का भी लेना लाजमी बना दिया जाए, ताकि जाने-आनेवाला व्यक्ति अपने साथ वह कार्ड ले जाए और जहाँ जाए, वहाँ अपना राशन प्राप्त कर ले। नगरपालिकाओं को चाहिए कि हर मकान- पर-मकान नम्बर प्लेट की तरह यह भी लिखकर पट्टी लगवा दे कि मेहमानों का प्रवेश निषेध है, पुलिस विभाग की ओर से हर हफ्ते में जाँच की जाए कि कहीं कोई मेहमान ठहरा तो नहीं है, ठहरा है तो उसके पास 'टूरिंग राशन कार्ड' है या नहीं? और उसने उस कार्ड से किसी दुकान से सामान लिया है या नहीं! इतनी सख़्ती रखने पर ही कुछ अंश में मेहमानों पर प्रतिबन्ध लग सकेगा। वैसे इसमें भी 'ब्लैक' का अवकाश तो रहेगा ही और पुलिस एवं राशन के मामले में नयी आमदनी के जरिये खुल जाने का अवसर उपलब्ध हो जाएगा, आज मेहमान एक समस्या बन गया है और उसका कोई समाधान सरकार को ढूँढ़ना ज़रूरी हो गया है। हमारा यह सुझाव भी है कि यदि हर मेहमान को रेल से या बस से कहीं पहुँचते ही (शहर-प्रवेश से पूर्व) यह आदेश दे दिये जाएँ कि वह होटल या धर्मशाला में ही ठहरेगा, किसी के मकान पर जाना मना

है। इस आदेश से बहुत कुछ सुविधा सम्भव होगी और इसी तरह किसी के यहाँ मेहमान ठहरा हुआ पाया जाए तो उस मकान वाले का चालान कर दिया जाए। इससे भी, कुछ भयवश, मेहमानों पर रोक होगी। वर्ना मेहमान का मामला मुश्किल बन जाएगा। इस सुधार के समय में यह भी उचित होगा कि एक विशेषज्ञों की कमेटी बनाकर 'अतिथि देवो भव' की परिभाषा को पलट दिया जाए, संकटकाल में 'मेहमानानां प्रवेशो निषिद्ध' का सूत्र लागू कर दिया जाए। इसे प्राइमरी पाठशाला में प्रार्थना की जगह या साथ में स्थान दिया जाए। परिस्थिति के अनुसार ही नियम-विधान होना चाहिए। हाँ, उसमें इतनी छूट दी जा सके कि सरकारी मेहमान और आफसरों को उससे मुक्त रहने की सुविधा सुलभ हो। बुफे डिनर पर बन्धन न रहे, जो अधिकारी नेता और शिष्टमंडल कहीं दौरे पर जाएँ, जाँच की जाए, उन पर यह नियम लागू न हो, उन्हें राशन से राहत दी जाए और उनकी मेहमानी करने की समाज में सभी सुविधाएँ उलब्ध करवायी जाएँ, नेता और मन्त्रिगण को विशेष रूप से (साधारण समाज से) नियमों से ऊपरी समझा जाए।

आशा है 'मेहमान' की समस्या को सुलझाने के लिए समाज के सुधारक और सरकार बड़ी गम्भीरता के साथ मनोवैज्ञानिक ढंग से विचार करेंगे, यदि विचार-परामर्श के लिए विशेषज्ञों की आवश्यकता हो तो हमारे खाद्यमन्त्री उन्हें भी विदेश से आमन्त्रित करने में संकोच न करेंगे!

सृजनहार के संग्रहालय की सैर

भगवान की इस विविधरूपिणी सृष्टि में, मानव-जगत् और पशु-जगत् दोनों ही में, जो अनेक भिन्नताओं और विपर्यायों की लीला दिखाई पड़ती है, वह भी कम मनोरंजक नहीं है। उसे गौर से देखने पर अनायास हँसी आए बिना नहीं रहती।

बड़े नगरों में बड़े जन्तु संग्रहालय (Zoo) बनाते हैं। और वहाँ रोज़ाना बच्चे-जवान-बूढ़े नर-नारी भीड़-भर जाया करते हैं। मनोरंजन भी होता है। यह जब भगवान का बनाया हुआ आदमी, भगवान की बनायी हुई अन्य सृष्टि से मनोरंजन करता है, तो जिस भगवान ने आदमी से लेकर जीवन-जन्तु, भूचर, स्थलचर, नभचर आदि की समूची सृष्टि की है, वह मनहूस नहीं हो सकता। उसने आदमी बनाये हैं, तो उनके कार्टून भी मुक़ाबले के लिए बनाये हैं। किसी की शक्ल किसी से मिलने नहीं दी है। जानवरों में इतने नमूने बनाये हैं कि देखकर आदमी दंग रह जाता है। आदमी म्यूजियम बनाकर, उनको देखकर विधाता की सृष्टि पर हैरान रह जाता है। पर स्वयं विधाता भी अपनी करामात को जगत् में फैलाकर कम कौतूहल नहीं करता होगा। उसके लिए जगत् ही संग्रहालय बना हुआ है। आदमी की अलग-अलग शक्ल, अकल और नकल बनी है। भौगोलिक भेद से, वेश-व्यवहार, भाषा भी भिन्न, काम-काज भी भिन्न है। अकल की अलमारी सभी आदमियों में बराबर फिट है, पर उसका व्यवहार प्रयोग पृथक्-पृथक् होता है। खाने का खाना सभी का समान होते हुए भी तरीक़ा समान नहीं। व्यवहार विषय, गति के साधन बराबर हैं, पर गति का क्रम असमान है। अकल का बँटवारा चाहे आकार के अनुरूप बराबर किया गया हो, पर उसके उपयोग करने की छूट आदमी पर छोड़ दी गयी है। उसी अकल को लेकर एक आदमी मिनिस्ट्री मार लेता है और दूसरा उस मिनिस्टर का मजबूर बन मुजरा करता रहता है। भगवान ने जानवर के मुक़ाबले में आदमी को, कहा जाता है कि, ऊँचा बनाया है और उसे ज़्यादा अकल बाँट दी है। ऊँचाई का यदि आकार से सम्बन्ध माना जाए तो ऊँट, हाथी जानवर होकर भी आदमी से बड़े कहे जा सकते थे। इससे साफ़ ज़ाहिर है कि अकल का छेद आदमी के सिर में समान होते हुए भी उसमें ऊँचाई-नीचाई की गुंजाइश रख दी है।

यह 'वर्ग-भेद' इस चतुराई से भगवान ने बना दिया है कि उसके बँटवारे में कहीं गुँजाइश छोड़ी है। इस पर भी कई बार आदमी से जानवर की अकल बढ़ी हुई देखी जाती है, पर शायद यह अपवाद उदाहरण हो।

जानवर आदमी से बढ़कर

यों आदमी उस्ताद बन जानवर को बहुत कुछ अनुकरण करना सिखलाता है, पर कुछ गुण जानवरों में भी भगवान ने ऐसे रख दिये हैं, जिन्हें आदमी को सीखना पड़ता है। जैसे कौवे की तरह चेष्टा, बगुले की तरह ध्यान, कुत्ते की तरह नींद, हिरण की तरह आँखें, सूवे की तरह नाक, कोयल की तरह कंठ आदि। पर ये बातें पुराने युग की हो गयी हैं। वे गुलामी के काल की सूझ हो सकती हैं। इस समय देश स्वतन्त्र हो गया है और मिनिस्ट्री का युग चल रहा है। इसलिए उसके विचार ही (चाहे वे महत्त्व न भी रखते हों) आचार के लिए उपयोगी हो सकते हैं। पर वह भी जानवरों का महत्त्व मानने को मजबूर है। यदि 'मिनिस्टरी' की चाह हो तो बकौल कृष्णप्पा (डिप्टी खुराक खेती मिनिस्टर) के, 'आदर्श मिनिस्टर बनने के लिए ऊँट की तरह खाने, भैंस की तरह चमड़ी रखने, गधे की तरह काम लेने और कुत्ते की तरह नींद लेने का आदी होना चाहिए।' इस प्रकार के आदर्श उपयोग से प्रभावित होकर ही देश के कुछ भागों में कुछ उत्तम उदाहरण प्रस्तुत हुए हैं। महाराष्ट्र के एक कुम्हार ने अपने गधे के मर जाने पर सारे गाँव को शोकाकुल बना दिया था। सभी ने मिलकर उस गधे का अन्तिम संस्कार किया, शोकसभा की और उस 'कर्मण्येवाधिकारस्ते' के आदर्श प्राणी की समाधि-निर्माण कर उस पर पुष्पांजलि अर्पित की थी। जूनागढ़ के नवाब और जावरा के नवाबों ने अपने प्रिय और ईमानदार कुत्तों की शाही शान से शादी की, सवारी निकाली और मेहमाननवाज़ी भी महलों में की।

जानवरों के साथ मानवीय आत्मीयता

पर यह राजाओं के ज़माने की बात समझ शायद आप महत्त्व न दें, सनक समझें, किन्तु स्वतन्त्र युग के सी.पी. के नगर जबलपुर में भी जानवरों के गुणों की कीमत समझने वाले मानव आज मिलते हैं। वहाँ रेलवे कैंटीन के कर्मचारी की एक मुर्गी को पसंद कर उसकी शादी को धूम-धाम से आयोजित किया गया था। बारात भी निकाली और मुर्गी मान के साथ ससुराल पहुँचाई गयी। महाराष्ट्र के कोल्हापुर नगर को भी पीछे मत समझिए! वहाँ के एक धनी व्यापारी के घर उसकी प्यारी बिल्ली ने दो पिल्लों को पैदा किया तो मालिक ने खुशी में बढ़िया पार्टी दे डाली थी और नामकरण संस्कार में 150 व्यक्तियों को आमन्त्रित कर खुलकर ख़र्च भी किया। आदमी को जानवर से बहुत सीखना चाहिए, इसलिए नीति को आदमी ने आत्मसात् कर जानवरों के प्रति

अपनी आस्था प्रकट की है। युग चाहे जो रहे हों, पर आदमी और उसकी धारणा ने आदर्शों को नहीं भुलाया है। हाँ, जड़-निर्जीव गुड़ियों की शादी-लाड़-दुलार के कारणों की खोज होना बाकी है। वर्ना आदमी के विचार में सहज ही कोई संस्कार जम पाते हैं। अवश्य ही सर्जनहार अपनी निर्मित सृष्टि के विशाल संग्रहालय के जीवों के आचार-विचार-व्यवहार को देखकर बहुत कौतूहल करता होगा। उसने जीवनों की सृष्टि की और उनके लिए नियम भी निर्धारित किये। अज्ञान के अनेक युगों तक ये नियम आँख मूँदकर माने भी गये हैं, पर समय, समाज, स्थिति और गति-मति के अनुसार परिवर्तन का उचित प्रबन्ध नहीं किया गया। सामन्ती युग के आचारों को जिस प्रकार स्वाधीन-समाज में स्थान नहीं रहता, उसी प्रकार सृजनकाल के नियमों के नाश का निकटकाल में कैसे महत्त्व रहे, चोर और डाकू-लुटेरों को राजाओं के युग में कठोर दंड दिये जाते थे, इसलिए इनका समाज क्षीण होकर प्राणों की पनाह माँगता रहता था, जिनकी संख्या अँगुलियों पर रह गयी थी। यदि वही नियम कड़ाई से अब तक चलते रहते, तो दुनिया में इस संस्था का नामलेवा भी शायद न मिलता। कहते हैं कि रामचन्द्र के ज़माने में चोरी सिर्फ़ हृदय की होती थी, वस्तुओं की नहीं। इसका मतलब यही है कि उस ज़माने में यह संस्था ही समाप्त हो गयी थी, सिर्फ़ नाम शेष रह गया था।

इस युग के लुटेरे

राजाओं के युग की यह स्थिति रही है कि चोर-लुटेरे सभी समान आदमी होते हुए भी अपना नाम प्रकट करना तो ठीक, अस्तित्व रखना भी ख़तरे से भरा अनुभव करते थे, जबकि आज मानव ने इतना विकास और साहस-संचय कर लिया है कि उसका सबसे बड़ा शासन का एक अर्थमन्त्री, सार्वनिजक रूप से साहसपूर्वक यह कह सकता है, "मुझे टैक्स क्लैक्ट करने की अपेक्षा 'राबिनहुड' (यूरोप का प्रख्यात लुटेरा) की भूमिका अदा करनी पड़ती है। मुझे एक अच्छे और सच्चे लुटेरे की तरह कहना पड़ेगा, जबकि मैं लुटेरा तो रहूँगा ही।" (टी.टी. कृष्णमाचारी) यही राजाओं के युग और स्वाधीन समाज का अन्तर है। इस कारण जो सिद्धान्त और नियम बाबा आदम के ज़माने से चले-ढले और माने-मनवाए जाते थे, उनका एक-सा मूल्य नहीं रहता। मूल्य और मान तो परिवर्तनशील होते हैं, समय का प्रभाव पड़ता ही है। जो बातें समय के साथ सहयोग नहीं रख सकतीं, वह अकाल में अवसान पा जाती हैं। इसी वजह से अनेक नियम-मर्यादाएँ, आचार-विचार पैदा होकर पनपने के पहले ही परमधाम पहुँच गये और नये नियम, मान स्थापित हो रहे हैं। आदर्शों के अन्तर पड़ गये हैं। राम के युग में, आदर्श राज्य में मानव के उत्तम गुण और उदात्तता चरित्र की आवश्यकता अनुभव की जाती थी तो आज के मन्त्री के लिए भैंस की चमड़ी, गधे का भार, ऊँट की तरह

भोजन की भावना आवश्यक हो गयी है। आदर्शों का यह अन्तर कितना अद्भुत है।

सरस्वती के पुरखे नाई

अपने राष्ट्र को हर तरह हम ऊँचा उठाने में लगे हुए हैं, परन्तु उसके उत्थान के मार्ग में धर्म, सम्प्रदाय और जात-पात सबसे बड़े रोड़े बन अड़चन उत्पन्न कर रहे हैं। यद्यपि पिछले ज़माने में 'जात-पात पूछे नहि कोई, हर को भजे सो हरि का कोई' समझा जाता था। लोग-देवताओं के साथ पीर-पैगम्बरों को भी पूजते थे। साधु-सन्तों में जात की ज़रूरत नहीं रहती थी, समान समझ सभी सिर झुकाने को राजी रहते थे। आज जबकि जात-पात का पचड़ा उत्थान में आपत्तिजनक समझा जाता है तब एक ओर विशेष रूप से पुरखों की जात खोजी जा रही है। छोटा नागपुर के नाई 'सम्मेलन' के प्रधान एक विश्वनाथ ठाकुर महाशय ने गहरी खोज के साथ यह प्रकाश प्रसारित किया कि विद्या की देवी सरस्वती, देवों के वैद्य अश्विनीकुमार, देवर्षि नारद, विनयपिटक के निर्माता उपलि, जैनधर्म के प्रवर्तक महावीर, सम्राट चन्द्रगुप्त, देवनांप्रिय अशोक ये सब 'नाई' थे। जात-पात की प्रधानता के युग में शायद ही किसी को इनके हज्जाम होने का अता-पता भी रहा हो। जिस समय राजा और रानी वास्तविक रूप से हटकर ताश-पत्तों पर पहचाने जाने लगे हैं, तब नई सौन्दर्य रानियों, रसना रानियों की संख्या समाज में सरलता से बढ़ती जा रही है। गृहलक्ष्मियाँ समाज की सुन्दरियों का सहज स्थान ग्रहण करती जा रही हैं। वारवनिताएँ (वारांगनाएँ) पुराने ज़माने में ऋषि-मुनियों की तपस्या तोड़ती फिरती थीं और राजनीति में रहस्यमय पार्ट अदा करती थीं, धीरे-धीरे यह राजनीति में इतनी व्याप्त हो गयीं कि राजनीति ही वेश्या बन गयी। इसलिए आज उनका अलग समाज बनाकर रहना आवश्यक समझा जा रहा है। समाज के अन्दर इनका व्यापक प्रभाव पड़ चुका है, इसलिए इन्हें पृथक् प्रचार की ज़रूरत नहीं रही। स्वयं लोकसभा के एक सदस्य खुशीराम ने खुशी-खुशी ज़ाहिर ही किया है कि जिन सरकारी अफ़सरों की बीवियाँ खूबसूरत होती हैं, उन्हें तेज़ी से तरक्की मिल जाया करती है। इस 'संकेत' में जहाँ सरकार की सौन्द्रर्यप्रियता का सबूत मिलता है, वहीं राजनीति में रमणी की रोचकता का रहस्य भी। पुराने ज़माने के लोग भले ही 'रास पंचाध्यायी' पढ़ते रहें, उनके 'नायिका—भेद' को आज के अफसरों ने ही ठीक तरह समझा है। अस्तु, सृजनहार के संग्रहालय का यह सरसरी सफ़र ही कितना कौतूहलवर्धक और कमाल का है। अब इतना ही रहने दीजिए, आगे फिर इत्मीनान से देखा जाएगा!'

कोटों के कबीलों में कुहराम

डेढ़ सौ वर्षों की 'कोटकथा' सुनाने की आज आवश्यकता नहीं। आज तो कोटों के कबीले में करुणा की कालिन्दी प्रवाहित हो गयी है। असमय पंडित नेहरू जी के एक परिपत्र ने वेशभूषा के महासागर से निकलकर जो बाढ़ बढ़ा दी है, उसने इंग्लिश—कट के कोटों में कुहराम मचा दिया है। अनेक कुशल कारीगरों द्वारा काटे गये 'कोट' काले साहब के कंठ में लिपटकर कोलाहल कर उठे हैं। दर्जी के दौलतख़ाने पर दिवाले पिटने का प्रसंग प्रस्तुत हो गया है। टाईबाई जी अपनी सुन्दरता के सलोनेपन से कोटों की कला में कमनीयता ला देती थीं। अनेक कंठों में पड़कर पोजीशन बढ़ाती रहती थीं। वे पतलूनों के पट्टों की जगह से भी खिसककर, पनाह माँगने लगी हैं। पंडित जी के एकमात्र परिपत्र से इस तरह कोटों के कुटुम्ब में कलह उत्पन्न हो गया है। कोटों की प्यारी पतलून के पट्टे शिथिल पड़ गये हैं। वह कटे कोटों को तलाक देकर प्रजा में से 'कोर्टशिप' करने का प्रयास कर रही हैं। उधर मुक्त वायु से विहार करने वाला पाजामा भी सुकड़कर अपने प्रेमियों के पैरों से चिपककर प्रार्थी हो रहा है कि उसे हटाया जाए। उसके शक सवार हो गया है कि पतलूनों की तरह उसे भी पराया बनाकर पाकिस्तान का पासपोर्ट न दे दिया जाए। इधर बटन बहनों में आवश्यक उत्साह उमड़ रहा है, जिन्हें कोटों ने, टाई की तिकड़म में आकर, तेरह की जगह तीन बटनों को त्रिशंकु की तरह बीच में लटका रखा था। टाईबाई ने जिन बटन बहनों को कोट भाई के गले से काटकर बाहर निकाल फेंका था, उन्हें यह सुअवसर मिल जाएगा कि अपने भैय्या कोट के पूरे कलेवर पर विशेषाधिकार कर लें। निश्चय ही वे अपने को पुन: स्नेह-सूत्र में पिरोकर, भाई के हृदय को अपना लेंगी, किसी अन्य तितली-टाई को वहाँ अधिकार न जमाने देंगी। बहन-भाई का यह स्नेह—मिलन करवा देने के लिए पंडित जी के परिपत्र से वे बहुत प्रसन्न हो उठी हैं।

यद्यपि कोट को अपने पर की गयी कठोर काट-छाँट से कम कष्ट नहीं पहुँचा था, किन्तु टाईबाई और उसके मफलर भाई के मोहपाश में पड़कर, जैसा नचाया, उसे वैसा नाचने को मजबूर होना पड़ा है। अपनी सगी बहन, बटन को भी निम्न स्तर पर

स्थान देने को विवश होना पड़ा था। भला हो पंडित जी के परिपत्र का, जिसने परायों से पल्ला छुड़वाकर कैंची की काट-छाँट से बचा लिया। आज सब कोटों को यह स्मरण हो जाता है कि सौन्दर्य-समाराधना की नासमझी में, फैशन के फेर में पड़कर, किस करामात से उनके कोमल कंठों को काटा गया और इंग्लिश कट, अमेरिकन कट, फ्रेंच कट कहकर उनके परिवारों को चौपट बनाया गया तथा अपनी बहन बटनों को हृदय से दूर छिटकाकर लटका दिया गया तो उनका हृदय उस कठोर 'काट-प्रक्रिया' की स्मृति-मात्र से सिहर उठता है।

कोटों को इस बात से भी कम कष्ट नहीं हुआ कि कमीजों ने सदा अन्दर दबे रहने की आदत से ऊपर उठकर, बुशर्ट के नये नाम से उनके अधिकार को हड़प लिया और कोटों के कुल में चोर दरवाज़े से प्रवेश पा लिया। परन्तु यह प्रसन्नता है कि उनकी चाल को जल्दी ही पहचान लिया गया और प्रवेश का पासपोर्ट पकड़ लिया गया।

अवश्य ही कुशल कारीगरी से कटे-कंठों के कोटों ने डेढ़ सदी तक मान-प्रतिष्ठा पायी थी। आज उनका कष्ट अकथनीय बन गया है। लम्बे समय तक उन्होंने सामन्ती सुख का उपयोग किया है, जनता के वर्ग—विशेष को अपने सौन्दर्य से आवृत्त बनाये रखा है। जिनको प्रधानामात्य पंडित जी ने सहसा नाराज होकर तिरस्कृत कर दिया है, उन्होंने लम्बे समय तक उनके शरीर की भी यूरोप से लेकर यहाँ तक सतत रक्षा-सेवा की है, शोभा बढ़ायी है। खेद तो यही है कि पंडित जी ने इनकी पिछली सेवाओं को बिना सोचे, सख़्ती से ठुकरा दिया। इतना ही नहीं, उन्हें अन्तर्राष्ट्रीय कहकर अपमानित भी कर डाला, जबकि ये पंडित जी से किसी प्रकार कम अंतर्राष्ट्रीय प्रतिष्ठा नहीं रखते। जिन कोटों को कलेवर पर लगाकर, कंठ से चिपकाकर, पंडित जी ने अपनी शान-शोभा बढ़ाई थी और शर्म छुपाई थी, आज कैसा ज़माना पलट गया है कि उनको पहनने की बात तो दूर, देखने-मात्र से पंडित जी का सिर शर्म से झुक जाता है। इस पलटी हुई हवा से इंग्लिश-कट के कोट बहुत बुरी तरह परेशान हैं। अपने आश्रय की खोज में पुराने परिवारों की प्रार्थना कर रहे हैं। पंडितजी ने अपनी क्षण भर की सनक में कोट की कमनीयता को ही नहीं, उसके अन्तर्राष्ट्रीय महत्त्व को भी मसलकर रख दिया है। राष्ट्रीय पर्व-प्रसंगों पर उसकी पोजीशन को गिराकर, पंडितजी ने अपने पुराने साथी—सहयोगी को प्रतिक्रियावादी बना अपमानित कर डाला है। अवश्य ही वह साम्राज्यवाद की शोभा रहकर इस देश में आया, परन्तु उसकी प्रतिष्ठा प्रजातन्त्रों के प्रांगण में आज भी कम नहीं है। वह विश्व नागरिक और सभी तन्त्रों में समान विश्वास रखनेवाला, संवाद-तन्त्र का समर्थक है। जिस बन्द गले के कोट को पंडित जी ने अपने भारत में राष्ट्रीय महत्त्व प्रदान किया है, वह यहाँ पुराने जमाने से प्रतिक्रियावादियों का प्रतीक बनकर पोषित रहा है। प्रगतिशील राष्ट्र में ऐसे प्रतिक्रियापोषक

कोट को प्रतिष्ठित नहीं किया जाना चाहिए। काश, कल यदि विनोबा जैसे व्यक्ति, कोटों के कपड़ों की काट-कतर को 'हिंसा' घोषित कर दें और वस्त्र-दान का नया नारा बुलन्द कर दें, तो कोई आश्चर्य नहीं कि यह बन्द गले का कोट भी किसी दिन देश से विदाई ले जावे। आज इसी असमंजस और उलझन में सारे कोटों के कबीले में कुहराम मच गया है।

कार की करामात

यह युग ही एक प्रकार से 'कार' का है, जिसके पास 'कार' नहीं, उसे 'बे-कार' कहा जाए तो कुछ हर्ज नहीं। गुजरात में 'बे-कार' के मायने होते हैं—दो 'कार', परन्तु हिन्दी—उर्दू के इस समन्वय—साधक—समय में हम किसी प्रान्तीय भाषा के अर्थ से होने वाले 'अनर्थ' को मान्य नहीं कर सकते। सो 'बे-कार' की जो परिभाषा किसी 'मौलाना' को 'दर-कार' होगी, वही मानी जाएगी, क्योंकि वही 'कार-सर-कार' है, सरकारी—'कार' का सत्कार सभी जगह होता रहा है और होता रहेगा। फिर वह चाहे अँग्रेज़ी-सरकार हो या काँग्रेसी-सरकार। अन्तर दोनों सरकारों में केवल 'झंडे' का है, 'कार' तो 'एकाकार' ही है। आज अवश्य ही इस झंडे का झगड़ा चल पड़ा है, पर 'चक्र' और 'चर्खे' की चख-चख में, हमें नहीं पड़ना है। हमें केवल 'कार' से मतलब है। अँग्रेज़ों की जात बड़ी चुस्त-चालाक रही है, उन्होंने किसी को सम्मान भी दिया तो 'सर' का दिया, 'कार' उसमें से भी 'काट' ली है। 'कार' कम लोगों की ही रही है, जहाँ 'अधि-कार' रहा है। सरकार कोई भी पलटे, उसमें 'सर-कार' शब्द, समान ही रहेगा। इसलिए कोई भी उसका 'तिरस्-कार' कभी नहीं कर सकता। सरकार के बाद अगर किसी का सत्कार हुआ है तो वह 'साहू-कार' का है। भले ही सभी 'अधिकारी' 'सरकार' में समाविष्ट हो, पर 'कार' शब्द जिस नाम-छन्द के साथ जुड़ेगा, उसका स्वतन्त्र अस्तित्व ही होगा।

फिर 'साहू-कार' की 'हस्ती' तो स्वतन्त्र है। वह किसी भी 'कार' के कुटुम्ब में पहुँचकर सम्मान कार्य का अधिकारी हो सकता है। अवश्य ही आज अँग्रेज़ी शासन के ज़माने में जन्म लेने के कारण 'कारों' के नाम भी धर्मान्तरण कर लेने वाले 'राम' के 'रहमतुल्ला' की तरह हो गये हैं, उनमें सभी विदेशी 'कारों' ने अपनी पैठ जमा ली है, फिर इस तरह 'कार' का अन्तरराष्ट्रीयकरण भी हो गया है। फिर चाहे वह अमेरिकी कार हो, जर्मन कार हो या फ्रेंच, जापानी कार हो, परन्तु सभी के पीछे लगा हुआ 'कार' शब्द आर.एस.एस. की तरह भारतीय-संस्कृति का सूचक अवश्य बना हुआ है, क्योंकि जिस तरह हमारे पूर्वज पुष्पक विमान में बैठा करते थे, उसी तरह

आज के 'डकोटा' जहाज में भी बैठते आ रहे हैं। 'कार' की परम्परा भी परम पुरातन है। नाम से निरन्तर-अन्तर पड़ते जाने से रूप-स्वरूप का भले ही भेद दमित कर दें, किन्तु 'कार' की कथा कलिकाल से अवश्य पहले की ही है। आज की 'कार' चाहे लेंडो, चांसलर, मास्तर मनोहर-माडल-मंडित हो और उसके लघु-बृहत् रूप में, रंग में भेदभाव भी हो, किन्तु भारतीय 'कार' का काल पुरातन सिद्ध किया जा सकता है। हम किसी आर्यसमाजी की तरह वेद में से दियासलाई नहीं निकालना चाहते और न रघुवीर की तरह नवीन शब्दों का 'संविधान या प्रारूप' का निर्माण ही। हम केवल 'कार' शब्द की परम्परा से ही यह साबित करने के लिए सन्नद्ध हैं कि इस शब्द का अस्तित्व कितना पुराना है और भारतीय संस्कृति से सीधा सम्बन्ध रखता है। जैसा कि हम ऊपर बतला चुके हैं कि आज की 'कारों' के नामों में केवल 'संस्कार' के विदेशी होने से ही 'हड्सन् हिमलर, रोल्स, स्टैंडर्ड, आस्टीन, शेवले, केडलर, क्रेसलर डिम्लर, डिसोटा, मिजो, एडलर, जापान, पेकार्ड आदि हुए हैं, परन्तु इन नामों के साथ सर्वत्र जो 'कार' शब्द जुड़ा हुआ है, वह सूचित करता है कि यही मूल है और ऊपर के नाम (आरम्भिक नाम) व्यक्ति देश या संस्था से सम्बन्धित हैं। 'अँग्रेज़ी' 'सर-कार' के कारण ही इन उपनामों का 'कार' के साथ प्रयोग हुआ है। ऊपर की नामावली में दिये हुए अनेक नाम विलायत में हज़ारों आदमियों के रहते हैं, इसी कारण यह नामान्तर उनके सहयोग से हुआ ही, पर भारत-हमारा देश जगत में सबसे पुरानी संस्कृति रखता है। जब दुनिया के दूसरे देशवासी जंगल में नंगे घूमते थे तब हमारे देश में सभी तरह के साधन विद्यमान थे। यह तो नहीं हो सकता कि और देश 'कार' में सवार होकर सफ़र करते हों और हमारा उन्नति के शिखर पर पहुँचा हुआ यह पुराना देश कहीं जूतियाँ चटकाता फिरता होगा। यहाँ भी वायु-वेग वाले रथ रहे हैं, वायुयान रहे हैं। जो देश वायुयानों का वाहन रखता है, वह 'कार' की करामात न जानता हो, यह कभी नहीं माना जा सकता! स्पष्ट है कि पुराने ज़माने के जंगल में बसने वाले मुनि-महर्षिजन भी इसीलिए सदा 'ओं-कार' की निरन्तर साधना (सुविधा) रखा करते थे। इस 'कार' के द्वारा बात-ही-बात में चाहे जहाँ की मनचाही सैर करते और करा सकते थे कि 'ओं-कार' परमानन्द यह उस समय की राष्ट्रीय 'कार' थी, और सर्वसुलभ थी। हर कोई 'ओं-कार' का आनन्द ले सकता था। मालूम होता है कि इस उद्योग का उस समय राष्ट्रीयकरण ही हो गया था। पहले 'कार' हमारी समझ में 'ओं-कार' ही थी। फिर तो इस 'कार' के कार्य में आज के सुधार की तरह बड़े-बड़े ग़जब के सुधार हो गये थे, उनमें 'निरा-कार' निराली ही होनी चाहिए, इसका कोई आकार नहीं होगा और गुप्त रूप से इसमें अदृश्य होकर सफ़र किया जाता होगा, सुधार के इस युग में भी बिना आकार-प्रकार की कोई भी 'कार' अब तक नहीं बंनी है। यह श्रेय पुराने ऋषि-मुनियों के लिए आज भी 'रिसर्च' का है, 'निरा-कार' की तरह

'साकार' तो थी ही, पर बड़ी-बड़ी बसों की तरह उस समय अवश्य ही विशाल 'कार' होगी, जिसे 'साक्षात्कार' कहा जाता होगा, आगे तो जब यह 'कार' चल पड़ी होगी तो अनेक सुधार-विकास हुए ही होंगे। सो इतने अधिक 'कारों' के नाम मिलते हैं जैसे कि आज भी हैं—लेकिन पुराने नाम तो अपने देश की आध्यात्मिक या सांस्कृतिक परम्परा के अनुरूप ही होने थे, इसीलिए पहली कार को भी 'ओंकार' ही नाम दिया गया था। और नाम, जैसे कि चमत्कार, आकार, प्रकार, विकार, एकाकार, सत्कार, अधिकार, फूत्कार (ज़्यादा आवाज़ वाली-कार) पुकार, निर्वि—कार (यह प्रथम श्रेणी की कार थी, जो जीवन—भर बिना बिगड़े चल सकती थी), संस्कार, नमस्-कार, (नाम पायी हुई), चर्म-कार (यह चमड़े की बाडी की थी), सा-कार, हुंकार, (आवाज़ वाली), कुंभ-कार, (यह मिट्टी के खिलौने वाली), सहकार। इन कारों के ऐसे हज़ारों प्रकार हो गये थे, पर पीछे-पीछे जब 'तिरस्-कार' बनी होगी तो मालूम होता है—पुराने लोगों को 'कारों' से नफ़रत आ गयी होगी। और 'जीप' की तरह इसका थर्डक्लास स्वरूप देखकर कार-खाना बन्द कर दिया होगा। यों एक्का-दुक्का कारें बनती रही होंगी। पर फिर उन्हें उतना महत्त्व नहीं दिया होगा, हाँ मुग़ल-युग में 'धिक्कार' और 'मक्कार' भी बनी, और ख़ूब प्रचलित भी हुई पर जो मान ओंकार, निराकार, निर्विकार, साकार आदि को आध्यात्मिक-युग में मिला, वह बाद में किसी को न मिला। जिस तरह पुराने शास्त्र-ग्रन्थों, कला-कौशलों का धीरे-धीरे नाश हुआ, इन कारों का भी वही हाल हुआ। अवश्य ही अँग्रेज़ी युग में देश के सु-संस्कृत समाज में—ग्रन्थ-कार, काव्य-कार, साहित्य-कार, पत्र-कार, फट-कार, एका-कार आदि का प्रसार हुआ, पर परायी सर-कार ने इन्हें कोई प्र-कार का सह-कार नहीं दिया, बल्कि धिक्कार और तिरस्कार से सत्कार किया! और मौका पाया तो (कारागृह-गेरेज) में पटककर बे-कार ही कर दिया! किन्तु यह मान लेना होगा कि 'कार' के हमारे संस्कार पुराने चले आ रहे हैं, जिन्हें यह नसीब नहीं होती, उन्हें हम-आप सभी सहज धिक्कार करते हैं।

कहिए, क्या समझे !

आप भला आप किस बात के
अगर अपना लिखा आप खुद पढ़ लें
या अपना कहा आप खुद सुन लें

यह कहावत मशहूर है कि 'आप लिखें और खुदा बाँचे।' यह कहावत सर्वकालीन सिद्धान्त है।

जिस समय लोग बहुत कम लिखे-पढ़े होते थे, तब जो थोड़े पढ़े-लिखे रहते थे, वे अपने को 'आलिम-फ़ाजिल' समझते थे, और उनके वक़्त में जो शिला-लेख या ताम्रपत्र खुदाये जाते थे, उन्हें पढ़ना हर एक की हिम्मत का काम नहीं होता था। पर आज तो ज़माना बहुत आगे बढ़ चुका है। बे-पढ़े लिखों का ज़माना गुज़र चुका है। आज इस मुक़ाबले में बहुत ज़्यादा लोग और लुगाइयाँ पढ़ी-लिखी हैं। पर आज भी उस गुज़रे ज़माने के लिखे शिलालेख पढ़ना पढ़े-लिखे औसत आदमी के बूते का काम नहीं है। महज कुछ गड़े मुर्दे खोदने वाले ही शायद उन लेखों को पढ़ पाते हैं। पढ़े-लिखों के ही कितने हस्ताक्षर सुन्दर-सुघड़ होते हैं कि हर पढ़ा-लिखा पढ़ ले? तभी तो कई पत्र-सम्पादकों ने नीति निर्धारित कर ली है कि वही लेख उनके पत्रों में प्रकाशित हो सकेंगे, जो लिखने के बाद जर-खर्चकर टाइप करवाये गये हों, इस तरह लेखकों पर भी अनायास इनकम टैक्स कायम हो गया है, टाइप करवाने का और फिर मिलनेवाली रकम में से मनीऑर्डर ख़र्च की रकम कट जाने का और कहीं वापिस 'सधन्यवाद' आ जाए तो मूलधन ही बट्टेखाते में तथा टाइप का ख़र्च 'सूद' में अलग। हमारे कई मित्र ऐसे हैं, जिनके पत्रों को पढ़ने के लिए पर्याप्त समय और संयम भी लगता है और फिर कुछ बातें समझ में नहीं आती हैं। कुछ को संदर्भ में जूझना पड़ता है और फिर भी कुछ बातें समझ में नहीं आती हैं। हमारे एक स्नेही बड़े विद्वान हैं। उन्हें कई डिग्रियाँ मिली हुई हैं। उन पर ज्ञान का बोझ इतना बढ़ा हुआ है कि उनका हाथ हल्का नहीं पड़ता, छोटे शब्द ठीक जम नहीं पाते। फिर छोटी बातों की क्या

हिम्मत कि उनके सामने जमने का साहस कर सकें? जब वे कुछ लिखने की कृपा करते हैं तो उनके उखड़ते अक्षर भागते-से लगते हैं। हमें उन्हें पहचानना मुश्किल होता है। जब हम उनका पत्र वापिस उन्हीं के पास पहुँचाकर पूछते हैं कि जनाब, आपने क्या लिखा है, ज़रा स्पष्ट कर दीजिए, तब वे शर्मिंदगी के साथ बतलाते हैं कि भई, उस वक़्त पता नहीं कौन से विचार आ रहे थे? आज तो मैं स्वयं नहीं समझ पा रहा हूँ कि मैंने क्या लिखा था? अब आप ही कहिए कि जब वे विद्वान ही अपने व्यक्त विचारों को दूसरी बार पकड़ नहीं पाए तो हम उन्हें कैसे पहचान सकते हैं? ख़ैर, पुराने ज़मानों में अलग टाइप पर लिखने की पद्धति अलग-अलग रही, पलटती रही, इसलिए आज के ज़माने में उनकी जानकारी खोजना जानमारी करना है। पर आज के ज़माने में चाहे 14 भाषाएँ संविधान में स्वीकृत हों, उन्हें देवनागरी या रोमन में लिखा जाए तो न वे ब्राह्मी बन सकती हैं, न लेटिन-ग्रीक ही, पर उनके लिखने वाले आज के सुधरे हुए प्रगतिशील युग के व्यक्ति भी जब लिखने बैठते हैं तो लगता है कि कहीं ब्राह्मी या खरोष्ठी के खानदान से तो ये सीधे उतरकर नहीं आ रहे हैं। उनके पत्रों के पढ़ने के लिए, पुराने शिलालेखों को पढ़ने का अभ्यास ज़रूरी होता है। फिर भी यह समस्या बनी रही रहती है कि किस काल की लिपि का कितना अंश इनकी लिखावट में है। पढ़नेवाले की मुसीबत तो समझी जा सकती है, किन्तु जिन्होंने इस मुसीबत को ईजाद किया है, वे ही जब दूसरों के लिए पैदा की हुई मुसीबत को अपनी ही मुसीबत मान लें तो बड़ी हैरानी होने लगती है।

खैर छोड़िए भी, 'आप लिखें और खुदा बाँचे' वाली कहावत आज सच होते हुए भी इतनी पुरानी पड़ गयी है कि उसका महत्त्व नहीं रह गया है। अब नयी कहावत तैयार हो गयी है—"आपकी आवाज़ आप ही को सुनाई पड़े।" आप कह सकते हैं कि इसमें क्या नयापन है? क्योंकि जो बहरा होगा, वह दूसरों की ही नहीं, अपनी कही हुई बात खुद नहीं सुन पाएगा। जी हाँ, बात ठीक है, पर विज्ञान ने इसमें थोड़ा सुधार कर दिया है। कान में एक मशीन लगा लेने से बहरा भी दूसरों की और अपनी बात सुन लेता है। लेकिन बहरे न होते हुए भी आपकी कही आप न सुन पाएँ, यह बात नयी ही है। आप 'रेडियो' स्टूडियो में जाइए, आपकी कोई टॉक ब्रॉडकास्ट होने वाली हो, आप मशीन के समक्ष बोल रहे हैं, पर अपनी आवाज़ नहीं सुन पा रहे हैं। जबकि आपकी आवाज़ दूर तक फैलती जा रही है। आपने काग़ज़ उठा लिया तो उसकी हल्की-सी आवाज़ भी न देखने वाले सुन-समझ रहे हैं। आपने खाँस दिया, हज़ारों लोग खाँसी को सुन लेते हैं और बाहर की बात का आपको कोई पता ही नहीं लगता, लोगों पर आपकी बातों की क्या प्रतिक्रिया हो रही है, यह भी मालूम नहीं हो पाता। जब हम रेडियो पर कुछ बोलते हैं, तब हमारा ध्यान काग़ज़ पर केन्द्रित होता है, बोलने की ओर सीमित रहता है, इसलिए बोलने के समय हम अपनी आवाज़ सुन

नहीं पाते। काश, हमने रिकार्ड करवा दिया हो तो जब वह चलाया जाए, अपनी आवाज़ हम सुन सकते हैं। यदि हमें सुनने का मौक़ा नहीं मिला तो लोगों ने जो हमारी बात सुनी, उन्हीं से अपनी बात भले ही सुन सकते हैं। पर अपनी आवाज़ नहीं। तो यह नयी कहावत सही हो गयी न कि 'हम अपनी ही आवाज़ नहीं सुन पाते', जिस तरह हम अपनी लिखावट खुद नहीं पढ़ पाते।' मतलब यह कि अपना लिखा दूसरों को पढ़ाना पड़ता है, वह दूसरों की मुसीबत बन जाता है। इसी तरह अपना कहा दूसरों को सुनाना पड़ता है। चाहे वह मुसीबत बने या मनोरंजन। हम अपने आप उससे मुक्त रहते हैं। संस्कृत साहित्य के नाटकों में एक 'स्वगत' होता है, वह पात्र जो अपने लिए ही बोलता है, परन्तु वह स्टेज पर बोलता है, इसलिए वह 'स्वगत' भी सर्वगत (सभी के लिए) हो जाता है। ठीक उसी तरह ब्रॉडकास्टिंग के कमरे में कहा हुआ 'स्वगत' भी बाहरी दुनिया में व्यापक हो जाता है, अवश्य ही 'स्वगत' सुनाने के लिए नहीं होता, फिर भी दर्शक सुनते हैं और ब्रॉडकास्टिंग का एकान्त कथन तो अपने लिए उतना नहीं, जितना दूसरों के लिए ही होता है। यह स्वगत स्व-गत न होकर पर—गत (या सर्व-गत) होता है।

अँधेरा चेहरा–उजाला चेहरा

रहिमन दाढ़ी राखिए, बिन दाढ़ी सब सून।
दाढ़ी गये न ऊबरे, पगड़ी या पतलून॥

हमारे ऋषि-मुनि दाढ़ी और जटाजूट रखते थे या नहीं, यह ठीक पता लगाना कठिन है। हज़ारों साल की बात हो गयी, पर तीन सौ साल पहले बाबा तुलसीदास भी दाढ़ी-मूँछवाले थे, यह हम उनके बने हुए चित्रों में देखते हैं। मुग़ल बादशाहों के मुँह पर भी दाढ़ियाँ रही हैं। वे शासक भी थे। अकबर, जहाँगीर, शाहजहाँ के चेहरों पर तरतीब से कटी-छँटी दाढ़ियाँ लगी रहती थीं और वह शानदार शासक थे। पुस्तकें पढ़कर हम पर भी यही असर होता है। राजपूत राजा, महाराजा भी चेहरे पर भव्य दाढ़ी रखते थे, वे शूरवीर, योद्धा थे। कुशल एवं लोकप्रिय शासक भी थे। इसलिए यह स्वीकार करना पड़ता है कि दाढ़ी में कोई ऐसे दुर्गण नहीं कि शंका की गुंजाइश हो। स्वतन्त्रता के बाद अवश्य ही कई बातों का अवमूल्यन हुआ है। विचार-व्यवहार-स्वभाव में भी परिवर्तन हुआ है। किन्तु हम समझते हैं दाढ़ी इन परिवर्तनों से दूर रही है। शायद आशंका इसलिए हुई हो कि दाढ़ीदार प्रतापसिंह 'कैरों' जैसे देशभक्त और प्रशासक को महज दाढ़ी होने के कारण ही पदभ्रष्ट होना पड़ा या मास्टर तारासिंह की दाढ़ी ने ही उनकी मति में मलीनता ला दी हो अथवा सरदार स्वर्णसिंह की दाढ़ी ने हमारी विदेशनीति में उलझनें उत्पन्न की हों। समाजवादी नेता अशोक मेहता भी दाढ़ीवाले हैं। क्या महज दाढ़ी होने से ही योजनाओं में उलझनें सामने बढ़ने लगी हैं या कालाबाज़ारी होने लगी है?

हम तो ऐसा नहीं समझते। जहाँ तक प्रतापसिंह और मा. तारासिंह का मुक़ाबला था, वह दोनों दाढ़ियों का ही मुक़ाबला था। पर सन्त फतेहसिंह की फतेह में तो सीधी दाढ़ी की करामात मालूम होती है। वे सूबा ले ही बैठे, चाहें तो वे क्यूबा भी ले सकते हैं। परन्तु फिडेल कास्ट्रो वहाँ पहले ही दाढ़ी लगाये हुए जमे बैठे हैं। यदि सरदार स्वर्णसिंह और अशोक मेहता को उलझनों का शिकार बनना पड़ता है तो इसका कारण

दाढ़ी नहीं, महज सरकार है, किन्तु कुछ दिनों पूर्व ही एक पुलिस अधिकारी ने दो दढ़ियल पुलिस को महज इसलिए अयोग्य समझा और अक्षम बतलाया कि उनके चेहरे पर दाढ़ी है। सम्भव है कि वे अपने मिनिस्टर स्वर्णसिंह की दुहाई देते तो शायद यह नौबत नहीं आती। पर अब यह सवाल पेश है कि जैसे कुछ शब्द पार्लियामेंटेरियन परिभाषा में नहीं आते, क्या दाढ़ी के लिए भी ऐसा कोई फतवा दिया जा सकता है? हमारी पार्लियामेंट से तो यह इसलिए उम्मीद नहीं कि जहाँ दाढ़ीवाले स्पीकर सरकार हुकुमसिंह जैसे शानदार व्यक्ति हुकूमत करते हैं, वहाँ बिना दाढ़ीवालों की दाल गलने की उम्मीद नहीं है। हाँ, हाल ही में विदेश में एक दढ़ियल अमेरिकन मेडिसोन रेस्टराँ में ठहरने गया था। उसे महज दाढ़ी होने के कारण वहाँ ठहरने नहीं दिया गया, उसने मानवाधिकार समिति के समक्ष शिकायत की, तब इस समिति ने सभी क़ानूनी किताबें पलट डालीं तब भी उसे रक्षण देने वाली कोई धारा उसे नहीं मिली, तब उसने यह घोषणा की कि 'कानून यही कहता है कि किसी व्यक्ति को उसकी जाति-रंग या धार्मिक विश्वास के आधार पर रेस्टराँ में ठहरने से इंकार नहीं किया जा सकता है, लेकिन किसी दढ़ियल को ठहराने से इंकार करना ग़ैरकानूनी है, ऐसा कहीं उल्लेख नहीं है।' इस फ़तवे के बाद स्पष्ट हो जाता है कि दाढ़ी को कोई क़ानूनी संरक्षण मिलना कठिन है। ऐसी हालत में विदेशी सहायता पर निर्भर रहनेवाले योजनामन्त्री अशोक मेहता को सावधान हो जाना चाहिए कि वे यदि उस देश में जाएँ, दाढ़ी मुँडाकर ही जाएँ। विदेशमन्त्री स्वर्णसिंह तो दाढ़ी-धर्म को मानने वाले हैं। उनके लिए वहाँ कोई जगह नहीं होगी। हमें अब यह आशंका होने लगी है कि अवमूल्यन के कारण अकस्मात मँहगाई का ज्वर आया है वह यदि किसी तट पर जाकर न टकराए तो हमारा सारा देश ही पुनः ऋषि-मुनियों का भारत बन जाएगा। नाइयों ने हजामत की कीमत बढ़ा दी है। उनकी मान्यता हो गयी है कि हमारा शरीर भले ही भारत में ढला हो, पर सिर हर हालत में विदेश से आया हुआ है, इसलिए बाल बनवाई बढ़ जाना चाहिए। फलतः भारतीय लोग भी सोचने को बाध्य बन रहे हैं कि 'हिन्दू-सिख भाई-भाई' को सार्थक बनाने के लिए दाढ़ी और जटा को स्थायी स्वरूप देना होगा।

मैं हूँ आपकी टोपी

जी हाँ, आपका—मेरा परिचय अवश्य ही बहुत समय से है। निकटता भी आ गयी है। परन्तु आमतौर से जैसा कि होता है आप मेरे उजले रूप से ही विशेष आकर्षित हुए हैं। बहुत ही कम लोग, जिन्होंने मेरी उजली आत्मा को पहचाना होगा। जिन्होंने मेरी अन्तरात्मा से परिचय प्राप्त किया, उन्होंने मुझसे प्रभावित-प्रेरित होकर, हर तरह का त्याग किया और समय आने पर मुस्कराते हुए बलिदान देने में भी संकोच नहीं किया और मैंने मुँहमाँगी मुरादें पूरी की हैं। मेरा मान भी बढ़ा, मन भी उजला बना रहा। परन्तु समय पलटा, हवा पलटी, मुँहमाँगी मुरादें पूरी होते देख, कुछ काले दिल के लोग भी मेरे उजले रूप पर मोहित होकर मेरा आश्रय पाने के लिए बढ़ने लगे और उनके काले दिलों ने मेरे उजले दामन पर दाग़ लगाने शुरू किये। सतत् साथी बन जाने के कारण यह स्वाभाविक ही था। लाख मैं अपना दामन बचाती रही, पर काजल की कोठरी में रहकर कैसे कालिमा से बचा जा सकता है? फलतः मेरा उजला रूप आन्तरिक कालिमा से कलंकित बन गया है और आज जनता इसी कलंकित रूप से मुझे पहचानने लगी है। उजली आत्मा को लगभग भुला गयी है। ऊपर की सफ़ेदी समेटे रहने पर भी आज लोगों की उँगलियाँ उठती हैं, आवाज़ें कसी जाती हैं, आलोचनाएँ होने लगती हैं, भले ही लोग घृणा से मुँह बिचकाने लगते हैं, चाहे पुराने त्याग, इतिहास, उज्ज्वलता के कारण मैं सत्ता के सर्वोच्च सिंहासन पर भले ही आसीन हो गयी हूँ। हाथों में व्यापक हुकूमत आ गयी है, परन्तु पहली पायी प्रतिष्ठा पर पूरी तरह पानी फिर गया है। काया की उज्ज्वलता रखते हुए भी मेरे मित्रों की मानसिक मलीनता को पूरी तरह पहचान चुके हैं। सफ़ेद शरीर को भी ब्लैक बनाकर पुकारने लगे हैं।

जब मुझे पिछले रूप का स्मरण आता है, सोचती हूँ, मेरी सफेदी को देखकर सत्ताधारी सफेद (अँग्रेज) लोग भी सहम जाते थे। यद्यपि मेरे हाथों में कोई हथियार नहीं रहा है, पर हथियारों वाली हुकूमत भी मेरे से भय खाती थी, आतंक अनुभव करने लगी थी। एक दिन वह आया कि हुकूमत और हथियार छोड़कर अँग्रेज लोग डर के मारे भाग खड़े हुए, इसलिए मेरी इज्जत बहुत बढ़ गयी। जनता का आदर और अनुराग

भी बढ़ गया। जनता के प्यार-दुलार के कारण सरकार की बागडोर भी मेरे उजले हाथों में आ गयी। और यहीं से पतन का प्रारंभ हुआ। आरम्भ में पर्दे की ओट में आलोचना हुई और आगे चलकर लिहाज भी हट गया और आज मुँह-दर-मुँह मजाक ही नहीं, नफ़रत नज़र आने लगी।

उन दिनों को याद करती हूँ, जब रियासती जनता मुझसे प्यार कर परेशान बन जाती थी। राजा लोग मुझे अपने कफ़न की कील समझते थे। किसी सिरफिरे ने मेरा साथ दिया तो मानो मुसीबत मोल ले ली। कल तक मेरी हैसियत हंस की थी, वक़्त पलटा औ' हंस से बगुला बन गयी हूँ। जो दशा देश के दूसरे भागों में थी, वही बदली हुई रियासतों में बन गयी है।

जो मुकुट राम और कृष्ण के सिर पर रहकर सम्मान पाता था, वह रावण या कंस के सिर पर चढ़ गया तो ठोकरों से ठुकरा दिया गया। व्यक्ति-व्यक्ति में अन्तर नहीं होता, पर उनकी अन्तरात्मा की ऊँचाई-निचाई का बड़ा अन्तर हो जाता है। गाँधी और जवाहर का जो आदर है, वह किसी सड़क के साथ उनका नाम जोड़ देने से सड़क को थोड़े ही मिल जाता है या अपने नाम के साथ जवाहर के नाम का बोर्ड लगा देने और ब्लैक़-बाजार करने वालों को कैसे मिल सकता है? चाहे उनका-सा कोई वेष ही क्यों न बदल ले! क्या 'जवाहर छाप बीड़ी' पीने से उसके धुएँ से नेहरू की आवाज़ का असर आ सकता है?

आज यही हो रहा है। मेरा उपयोग ब्लैक—बाजारी-लाइसेंस-परमिट-भ्रष्टाचार, रिश्वतख़ोरी, भाई-भतीजावाद और गुटबन्दी के साथ हो गया है और अपवित्र, बदनाम तथा घृणित हो गया है।

मुझे सिर पर रखकर सम्मान दिया गया था, आज कलंकित सिरों पर रहकर लज्जित होना पड़ता है। मेरी छत्रछाया में आज पाप पनपते हैं। मेरा स्वाभिमान से उन्नत बना रहने वाला सिर शर्म से नीचे झुक गया है। सबसे ज़्यादा शर्म तो मुझे इसलिए होती है कि मेरे नाम के साथ देश की पवित्र विभूतियों का नाम जुड़ा हुआ है।

'सहस्र रजनी चरित्र' के चालीस चोरों के साथ जिस प्रकार उनके नेता (अलीबाबा) का नाम जुड़ा हुआ है, मेरी छत्रछाया में भी ऐसे ही 40 चोर पोषित हो रहे हैं और देश की प्रतिष्ठा का मुकुट मुझे माध्यम बनाकर नीचे उतार रहे हैं। मुझे जुड़ाकर ये बगुला भगत देश का मान मिटा रहे हैं, मैं उजली होकर भी इस पाप-पंक के काले कीचड़ में फँस गयी हूँ। अनैतिकता और दुराचरण से उबरने की आशा खो बैठी हूँ। वास्तव में मुझ राजहंसी को बगुले में बदलकर जीवित हत्या कर दी है। भारत माँ का शुभ्र आँचल मलिन कर दिया है। यह मेरा स्वभाव या गुण-धर्म नहीं था। अनजाने ही जिन काले—कालिमामय सिरों पर मैंने सवारी की, उन्होंने मुझे कालिमामय

कर दिया है। मुझे रह-रहकर उस ज़माने की याद हो आती है, जिसके साथ मैं हो जाती थी, लोग श्रद्धापूर्वक फूल बरसाते थे। और आज वही लोग मुझे नफ़रत से देखते हैं। हैरानी तो मुझे यह देखकर होती है कि जिन लोगों के कारण मेरी यह दुर्दशा हो रही है, उन्हें इस बात का मान-गुमान तक नहीं है। मुझे विश्वास नहीं हो रहा है कि कभी मेरी गयी हुई इज़्ज़त लौट सकेगी? मैं ग़लत नहीं कह रही हूँ। सभी जानते हैं कि मेरे माध्यम से सत्ता और सिंहासन मिला है। क्या यह अब सुरक्षित रह सकेगा?

मुझे कभी गाँधीवाद का पवित्र प्रतीक माना जाता था। परन्तु गाँधीवाद के दुकानदारों ने ही इस प्रतीक की प्रतिष्ठा को पामाल कर दिया। जिस प्रकार टिड्डी-दल के आ जाने से संकट छा जाता है, उसी तरह मेरी सफ़ेदी, देश पर 'सफ़ेद संकट' समझी जा रही है। पता नहीं इससे कब कैसे मुक्ति हो सकेगी। डाकू उत्पन्न नहीं होते, बनाये जाते हैं। इसी तरह मेरी स्थिति सफ़ेद संकट में बदल गयी है।

क्या कहा? आप मेरा नाम मुझसे कहलाना चाहते हैं? अब तक आपने मुझे नहीं पहचाना?

मैं हूँ आपके सिर पर सदैव रहने वाली सफ़ेद (गाँधी) टोपी!

क्यों झुक गया न, शर्म से आपका सिर!!

ढाई अक्षर 'प्रेम' का पढ़े सौ पंडित होय

पंडित किसे कहा जाए? यह प्रश्न बहुत टेढ़ा है, पढ़ने-लिखने से ही पंडित नहीं होता, अनेक अनपढ़ भी पंडित होते देखे गये हैं और उनका सद्-असद्-विवेक जाग्रत समझ में आता है तथा पढ़े-लिखे भी प्राय: मूर्ख होते हैं, उन्हें कोई पंडित नहीं समझना चाहिए, वैसे मारवाड़ी और गुजरात सम्पन्न समाज में कई पांती-पांडे, खाना बनानेवाले भी पंडित या महाराज के नाम से सम्बोधित होते हैं और आज की जनतन्त्री सरकार भी 'कृषि-पंडित' बनाकर किसानों को यह अधिकार प्रदान करती है, पढ़े-लिखे को वह भी पंडित नहीं कहना चाहती। स्वयं जवाहरलाल नेहरू अपने नाम में पंडित लगाना पसन्द नहीं करते। पंडित की परिभाषा समय-समय पर पलटती भी रहती है। जिस समय प्रौढ़-शिक्षा का आन्दोलन नहीं होता था, तब पता नहीं कितने जवान-बूढ़े-अनपढ़ जीवन बिता देते होंगे और अनिवार्य अध्ययन की सरकारी दुकानें खुलने से पहले छोटी उम्र में भी लाखों लड़के बे-पढ़े भटकते रहे होंगे। भगवान का नाम भजकर चाहे पुराने लोग मोक्ष का मार्ग पा गये हों, पर वे ज़िन्दगी-भर पंडित पद पाने का गौरव नहीं ले सके। आज के ज़माने में विश्वविद्यालयों की ऊँची डिग्री लेकर ही कोई पंडित कहला सकता है, जबकि महात्मा कबीर का फार्मूला बड़ा ही सरल था। स्वयं कबीर का काग़ज-क़लम से कभी वास्ता नहीं पड़ा था, जुलाहे को क़लम से क्या पड़ी थी! पर उसकी कथनी और करनी को आज का पंडित भी पढ़कर पंडित समझने लगा है। और उपदेश की बातें, धर्म-नीति एवं व्यवहार भले ही उस समय सिखलाने-समझाने की सुविधा न रही हो, पर यह स्पष्ट है कि उस समय समाज में रोमांस का ज्ञान अनन्त था, न तो कामशास्त्र का काम था, न मेरी स्टोप्स ही पैदा हुई थी, फिर ऐसे सरस मासिक कहाँ निकल सकते थे, जो जनतन्त्र में सुलभ सरल हैं। उस समय कामविज्ञान की चर्चा भी चुपके से कान में भले ही भूलकर समवयस्कों में कर ली जाती हों, कोई पंडित तो यह प्रकट कर ही नहीं सकता था, शिक्षा और मर्यादा की दीवार चीन की दीवार की तरह प्रेम-प्रासाद की राह में रोड़ा बनकर खड़ी होती थी, पर यह सत्य है कि आज आदमी बहुत समझ-सीखकर भी अज्ञान रहता है, जबकि उस समय संकेत से सहज

सब सीख समझ लेता था। स्वयं कबीर ने पंडित की परिभाषा में कितनी सरल-सीधी बात कही थी कि— *'ढाई अक्षर प्रेम का पढ़े सो पंडित होय।'*

महज प्रेम के ढाई अक्षरों में पूरी पंडिताई पा जाना सहज था, जबकि आज 'काम-विज्ञान' के बड़े-बड़े पोथे पढ़कर भी पंडित की पदवी पाना सम्भव नहीं होता। कॉलेज विश्वविद्यालयों में प्रत्यक्ष रोमांस का ज्ञान प्राप्त करने की सुविधा होने पर भी लोग ढाई अक्षर पढ़ लेने पर ही पिछले सहज ज़माने में, जबकि सहज प्रेम पंडित बन जाते थे, अवश्य ही अज्ञान के भीषण अन्धकारवाले ज़माने में ढाई अक्षर रट लेना भी कोई छोटी बात नहीं समझी जा सकती थी और आज के ज्ञान के परम प्रकाश में डॉक्टरेट पा लेने पर भी पंडिताई पल्ले नहीं पड़ती है। आज किसी मिस से कोर्टशिप की कला सीखकर कॉलेजों में उसके कोर्स चलाने के लिए मजबूर हुए हैं, ये मन्थली और डेली कोर्स भी कामयाबी के क़रीब ले जाने में सहज सहायक नहीं बन पाते। हालाँकि यह तरीक़ा पश्चिम का ही नहीं, पूर्व का भी पुराना है, पर उसके लिए कॉलेज नहीं खुल पाये थे। हाँ, जंगल के आश्रमों में यह स्वाभाविक सम्पर्क सम्भव हो जाता था, मर्यादा पुरुषोत्तम मुनिजन भी इसमें सहमत हो जाते थे। दुष्यन्त-शकुन्तला का उदाहरण कण्व के पवित्र आश्रम ने ही पेश किया है। वहाँ शादी-ब्याह को उतना महत्त्व नहीं था, जितना प्रणय-प्रसंग को। राम का सीता-स्वयंवर तो एक प्रदर्शन था, इसके पूर्व ही सीताजी ने फूलबाग में राम को निरखकर अपना हृदय उन पर न्यौछावर कर ही दिया था। इसी कारण स्वयं महात्मा तुलसीदास जैसे सन्त को भी यह स्वीकार करना ही पड़ा था। उन्होंने 'सबसे ऊँची' कहकर इसे प्रतिष्ठा प्रदान की है। चाहे मर्यादा के उस पिछले और पिछड़े ज़माने में कामविज्ञान का आज की तरह भले ही विकास नहीं हुआ हो, पर प्रेम के ढाई अक्षर 'प्रेमसगाई' जैसे गहराई की बात को पकड़ लाये थे। वात्स्यायन से भले ही उनका वास्ता न आया हो, 'मेरी स्टोप्स' का विज्ञान भी उनके हाथ न लगा हो, अवश्य वे अढ़ाई अक्षरी प्रेम के प्रैक्टिकल पंडित थे ही, ज़िन्दगी-भर हजारों पुस्तकें पढ़कर भी नवयुग के नौजवान प्रेम-पंडित नहीं बन पाते और निराश होकर कवि या कहानीकार बन मलिन मन के उद्‌गार निकालते फिरते हैं, पर कैसा आदर्श और सत्ययुग रहा होगा, जहाँ सिर्फ़ ढाई अक्षरों में पंडिताई प्राप्त हो जाती थी और जीवन भी सार्थक। इन ढाई अक्षरी ज्ञान के बाद ही अवश्य ऊँची प्रेम-सगाई सम्भव हो जाती होगी!

उलझनवाद : एक झलक

('उलझन-वाद' आधुनिक साहित्य की भाषा-शैली की उलझन का उदाहरण मात्र है, जिसके किसी वाक्य का दूसरे वाक्य से कोई सम्बन्ध-सन्दर्भ नहीं। यह अपने आप में निरर्थक शब्दों वाला लेख है। यह केवल 'उपहास' ही है।—लेखक)

वैचारिक-विधा के वैविध्य का विश्लेषण मनस्तत्त्व की संवेदनशील-प्रवृत्तियों पर समाश्रित है, भावात्मक-संस्पर्श से घनीभूत जड़ता की ऊर्जा को जब आलोक के उत्स के विजडित एवं उन्मुख-मेधा में मृदुल-मृसृण-मूर्च्छना के साथ माँसल-रूप में परिवर्तित किया जाए तब उसमें प्रांजलता का अभिनिवेश हो सकता है। पारम्परिकता से मुक्त बिम्बों को भावों का संस्पर्श अभिनवता नहीं प्रदान कर सकता, अभिव्यक्ति की सार्थकता साधनाभिमुखी होकर ही सत्य-सापेक्ष्य के तथ्यों के प्रस्तुतीकरण में उन्मुख होती है, भावोद्रेक का समीकरण करना सोद्देश्य-वस्तुनिष्ठ-व्यापार में समीचीन नहीं समझा जाता। प्रमाता की चेतनता की परिष्कृति-शून्य अवस्था में सौमनस्य का सन्धान करना प्रसाद का प्रकारान्तरेण परिष्कृत रूप में प्रस्तुत करना ही है।

परम्परा-मुक्त विम्बों में पौराणिकी-आस्था की प्रतिष्ठा करना भी अभिनवता के अभिनिवेश में मानसोल्लास का पार्थक्य करना होगा।

शिल्प-चेतना को अनुभूति की आधार-भित्ति पर अधिष्ठित किये बिना काव्य-बिम्बों को सही स्वरूप में समझने का साहस करना उपहासास्पद ही है। और युग-चेतना एवं युग-बोध के पथ में गत्यावरोध उपस्थित करना होगा। बिम्बों को अस्तित्व के आधार पर विश्लेषित करना पार्ल सार्त्र के साहित्य-संवेदन-सिद्धान्त के सर्वथा प्रतिकूल है। चावभट्ट की वाग्मिता, चरक की चारुता और प्रज्ञा की प्रांजलता स्वीकार करके भी सार्त्र की सृजन-प्रक्रिया को सहसा उपेक्षित नहीं किया जा सकता। हमें यहाँ आस्वाद एवं योजना-प्रक्रिया की रहस्यमयी स्थिति को समझना होगा। रसों की मौलिक-सत्ता को यदि अलंकरणहीन बनाना है तो अभिव्यक्ति को माध्यम मानकर रचना-प्रक्रिया में प्रवृत्त होना होगा। उपादानों में उलझने-मात्र से मौलिक सत्ता के संदर्भ में कोई समन्वय साध्य नहीं किया जा सकेगा। यदि संश्लिष्ट भावना में युग-

बोध एवं संवेदनशीलता होगी तो सृजन-क्रिया में अनुभूति का आधान सम्भाव्य नहीं होगा।

विवर्तनकालीन सृजन स्थिति में काव्य की आर्थिक अपरिहार्यता ऐन्द्रिय सक्षमता प्रकट नहीं कर सकती, उसमें मानवीय-माँसलता साभिप्रेत है। अर्थ-संप्रेषणीय रहता है, वहाँ उपकरणों की ओर पलायन प्रवृत्ति को आव्रजित एवं अननुभूत माना जाता है। अन्तश्चेतना की गहराई में उसका अर्थबोध दुरूह बनकर रह जाता है। शैली और कीट्स में जो प्रांजल-प्रखरता एवं मृदुल-माँसलता है, वही सोद्देश्य-संवेदन उसकी मूलवृत्ति में है। अन्तर की निगूढ़-भाव व्यंजना इसीलिए उन्मुक्त-मुखर है। किसी अन्य छाया या— रहस्यवादी को समबिन्दु पर तौलना, टाल्स्टॉय को तुलसी की तुला पर तौलने जैसा ही होगा। आध्यात्मिक अभिव्यक्ति के लिए चाहे हम उपनिषदों की उलझनें अनुभव करें, परन्तु काव्य के क्षेत्र में कीट्स को 'कृष्णायन' की कसौटी पर नहीं कसा जा सकता।

जहाँ भावों का ऊर्ध्वीकरण हो गया है, विधाओं की विशिष्टता अभिनव उपलब्धियों का वाहन बन व्यापकता के क्षेत्र में क्षमता भरी उड़ानें लेने लगी हो, अन्तरिक्ष की अज्ञात उपलब्धियों को लक्ष्य में रखते हुए आज हम किसी काल्पनिक चन्द्रमुखी के चमत्कार में उलझ नहीं सकते। आनुषंगिक उपकरणों एवं उपमाओं का महत्त्व क्षीण ही नहीं विलीन भी हो चुका है और यह प्रतिक्रियावाद की परिधि में परिगणित होने लगा है।

मौलिकता की मान-भूमि पर मृषा को कोई स्थान नहीं रहा है। किसी ऐन्द्रिय भावना से उद्भूत-सिद्धान्त द्वन्द्वात्मक भौतिकवाद के साथ सामंजस्य स्थापित नहीं कर सकते। मार्क्स- एंजिल एवं आन्द्रेजीद की समीक्षण-शैली के समक्ष संकुचित अद्यतन प्रक्रिया को कोई स्थान सुलभ नहीं, आज के बिम्ब-विधानों में परिशीलनात्मक आकलन मात्र मिलता है।

समीक्षण-सौन्दर्य के सिद्धान्तों का परिदर्शन नहीं बिम्बविधानों के युग-बोध की आशा क्षीण होती जा रही है, युगानुभूति की अभिव्यंजना साकार नहीं हो पाती। वैज्ञानिक आधारों के बिना उभयनिष्ठ प्रकृति का रूपायन एवं अंकन, काव्यात्मक कला-बोध के लिए समीचीन नहीं होता। काव्यालंकार और कुन्तल की स्थापना प्रायोगिक प्रगति के धरातल पर आकुंचित विदित होती है, श्लेगल एवं हैगल ने अभिनवता का अभिनिवेशकर नवीन धरातल का संस्पर्श किया है। अस्तित्ववाद के विरुद्ध हमारी चुनौतियों को साहित्य-जगत् में चिन्ता के साथ चिन्तन का विषय बनाया जा रहा है।

इस गहन विषय के विस्तृत विवेचन एवं आत्म-संस्पर्श के लिए पर्याप्त अवकाश की आवश्यकता है। यह अवसर नहीं कि हम अपने सिद्धान्तों की समीक्षा अत्यावकाश में प्रस्तुत करे सकें।

[आज़ादी के बाद आचार्य रघुवीर ने हिन्दी की जो गति की, उस दुगर्ति पर पं. व्यास का यह विलक्षण व्यंग्य हिन्दी साहित्य के वाद-विवाद का भी मज़ाक उड़ता है तो साथ-ही-साथ हिन्दी के उन तथाकथित लेखकों की भी ख़बर लेता है, जो भारी-भरकम शब्दों का और नामों का उपयोग तो करते हैं अर्थ भले ही खुद भी न जानते हों—सं.]

मिथ्यावाद

यह दुनिया ही 'वादों' की है। वादों की एक हवा होती है। जब तक वह हवा चलती रहती है, वाद भी उसके साथ चलता रहता है। जब वह उड़ जाती है, वाद भी विलीन हो जाता है। दुनिया के वादों का इतिहास साक्षी है। अनेक वाद उत्पन्न हुए और विलीन हो गये। कुछ वादों का लोगों को शायद पता भी न हो और कुछ की स्मृतियाँ इतिहास के पन्नों पर ध्वन्सावशेषों की तरह बनी हुई हैं। पर वे जिस हवा में जन्म लेते हैं, उस हवा में ही अपना एक युग बना लेते हैं और हवा के साथ वह युग भी नष्ट हो जाता है।

'गाँधीवाद' हमारे युग में ही शुरू हुआ और उस वाद की हवा ने आँधी बनकर सारे देश में तूफ़ान खड़ा कर दिया। उसमें बाहरी हवा से उड़कर आये हुए लोगों के जमे हुए पैर तक उखड़ गये और जिनके पैर उखड़े-उखड़े दिखाई पड़ रहे थे, उनके जम गये, पर ज्यों ही वह आँधी उड़ गयी, वाद की याद भले ही रह गयी हो, वाद उड़ा-उड़ा ही हो गया है। ऐसी ही आँधी रूस में साम्यवाद की आयी और स्तालिन का पल्ला पकड़कर दुनिया में तूफ़ान उठाती रही, लेकिन स्तालिन मियाँ की मौत के साथ वह रूस से ही नहीं, दुनिया से एक आतंक का अन्त कर गयी। यद्यपि इस वाद ने अनेक विवाद जगाये। आखिर उसका युग समाप्त हुआ और विवाद भी सिमटे-से सीमा में ही दिखाई देने लगे। हालाँकि उसकी पीड़ा से पूँजीपतियों के तबेलों में तिलमिलाहट अब तक जारी है। क्योंकि वह पूँजीवाद को पछाड़ने के लिए पैदा हुआ था, फिर भी पूँजीवाद का पंजा पुख़्ता रहा है, दूर-दूर तक पकड़ ज़माने की कोशिश कर रहा है। लौहावरण से निकलकर साम्यवाद का शूल उसे छेदने की छटपटाहट लगाये हुए हैं, पर वह भी छा नहीं पा रहा है। सोये हुए एशिया पर उसने पंजा फैलाया था, पर जाग्रत होते ही पलायन करना पड़ रहा है। उसकी पीड़ा से परेशानी तो हुई ही है।

उधर साम्राज्यवाद भी कम ख़तरनाक साबित नहीं हुआ। स्वाधीनतावादियों के ख़ून की उसने होली खेली है। किन्तु उन्होंने डटकर मुक़ाबला करना नहीं छोड़ा।

फलतः बिस्तर समेटने को मजबूर बनना पड़ा। अब इसका अन्त भी होने जा रहा है।

साहित्य में भी वादों का प्रवाह चलता रहा है। छायावाद, रहस्यवाद, यथार्थवाद, प्रगतिवाद, पलायनवाद, प्रतीकवाद, प्रयोगवाद आदि। इनमें से कई वाद हवा का रुख़ पलटते ही पलायन कर गये और जो रह गये, वे अब धीरे-धीरे पंख समेटते दिखलाई पड़ रहे हैं।

मशीनी मानव का यन्त्रवाद सारी दुनिया को आत्मसात करने पर उतारू है। विज्ञान की वायु पर सवार होकर वह संसार की सैर कर रहा है, फिर भी उसी हवा में उत्पन्न होकर एटमवाद सर्वग्रास की आँधी उत्पन्न कर रहा है। प्रलय की छाया की तरह छाने जा रहा है। अवश्य इसके विपरीत हवा बहने लगती है। पर उसमें भी उसके ऐक्टिव कण मिल जाते हैं, इसलिए वह अभी इसे उड़ाने की क्षमता संचित नहीं कर पाती। किन्तु इन वादों की हवा ही तो होती है, उसकी अपनी मर्यादा होती ही, वह विलीन होकर रहेगी, चाहे वह तूफ़ान उठा ले या बवंडर खड़ा कर दे। जिस प्रकार नये युग के निर्बल मानव की उम्र कम ही होती है और चलती का नाम गाड़ी होती है, उसी प्रकार नये वादों की आयु भी अल्पकालीन ही रहती है। वे ज़्यादा जीवित नहीं रह पाते। अवश्य ही पुराने ज़माने के कई वाद पुराने लोगों की तरह ज़रूर दीर्घजीवी रहते आये हैं। सदियाँ बीत जाने पर भी चाल-चोला भले ही पलटता जाए, उनका ख़ानदान ख़त्म होता दिखाई नहीं देता।

सत्यवाद को ही लीजिए। उसके आदिरूप की साक्ष्य देनेवाली कथा-कहानी भले ही मिले, सही स्वरूप का समर्थक आज कोई समक्ष नहीं, पर सदियों से यह सत्यवाद हर हवा से मेलजोल जमाये चला ही आता है। आँधी-तूफ़ानों ने इसके पैर उखाड़ने की हर हवा में कम कोशिश नहीं की, लेकिन इसका कोई बालबाँका नहीं कर सका। रूप बदलता रहा, परिभाषा पलटती रही। हाँ, इस सत्यवाद की परख के लिए असत्यवाद ज़रूर पैदा हुआ। जिस तरह हवा का रुख़ देखकर सत्यवाद ने अपना रूप-रंग पलटा, वैसे ही असत्य ने भी उलट-फेर की है। सत्यवादी भले ही हरिश्चन्द्र हुए हों, पर मिथ्यावादियों का मंडल तो विशाल ही रहा। सत्य को इनसे सतत् संघर्ष करते रहना पड़ा है। ये दोनों ही हर युग की वस्तु बने रहे और बने रहेंगे। इनकी हवा रही, हवा इनका कुछ बना बिगाड़ न सकी।

यों तो पुराने ज़माने में भी कम वाद पैदा नहीं हुए, जैसे द्वैतवाद, अद्वैतवाद, द्वैताद्वैतवाद, स्याद्वाद, समन्वयवाद, शैववाद, वैष्णववाद, रामानुजवाद, माध्ववाद, शून्यवाद, नास्तिकवाद, वेदवाद, पुराणवाद, धर्मवाद, अधर्मवाद, बुद्धिवाद, बुद्धवाद, आत्मवाद, अनात्मवाद ईश्वरवाद, अनीश्वरवाद, जैनवाद, अवतारवाद, मायावाद, आस्तिकवाद, दैववाद, स्तेयवाद, पाशुपतवाद आदि। यद्यपि इनका प्रभाव युग (हवा) अब नहीं रहा, फिर भी इस विशाल देश के विभिन्न कोनों में इनकी गोत्र—कुल परम्परा

के उत्तराधिकारी किसी-न-किसी प्रकार लकीर पीटते ज़रूर जीवित बने हुए हैं। इनकी हवा में अनेक बार आँधी-तूफ़ान खड़े हुए, पर अब तो केवल आस्तिकवाद के आश्रय में ये अपने कलेवर छुपाये पड़े हैं। इनमें से कइयों की कुल-परम्पराएँ समुद्र पार तक पहुँची हैं। पर समय के साथ संघर्ष कर सिमटकर रह गयीं, कुछ प्रदेश के क्षेत्रों तक परिमित रह गयीं।

अवश्य ही कुछ वाद अमरपट्टा पाकर आये हैं, जो पुरखों से परिचित रहे और भावी पीढ़ियों तक पनपते चले जाएँगे। पिछली न जाने कितनी सदियाँ इनमें उलझी रहीं और अगली न जाने कब तक उलझती रहेंगी। आदि और अन्त का पता पाना असम्भव नहीं हो, कठिन तो अवश्य है। कहते हैं कि सत्य की सदा जय हुई और असत्य की पराजय। पर इससे यह स्पष्ट है कि दोनों का चोली-दामन का साथ ज़रूर रहा है। सत्य की सत्ता में वह मिथ्या अपनी जान छिपाकर रहता आया है। जब भी इसका अवसर मिला, सत्य से मोर्चा लेकर मुक़ाबला करने से मुँह नहीं मोड़ा है। रामनामी दुपट्टा ओढ़कर डाका डालने में सहूलियत रहती है। उसी तरह सत्य का जाला फैलाकर मिथ्या ने भी माया को मजबूती से फैलाया ही है। सत्य को शास्त्र ने सराहा है, किन्तु मिथ्या की मीमांसा भी कम नहीं हुई। उसे भी कम महत्त्व नहीं मिला है। यदि मिथ्यावाद ने निरन्तर सत्यवाद से संघर्ष न किया होता तो सत्य ने जो सत्ता प्राप्त की, प्रतिष्ठा पाई, वह कभी नहीं होती। इसका श्रेय मिथ्यावाद को ही देना पड़ेगा। किन्तु जिस सत्यवाद की सत्ता मिथ्या के कारण अक्षुण्ण बन गयी, उसके साथ मानव-समाज ने स्नेह रखकर भी सदा सौतिया डाह जैसा व्यवहार किया। विश्वास मानिए कि कोरा सत्य बोलकर आफत ही मोल ली जाती है। स्वयं सत्य को भी अपनी सच्चाई साबित करने के लिए गम्भीर अवसरों पर मिथ्या का सहारा लेकर इज़्ज़त बचानी पड़ती है। महाभारत के 'नरो वा कुंजरो वा' का इतिहास कौन नहीं जानता, द्रोणाचार्य का वध कराने के लिए सत्यवादी युधिष्ठिर ने कहा था, 'मारा गया अश्वत्थामा नर या हाथी।' उन्होंने बहुत धीरे से कहा। द्रोणाचार्य ने समझा पुत्र अश्वत्थामा मारा गया और उन्होंने शस्त्र छोड़ दिये। सत्यसन्धान को भी मिथ्या के सहारे सत्य को सँभालना पड़ा है।

सत्य को मिथ्या की अपेक्षा रहती ही है। न्याय-देवता के समक्ष सत्य और मिथ्या का मिक्स्चर पेश किया जाता है, उसको छानकर न्याय का निष्कर्ष निकालना पड़ता है।

सत्यवादी सरकार की सत्ता के कलपुर्जे हुकुमत को बरकरार रखने के लिए साधारण-सी मिथ्या की मिलावट पर सजा सुनवा देते हैं। किन्तु मिथ्यावाद की कला को कसौटी पर रखकर यदि सत्य की मौलिकता को न परखा गया होता तो क्या सत्य की कीमत हो सकती थी?

मिथ्यावाद की मौलिकता अपनी ही होती है। जो प्रयोगावस्था में ही कला का

पर्दाफाश करवा ले, वह वास्तविक मिथ्यावादी नहीं हो सकता। उसका महत्त्व इसी में रहता है कि लाख सिर पटक लेने पर भी उसके महत्त्व को मानने के लिए मजबूर बन जाए। ईश्वर ने यह मौलिक मति महज मानव को ही दी है। इसलिए यह मानना पड़ता है कि मिथ्यावाद इस जग में मानव के साथ ही उत्पन्न हुआ है, पनपा है और अब तक प्रतिष्ठित है। यह कला प्रत्येक अवस्था में सबके लिए सहज, सरल और सुलभ रही है। प्रयत्नशील मानवों में से इस कला की सिद्धि कुछ को ही मिली है। यह ठीक है कि दुर्भाग्यवश सत्यवादियों के प्रचंड प्रचार और प्रभाव के कारण बेचारे मिथ्यावाद को उसी की आड़ में बचकर रहना और चलना पड़ता है। इस कारण उसकी शक्ति बिखरी हुई रही। और उसके अतुलित बल का पूरी तरह पता नहीं चल पाया, किन्तु सदा-सर्वकाल सत्य का संघर्ष सहते हुए भी वह सदा जीवित बना रहा है। यदि उसमें बल न होता तो जिस प्रकार अनेक वाद पैदा होकर समाप्त हो गये, मिथ्यावाद भी कभी का मर मिटा होता। किन्तु आज तक देखा जाता है कि जहाँ सत्य है वहाँ मिथ्या मौजूद है, और जहाँ मिथ्या है वहाँ सत्य सिर पर चढ़ आता है। यदि मिथ्या शक्ति संगठित होती, तो आज के एटम की ताकत की तुलना में इसे कम महत्त्व न मिला होता।

खेद तो यही है कि सत्यवाद के प्रपंच में पड़कर, हमारे देश ने मिथ्यावाद को पाप की परिभाषा में पलटकर पर्दे की ओट में पटक रखा है। फिर कैसे आशा की जाए कि वह सार्वदेशिक या अन्तरराष्ट्रीय संगठन बनाकर विश्व-राष्ट्रीय महत्त्व का स्थान पाने की दिशा में प्रयास करे। हालाँकि विश्व राष्ट्र संघ मिथ्या को मान्यता प्रदान करता है, मिथ्या के महत्त्व को मानता है। भारत में 'ग्राहम' का भेजा जाना और ताइवान को चीनी जनता का प्रतिनिधि मानना इसके प्रमाण हैं।

जहाँ तक मिथ्यावाद की मौलिकता का सवाल है, सारी दुनिया का कोई राष्ट्र नगर या मानव इतना बड़ा मिथ्यावाद कहलाने का दावा नहीं कर सकता, जितना कि भारत का कोई नागरिक कर सकता है। इस देश के मनीषियों ने इस सम्बन्ध में मानदंड स्थापित किया, हज़ारों वर्ष पूर्व के जिन आचार्यों ने सहज अपनी सूझ, साधना, ज्ञान, प्रतिभा, प्रभाव और तप:सिद्धि द्वारा जिस मौलिक महा-मिथ्या का आविष्कार किया, समस्त विश्व के समझदार आज तक उससे इंकार नहीं कर सके हैं, बल्कि उसकी मौलिकता में उलझकर अड़े हुए हैं। यह आविष्कार है—ब्रह्म सत्यं जगत् मिथ्या' अर्थात्—ब्रह्म सत्य है और जगत् मिथ्या है।

हम नहीं जानते कि समस्त पृथ्वी पर मिथ्यावाद का इससे कोई बढ़िया उदाहरण कहीं मिल सकता है। जिस ब्रह्म को किसी ने नहीं देखा, उसे डंके की चोट पर 'सत्य' समझने को मजबूर किया जाए और जिस जग को सारी दुनिया प्रत्यक्ष देख रही हो, उसे मिथ्या, सरासर झूठ कहा जाए। इसी का नाम है झूठ, जो सिर पर चढ़कर बोले।

हमने कभी भी इतना बड़ा असत्य इस साहस के साथ कहते नहीं सुना और यह कहा है भारत के प्रात:स्मरणीय ऋषि-मुनियों ने डंके की चोट पर। कितना बड़ा और अद्भुत साहस है! परन्तु इस महा-मिथ्यावाद के प्रवर्तकों का कोई स्थायी, सुदृढ़ संगठन नहीं बन सका, यह कितने आश्चर्य और खेद की बात है! क्या इससे यह साबित होता है कि झूठ के पाँव नहीं होते, मिथ्या का संगठन नहीं बन सकता।

अवश्य ही आज पश्चिम के वैज्ञानिक युग में उत्पन्न उन मानवों की प्रशंसा ही की जाएगी, जिन्होंने इस कला के विकास के लिए वेलिंगटन में एक मिथ्यावादी मंडल की स्थापना कर दी है। जगत् के मिथ्यावादियों का ध्यान इस ओर आकर्षित होना चाहिए। इस सिलसिले में इस मंडल ने कुछ पुरस्कार भी घोषित किये हैं। सर्वश्रेष्ठ मिथ्यावादी को पुरस्कृत किया जाएगा। निश्चय ही आगे चलकर यह नोबेल पुरस्कार की प्रतिष्ठा प्राप्त कर सकेगा।

इस मिथ्यावादी मंडल को सुयोग्यवश महा—मिथ्यावादी अध्यक्ष भी उपलब्ध हो गये हैं। ये मिथ्या-विज्ञान पारंगत हैं—मि. ओ. सी. हरलेट। इनका मिथ्या विज्ञान का अध्ययन बहुत विशाल कहा जाता है। अध्यक्ष बनते ही अपने गहन अध्ययन के आधार पर इन्होंने कहा है कि आने वाले वर्ष जगत् के मिथ्यावादियों के लिए महत्त्वपूर्ण सिद्ध होंगे।

इस मिथ्यावादी ने ग्रीष्म ऋतु में आयी भीषण बाढ़ में कंसाज नगर (वेलिंगटन) को बाल-बाल बचा लेने की घटना का वर्णन किया है, जो चने के झाड़ पर चढ़कर शेर से जान बचाने वाले भारतीय लोककथा के मिथ्यावादी से किसी भी प्रकार कम नहीं है। आप प्रश्न कर सकते हैं कि ग्रीष्म ऋतु में बाढ़ कैसी? लेकिन किसी मिथ्यावादी ने किसी प्रश्न का कभी जवाब दिया है, जब जगत् मिथ्या हो सकता है तो ग्रीष्म में बाढ़ क्यों नहीं आ सकती?

"जब बाढ़ अपनी चरमसीमा पर पहुँच गयी थी, मेरी गाय मिसूरी नदी में गिरकर बहने लगी। मैंने नाव में बैठकर गाय को रस्सी में फाँस लिया और नाव किनारे की ओर खेने लगा। इसी बीच एक मछली ने गाय को निगल लिया। विवश होकर तीन ट्रैक्टरों की मदद से मैंने उस मछली को बाहर खींच लिया। उसके बाहर आने से जो जगह ख़ाली हो गयी, बाढ़ का पानी उसमें गिरने लगा और कुछ देर में बाढ़ उतर गयी, वर्ना सारा कंसाज शहर ही डूब जाता।"

अवश्य ही इस भयानक बाढ़ से बचाने का यह मिथ्यावादी मौलिक उदाहरण ही है, फिर भी भारतीय जगत् मिथ्या वाले उदाहरण के मुक़ाबले में यह हज़ारों जूते पीछे रह जाता है। क्योंकि इस एक बात के पीछे सदियाँ बीत गयीं और समझदारों, मनीषियों के मन में मन्थन होता चला रहा है। फिर भी यह ब्रह्म घोटाला बना ही हुआ है। सैकड़ों पृष्ठों का साहित्य सृजन हो गया और उससे मामला सुलझने के बदले

उलझा ही है।

वेलिंगटन के मिथ्यावादी के मुक़ाबले में हमारे यहाँ आगरा, बरेली, रांची (पागलख़ानों) में ऐसे अनेक महत्त्वपूर्ण मसलों पर मौलिक आदर्श उपस्थित करने वाली अद्भुत मानवी शक्तियाँ सहज सुलभ हो जाएँगी, किन्तु समाज और सरकार का ज्ञान मिथ्या-विज्ञान के विषय में शून्यवाद पर आधारित होने के कारण उनको महत्त्व देने के लिए बजाय उनकी मौलिकता को चाहरदीवारी के अन्दर बन्द कर डाला है। फलत: यह विज्ञान विकास नहीं पा सका है। ज्ञान-विज्ञान पर सरकार की यह नीति ही समाज की प्रगति में बाधक बनी हुई है।

अवश्य ही इस स्थिति को देखते हुए पश्चिम का मिथ्यावादी मंडल, जो मुक्त वातावरण में ज्ञान-विज्ञान की प्रगति के लिए स्वतन्त्र है, प्रशंसा का अधिकारी है। दुनिया से दुलत्तियाँ पाये हुए मिथ्यावादियों को संगठित कर प्रोत्साहन तो प्रदान कर रहा है।

प्रगति की इस दुनियावी दौड़ में इस प्रकार संगठित हुए बिना किसी भी प्रकार का विकास अकल्पनीय है।

जिन लोगों ने इस मौलिक कला को पर्दे की ओट में पनपाया है, वे भी इन संगठनों से प्रेरित हो, मिथ्यावाद के संसार-व्यापी महत्त्व को पुन: प्रतिष्ठित करने में सक्षम बन सकेंगे।

सत्यवादियों के समर्थकों ने मिथ्यावादियों पर सदियों से अनेक अत्याचार किये हैं, भयंकर सजाएँ सहने को बाध्य बनाया है। उनकी यह बलिदान-परम्परा इस पलटे हुए वातावरण में मिथ्यावाद के उत्थान में अवश्य ही सहायक होगी। त्याग और बलिदान के सिक्के भुनाने का यह सुअवसर भी है। आज समय ने पलटा खाया है। वर्तमान विश्व का समाज सत्यवाद का खोखलापन और नैतिकता का दम्भ बर्दाश्त नहीं कर सकता। सतयुग गये—गुज़रे ज़माने की बात हो गयी। प्रगतिशील समाज में यह प्रतिक्रियावाद चल नहीं सकता। सत्य हरिश्चन्द्र या मोरध्वज कभी के मर चुके, उनकी लाशों की लकीरें पीटते रहना पागलों की बात है। वैज्ञानिक प्रगति के प्रगतिशील युग में यह स्पष्ट रूप से प्रकट है कि अब मिथ्यावाद ही व्यावहारिक और उपयोगी है। मिथ्यावाद को जिस प्रकार मान्यता मिलती जा रही है, उसे देखते यह सन्देह नहीं कि भविष्य उसी का है। ब्रह्म सरासर मिथ्या है। प्रत्यक्ष जग को मिथ्या बतलाकर इस तथ्य और विज्ञान के युग में जगत् की आँखों में धूल नहीं झोंकी जा सकती।

निन्दावाद

महाराष्ट्र में एक बड़े सन्त हो गये हैं। उनका नाम तुकाराम था। उन्होंने अनुभव की अनेक बातें बतलाई हैं। उनमें एक बात यह है कि निन्दकों का घर अपने पड़ोस में रहना चाहिए। 'निन्दकांचे घर असावे शेजारी'। इसी तरह संतो ने भी कहा है कि 'निन्दक नियरे राखिए'। खोजने पर दूसरे महात्माओं की भी ऐसी बातें मिलेंगी। निन्दा और आलोचना का अस्तित्व बहुत पुराने ज़माने से चला आता है। यह कोई नये युग की देन नहीं है। पर, निन्दा करने वालों की अपेक्षा निन्दा सहनेवालों की संख्या सीमित रही है। पहुँचे हुए महात्मा और निर्लज्ज नरों को छोड़ कौन निन्दा बर्दाश्त करेगा? और पड़ोस में बसाने की बात कौन समझदार पसन्द करेगा?

लोकतन्त्र की बात छोड़िए। उसमें विरोधी दल का रहना स्वस्थ परम्परा मानी जाती है। पर लोकतन्त्र इसीलिए ज़्यादा नहीं टिकते। और वहाँ की सरकार निन्दा सुनने की आदी बन जाती हैं। उन पर अधिक असर नहीं होता। वह ज़माना लद गया, जब सन्त होते थे और वे निन्दकों को नियरे (नीयर) रख लेते थे। अब ऐसे सन्त दिगन्त में खोजने पर भी शायद ही मिल पाएँ?

बना हुआ नहीं, बनाया जाता है

निर्लज्ज नर सभी ज़माने में हुए हैं, और मिलते रहेंगे। हमारे स्वाधीन होने के बाद इस देश में यह वर्ग सर्वत्र मिलना सुलभ हो गया है, यद्यपि वह सन्त की परिभाषा में नहीं आ पाता। परन्तु सेवा-धर्म उसने भी स्वीकारा है। हाँ, उसे निर्लज्जों में नहीं रख सकते। वह बना हुआ नहीं, उसे बनाया जाता है। वह निन्दा सहने का सामर्थ्य संकुचित कर, बन जाता है। यह शिक्षा समाज से उसे सर्वत्र मिलना सुलभ हो जाता है। केवल किसी संस्था की ओर से पद प्राप्त करने का परवाना पाना पड़ता है। परवाना मिलते ही वह स्नातक बन जाता है और समाज के समक्ष सही रूप में सामने आ जाता है। फिर सामूहिक वाक्-प्रहारों से उसकी परीक्षा आरम्भ हो जाती है। पूर्वजों के इतिहास के प्रकाश का कूट परीक्षण होता है। वह जिन गुणों-अवगुणों से कभी परिचित न हों,

वे व्यापक रूप से उसमें प्रकट होते हैं। जो प्रछन्न हैं, उन पर से पर्दा उठने लगता है, वह अपने-आप में अपना विराट् रूप दर्शन करने लग जाता है। चाहे गुण आंशिक असर करें, पर विकारों का विकास-विस्तार व्यापक हो जाता है। इस प्रकार अपनी निन्दा के चरम रूप का दर्शन कर सन्तों के कथनानुसार वह अपने सन्त के प्रति विरक्ति अनुभव कर, सम्यक् रूप में निन्दामय बन जाता है। साहस और संयम उसकी निकटता छोड़ देते हैं। और सर्वसह, सर्वक्षम बन वह समाज में सर्वयोग्य हो जाता है। और किसी भी पद का योग्य अधिकारी सिद्ध हो जाता है। साधारण समाज के किसी व्यक्ति की शक्ति नहीं कि उसकी स्थिति को चुनौती दे सके। वह सर्वगामी, सर्वयोग्य नर निन्दा की सीमा से मुक्त बन जाता है। सन्त की सीमित परिभाषा से ऊपर उठकर अगम्य-सेवाधर्म का साधक—पुरोधा (नेता) हो जाता है। उसे (नीचे देखने योग्य जब कोई चीज़ ही नहीं रह जाती, तब) निन्दा जैसी नाचीज़ कैसे नीचा दिखा सकती है?

अग्नि परीक्षा में कुन्दन

मानव विस्मृतिशील है। इसलिए उसे निरन्तर निन्दामयपुरुष बने रहने के लिए सजग, स्फूर्तिमय रहने के लिए जनतान्त्रिक, परम्परा के अनुकूल स्वस्थ विरोधपक्ष के सबल संघर्षमय जीवन में सुरक्षित रखा जाता है। वह प्रहारों से पीड़ित न बने, विचलित न हो, प्राप्त परवाने की सीमा तक निरन्तर निन्दामय जीवन बनाए रखे, हठयोग की तरह कठोर साधनाशील रहे, इससे वह साधारण आदमी न रहकर अग्नि-परीक्षा से कुन्दन हो जाता है।

जिसने चुनाव-परीक्षा में अपनी सारी प्रतिष्ठा की पूँजी लगाकर प्रथम स्थान प्राप्त कर लिया और अपनों-परायों की आलोचना को कालकूट की तरह सरलता से कंठ से नीचे उतार लिया, वह किसी की कड़ी आलोचना की क्यों परवाह करने लगा? चाहे वह सभ्यता की सीमा का भी उल्लंघन क्यों न कर जाए?

फिर निन्दा स्तुति की जानी चाहिए। स्तुति को निन्दा की काली कसौटी पर कसकर ही परखा जाता है। जैसे प्रकाश को अँधेरे से, और सच्चाई को झूठ से परखा जाता है।

निन्दा के आन्तरिक भेद

निन्दा की अपनी मौलिकता है। वैसे उसके भी आन्तरिक भेद हैं—कटु, कोमल खरी-खोटी, रूखी और मधुर (दुशाले में लिपटी हुई) व्यक्तिगत, विचारगत, नीतिगत, सिद्धान्तगत। किसी की चिकनी चाँद पर चपत चलाइए, वह फिसल जाएगी, असर न होगा। कुछ लोग व्यक्तिगत आलोचना को ठीक नहीं मानते, व्यवहार की आलोचना की जा सकती है। पर जहाँ व्यक्तिगत ही न हो, वहाँ क्या किया जाए? और जहाँ

व्यक्तित्व और व्यवहार का समन्वय हो जाता है, वहाँ कैसे, किसका पृथक्करण किया जाएगा? यह युग समाजवाद या रूढ़िवाद का नहीं, निन्दावाद का ही है। जनतन्त्र में यह वाद आवश्यक है। तब भाषागत, समाजगत, जातिगत, वर्गगत, नीतिगत, सिद्धान्तगत का विभाजन कैसे हो? भारत के स्वतन्त्र हो जाने पर विभाजन की विभीषिका ने कितना कहर ढहाया है? यदि आलोचना में भी विभाजन का सिद्धान्त स्वीकार कर लिया जाए तो पता नहीं क्या परिणाम निकले? इसलिए आलोचना को असली स्वरूप में ही स्वीकार किया जाना समीचीन होगा। जनता में चाहे आपसी मतभेद हों, उसने आलोचना को सम्यक् स्वरूप में ही स्वीकार किया है। किसी विशेष भेद या अंग को नहीं। सर्वांग ही श्रेयस्कर है। विदेशों में इसे शीतयुद्ध की जननी माना गया है। परन्तु यही शक्ति है, जो राष्ट्रीयता, संस्कृति व साहित्य की धरोहर है।

निन्दा का विकास

इसका विकास विभिन्न रूपों में विभिन्न क्षेत्रों में हुआ है। आलोचना या निन्दा स्त्रीलिंग है, इसका कारण नारी का इस पर स्वाभाविक अधिकार रहा है। पिछला सारा इतिहास इसका साक्षी है। उनकी यह शक्ति इतनी विकसित हुई कि अनेक गृहयुद्धों, राष्ट्रों के युद्धों में परिणत होकर सफल सिद्ध हुई है। स्त्री से उत्पन्न होने के कारण पुरुषों को भी यह विरासत में मिली है। व्यक्ति से आरम्भ होकर समष्टि में विस्तार होता रहा है। जिस प्रकार संसार निकट होता जा रहा है, उसी तरह यह निन्दा या आलोचना भी दिग्विजय कर चुकी है। रूस के स्वतन्त्र रेडियो से लेकर चीन के प्रसारण तक हम परिचित हो रहे हैं, जल-थल से ऊपर उठकर अन्तरिक्ष में ऊर्ध्वगमन कर लिया है। एक दिन गुरुत्वाकर्षण से ऊपर जाकर ग्रहलोक से सम्पर्क बढ़ जाएगा। वैसे यहाँ धर्म, समाज, साहित्य, शासन संस्था से प्रतिष्ठित स्थान पहले ही प्राप्त हो गया है। रूस-चीन-अमेरिका ने पर्याप्त प्रगति की है। कोरिया और स्वेज का संघर्ष केवल आलोचना के अस्त्र से ही जीत लिया गया था। पेरिस का शिखर सम्मेलन खुश्चेव के काल से आलोचना से ही समाप्त हो गया है। इससे आलोचना का महत्त्व स्वयंसिद्ध है।

वह अबला नहीं, प्रबला सिद्ध हुई

हम अपने देश में इसका सबल और सक्षम परिणाम प्रत्यक्ष देख रहे हैं। जबसे सिंडीकेट के आन्तरिक संघर्ष से इंडिकेट ने जन्म लिया, आलोचना (अथवा निन्दा) का जिस प्रकार चरम विकास हुआ है, वह अद्‌भुत ही नहीं, अभूतपूर्व भी है। आलोचना यद्यपि स्त्रीलिंग है, पर वह अबला नहीं, प्रबला प्रमाणित हुई है। उसने चंडी का रूप लेकर बड़े-बड़े निशुम्भों को अपने प्रहारों से धराशायी बना दिया है। प्रतिस्पर्धियों को केरल में शून्य में समेटकर रख दिया। इस समय सारी सत्ता और शासन आलोचनामय हो गया

है। इस प्रकार हम आलोचना के युगनिर्माता, युगस्रष्टा सहज ही स्वयंसिद्ध हो जाते हैं। विद्वान लोग आलोचना के सिद्धान्त निर्मित कर उसे किसी सीमा में समेटना चाहते हैं, पर आलोचना को किसी सीमा के दायरे में नहीं रखा जा सकता, वह असीम है।

ज़माने की कुलाँच

ज़माने को पलटने में कितना समय लगता है, अभी तक किसी वैज्ञानिक ने हिसाब लगाकर ठीक नहीं बतलाया है, परन्तु हर बार यह सुनाई ज़रूर देता है—'क्या कहें साहब, ज़माना ही पलट गया है।' हवा पलटती है—यह हम हर बार सुनते हैं, ठंडी हवा, गर्म हवा पलट-पलटकर आती है और हम यह भी देखने लगते हैं कि हवा का रुख़ किधर है? पर ज़माना कैसे पलट जाता है, इसे अब तक समझ नहीं पाये, लेकिन ज़माना पलटता ज़रूर है। पहले के गुरु और पिता लड़कों के कान पकड़ते थे और लड़का ज़मीन की ओर मुँह किये नम्रता से खड़ा रहता था, देखते-देखते परिवर्तन आया और गुरु और पिता के कान लड़कों के हाथों में आने लगे। पत्नियाँ पतियों की दासी बनकर रहने में गर्व समझती थीं, सती-साध्वी का सम्मान पाती थीं, अब की पत्नियाँ दासी और दोस्त ही नहीं, बराबरी की दावेदार बनकर सामने खड़ी होती हैं। घूँघट तानकर नज़र नीची किये जो बहुएँ रहती थीं, वे छाती तानकर आसमान की ओर आँखें उठाकर तीर चलाती चलती हैं।

वसिष्ठ की गैया नंदिनी की राजा दिलीप ने जब सेवा शुरू की, तो जब वह बैठती, तब राजा बैठता था, चलती तब चलने लग जाता था, पानी पीती तब वह पानी पीता, इस तरह राजा एक गाय का अनुकरण करता था। और अब एक अच्छा पति अपनी औरत की उसी तरह सेवा कर रहा है। औरत के इशारे पर नाचता है। राजा की रानियाँ राजा के काम में हाथ बँटाती थीं और आज औरतें भी राज चलाती हैं। मोटरें चलाती हैं। मशीनें चलाती हैं। इतना ही नहीं अपनी आँखों के इशारे पर समाज को चलाती ही नहीं, नचाती भी हैं।

अँग्रेज़ों की मेमें जब सज-धजकर डाँस करती हैं तब आदमी (पार्टनर) उसके संकेतों पर नाचने लगता है। और हम भारतीय लोग महज उन लोगों की नकल पर नाचने लग जाते हैं। दिल्ली और बम्बई जाकर कोई भी देख सकता है कि कितने आफिस, कारख़ाने, मिनिस्टरी, नाजुक नख़रेवाली नारियों के महज इशारे पर चलते हैं। कुछ काल पहले नारियों के नेतृत्व में घर चला करते थे, अब तो घर नौकरों पर

चलते हैं। नारियों से तो आफिस चलने लगे हैं। होटल चलते हैं, सिनेमा चलते हैं, रेस्टोरेंट और 'बार' चलते हैं। घर चलना बन्द हो गया है। वे जहाँ थे वहीं खड़े रह गये हैं, किन्तु दूसरी अनेक बातें जो पहले नहीं चलती थीं, वे चलने-फिरने लगी हैं। पुराने लोग सती औरत चाहते थे और अब सोशल-औरत को पसन्द किया जाता है। वर्ना समाज में उनकी कोई कीमत नहीं रहे। पहाड़ी सीजन शुरू होने पर मसूरी हो या कश्मीर हो उटकमंड, शिमला हो या दार्जिलिंग, यदि सोशल सुन्दरियाँ वहाँ सजधज कर न पहुँचें तो समझ लीजिए सन्नाटा है, सीजन समाप्त है। होटल—'सेवाय' में चमगादड़ दिखाई देंगे। शेम्पेन, स्कॉच की कोई कीमत नहीं रह जाएगी। पहाड़ों पर हड़तालें पड़ी दिखाई देगी। उनकी जान का समझिए जनाजा ही निकल रहा है, जहाँ नारी होगी, वहाँ फिर 'ताना रीरी' ज़रूर होगी। इस तरह समझिए कि पहाड़ों की हवा ही पलट गयी, जिसे पुराने ज़माने के लोग 'गृहलक्ष्मी' कहकर घरों की चहारदीवारी में बन्द कर रखते थे और अपनी आँखों का सुख समझते थे, उनसे समाज सूना पड़ा रहता था, आज जब गृहलक्ष्मी समाज-सुन्दरी बन गयी, तब सारे समाज में सौन्दर्य लहराने लगा है। पहले एक प्रकार से पुरुषयुग कहा जा सकता था, तो अब नारीयुग आ गया है। विष्णु के साथ महज लक्ष्मी और शंकर के साथ पार्वती, दिखाई दे जाती थीं, साधारण समाज में और देवों की देवियाँ मुँह नहीं दिखला पाती थीं, दरो-दीवार में बन्द रहती थीं, घूँघट के पटों में अपने सौंदर्य को छुपाए पड़ी रहती थी, इसलिए मिस इंडिया, मिस शिमला, मिस दिल्ली, मिस बाम्बे बनने के सौभाग्य से वे सदैव वंचित रहीं। काश, ज़माना उसी समय पलटा खा गया होता तो हर घर की सुन्दिरयाँ समाज को सजा-सँवार देतीं, दुनिया इतनी पिछड़ी नहीं रहती, कभी की स्पुतनिक की तरह मिनटों में जगत् के कई चक्कर काटकर दुनिया को अपने आलोक से आलोकित न कर गयी होतीं, कुछ गिनी हुई अप्सराएँ उन दिनों आसमान से ज़मीन पर उतर आती थीं और अपनी सुन्दरता बिखेरकर बड़े-बूढ़े तपस्वियों तक को अपने अलग-जाल में लपेटकर पटक देती थीं। काश, आज का युग उस समय होता तो हर शहर, हर सड़क पर पलक मारते ही अनेक केशकिशोरी कल्पना कुमारी, सभा सुन्दरी, लिपस्टिक ललना, कलह-कान्ता आदि देवियाँ दौड़ती नज़र आतीं और तपस्वियों का ऐसा पतन नहीं होता, आँखें अभ्यस्त बनी रहतीं। नारी स्वच्छन्दता के इस युग में पुरुष के लिए योगी और तपस्वी होना ज़्यादा आसान हो गया है।

पटवारी–पुराण

दुनिया के विद्वानों की मान्यता है कि इस समस्त सृष्टि की रचना भगवान की इच्छा से हुई है, परन्तु आसमान, ग्रह, नक्षत्र तक रॉकेट उड़ाने वाले किसी भी वैज्ञानिक द्वारा यह खोज–ख़बर नहीं ली जा सकती है कि भगवान की यह इच्छा किस काल में, कब कहाँ और कैसे हुई ?

आदमी की तरह ही भगवान की इच्छा के विरुद्ध कुछ बातें बन जाती हैं, जिनसे भगवान को भी परेशान होना पड़ता है। भगवद्गीता में स्वयं भगवान को भी एक बार यह स्वीकार कर लेना पड़ा है, 'भगवान ही परेशान भक्ति अव्यभिचारिणी' (भाषाशास्त्री कहते हैं कि परेशान शब्द उर्दू से आया है तो मानना पड़ेगा कि भगवान भी उर्दू जानते थे।) भगवान ने जब सृष्टि बनाई तब भगवान के अनजाने ही एक पटवारी नाम का जीव भी सृष्टि के साथ ज़मीन पर चला आया, था तो वह आदमी ही, पर वह दूसरे आदमियों से अलग था। उसकी सूझ और शक्ति से आदमी ही क्या भगवान भी भय खाने लगे। यद्यपि उसके साथ तेग तलवार या तोप नहीं थी, महज एक तीखी नोक की केवल कलम ही थी, तथापि वह अपनी कलम की नुकीली नोक से किसी की नींव हिला सकता था। किसान महज ज़मीर्न जोतकर ही अपना और दूसरे का जीवन चला लेता है, परन्तु पटवारी ऐसा ख़तरनाक प्राणी उत्पन्न हुआ कि ज़मीन तो ठीक, जीवन की जड़ें तक इस तरह कारीगरी से काटकर कमाल बतलाता है कि पता भी न लगे और पत्ता साफ़ कट जाए। ज़मीन को जड़ समझा जाता है किन्तु वह पटवारी की प्रवीणता से बिना पता चले सरकार से लेकर साहूकार के पास सहज पहुँचा दी जाती है और साहूकार से सरकार के पास सरलता से सरक जाती है। रूस की कम्युनिज़्म चाहे पूरी तरह मालिक–मजदूर का अन्तर नहीं मेट सके, पटवारी जब चाहे तब मालिक से मजदूर और मजदूर से मालिक बना देना उसके बाएँ हाथ का खेल है। साधारण मानव की मति की एक मर्यादा रहती है। उसके दिमाग़ के दायरे में जितना समा सके उतना ही रहता है। पर पटवारी के प्रणेता ने उसके सिर में 'सवा सेर' समझ

रख देने का पूरा इन्तजाम किया है। इसलिए उसकी क़लम से मारा हुआ पोथियों से, पुराणों से भी पनप नहीं सकता। पटवारी की क़लम से किसी का मर्ज, कष्ट ही नहीं कट जाता वरन् परिवार की जड़ें ही कटकर ख़त्म हो जाती हैं, इस पर भी पटवारी को पकड़ा नहीं जा सकता। वह खुलेआम ख़ानदानों की जड़ें काटकर भी पुलिस के पंजे से बच जाता है। अधिकारियों की आँखों में धूल झोंककर भी अपराधी नहीं बनता। पटवारी कोई 'हिम मानव' की तरह अजीब जीव नहीं, वह साधारण मानव की तरह ही दो हाथ पैर का प्राणी है। देखने में वह ग़रीब गाय या गधे की तरह लगता है। मैले-कुचैले कपड़े, कान पर लगी क़लम और बग़ल में बस्ता—यही उसकी पहचान या पूँजी है। लेकिन उसे पहचानकर भी परख पाना मुश्किल है। सरकार ज़मीन और किसान का सुधार करना चाहती है पर पटवारी नहीं। वह चाहे, तो सरकार का सपना समेटकर रख देता है। वह उपजाऊ ज़मीन को बंजर बतला दे और बंजर को बगीचा बतला सकता है। एक ओर धर्मों के पुरोहित मुर्दे के नाम टिकट काट-काटकर जन्नत से जहन्नुम की सर्टिफिकेट दे देते हैं और दूसरी ओर पटवारी का प्रमाणपत्र आबाद या बर्बाद कर सकता है। उसके नोट किये नम्बरों की माया भी निराली है। सहज नम्बरों के इधर-उधर कर देने भर से जड़-ज़मीन रामा के पास से श्यामा के पास सरक जाती है और किसी को पता भी न चले। पैसे के प्रभाव से पैमाइश के काग़ज पलट जाते हैं और कोई सत्ताधारी सरकार पकड़ नहीं पाती। पटवारी के अपने घर में भुनी-भाँग भी नहीं मिलती, किन्तु उसे पूरी बोतल का नशा रहता है। पूँजी के नाम पर, चाहे नगद उसके पास न रहे, लेकिन उसकी पूँजी हर एक किसान के घर जमा रहती है। जब वह इशारा कर दे, थैलियों में पड़कर उसके पास पहुँच जाती है।

तहसील, सुबात, रेवेन्यू विभाग के पटवारी पोषक, पालक, संचालक हैं। पटवारी न हो तो इन विभागों में ताले पड़ जाएँ। ज़मीन का सुधार हो या बिगाड़, पटवारी की प्रतिष्ठा समान बनी रहती है। उसकी प्रतिभा की खेती ज़मींदारी उन्मूलन, भूमि-सुधार, कृषि-वृद्धि आदि के कारण ज़मीन से अधिक उर्वर बन गयी है। ज़मीन को चाहे कृत्रिम खाद मिलता हो पर किसान को इधर असली खाद अधिक मिलने लगा है। वह अपने ही घर बैठे बस्ते को फैलाकर सफ़ेद को स्याह तथा स्याह को सफ़ेद बनाता रहता है। और इस स्याही-सफ़ेदी के कारण कोर्ट-कचहरी में कुम्भ-मेला भरने लग गया है। वकीलों की चाँदी बसर रही है। चाहे खेतों पर लाठी चले, छुरी चले, पटवारी के कमरे में महज क़लम चलती है और करामात दिखलाती रहती है। पटवारी के सिर की सूझ से कई के सिर फूट जाते हैं। सरकारी काम बढ़ जाता है। वकीलों की जेबें भर जाती हैं। महाकवि बिहारी ने कहा है—

दृग उरझत, टूटत कुटुम, जुरत चतुर चित प्रीति
परत गाँठ दुरजन हिए, दई नयी यह रीति

किसी से आँखें उलझती थीं तो टूटता कुटुम्ब था और प्रीति चतुर के चित्त से जुड़ती थी, दुर्जन के दिल में गाँठें पड़ती थीं। ठीक यही हालत पटवारी की समझिए! पटवारी की क़लम उसके कमरे में बग़ल के बस्ते पर चलती है तो कोर्ट-कचहरी में बहार आने लगती है। खेतों पर लाठी चल जाती है और घर में जोड़ी हुई रकम वकील और सरकारी ख़जाने में पहुँचने लगती है।

किसान गर्मी-सर्दी-बारिश, भूख-प्यास की परवाह नहीं करता, मेहनत से तो वह घबराता ही नहीं, कुदरती कोप को भी साहस से सह लेता है, हिम्मत बनाये रखता है, पर पटवारी के प्रपंच में पड़ जाए तो उसके पुरखों के भी पंख फड़फड़ा उठते हैं। पटवारी उसका परमेश्वर है। वह सरकार-साहूकार को सटका सकता है पर पटवारी के दरिद्र-दौलतख़ाने पर जियारत करने से नहीं चूक सकता। भगवान को वह एक बाहर कोई भेंट न दें, पटवारी को पूजे बिना नहीं रह सकता। पटवारी का तिरस्कार, किसान सिर-माथे पर सरकार समझकर रखता है।

सरकार को पटवारी की रिपोर्ट पर ही आधार रखना पड़ता है। उसके संवाद-संकलन पर बिना अकाल के भी काल, अकाल पड़ता है। ज़मीन की असली हालत चाहे जैसी हो पर पटवारी उसे उर्वर, अनुर्वर सिद्ध कर सकता है। किसी भी सीमा का विस्तार कर देना या समेट देना उसकी क़लम का ही काम होता है। पटवारी की शक्ति असीम है, सरकार की स-सीम। पैसे पर पटवारी का पेंडुलम घूमता रहता है। उसे परमेश्वर की भी परवाह नहीं होती। परमेश्वर ने चाहे औरों का आविष्कार किया हो, पटवारी स्वयंभू है। उसकी परम्परा प्रागैतिहासिक है।

पटवारी की प्रतिभा प्रचंड होती है, फिर भी प्रतिभाशालियों में उसकी परिगणना नहीं होती। भले और बुरे परिणामों का प्रेरक होते हुए भी उसे लेखकों की सूची में जगह नहीं मिलती। पृथ्वी-पुत्रों का प्रभु होते हुए भी वह समाज में किसानों की तरह उपेक्षित है। अनादिकाल से क़लमजीवी होते हुए भी उसे श्रमजीवी-साहित्यकार नहीं समझा जाता। पटवारी को प्रतिष्ठा से कोई मतलब नहीं, ज़मीन का मालिक हो या मजदूर, काश्तकार हो या ज़मींदार उसका भाग्य पटवारी के बस्ते में बँधा रहता है, दिन-रात श्रम करते और गाँव-गाँव, खेत-खाई-खन्दकों में मारे-मारे फिरते हुए भी उसके श्रम को कभी सराहा नहीं जाता, न इसकी वह चिन्ता ही करता है। पटवारी के परिवार के पोषण के लिए चाहे एक एकड़ जमीन न हो, किन्तु वह अपने विभाग की पूरी ज़मीन का ज़मींदार है। कम से कम वेतन पाकर भी वह किसी रईस से कम नहीं। सारी ज़मीन का नाज उसकी नजर पर न्यौछावर रहता है। उसे कभी कंट्रोल का कष्ट नहीं, महँगाई

की मजबूरी नहीं। मजबूर होकर जमींदार उसकी आवभगत करता रहता है। पटवारी यद्यपि साधारण श्रेणी का व्यक्ति है, पर अधिकारी को उसी का आभार मानना पड़ता है। उसकी क़लम की नोक से ज़मीन की जड़े हिलती और जमती हैं। पटवारी पंडित नहीं है, लेकिन उसकी लेखनी में चमत्कार है। ज़मीन को 'अचला' कहाँ माना जाता है, पर पटवारी की क़लम वह चलती रहती है जैसे प्लेंचेट पर आत्माएँ उतर जाती हैं। पृथ्वी जिस धुरी पर चलती है, वह पटवारी की नुकीली क़लम ही है। पता नहीं वैज्ञानिकों ने इसकी खोज की या नहीं? मगर यही सत्य है।

यदि ज़मीन है तो पटवारी का अस्तित्व अवश्य है। उसका जन्म ज़मीन के साथ हुआ है। इतिहास-लेखकों ने, विकासवाद के समीक्षकों ने पटवारी की उपेक्षा कर अपने साथ अन्याय किया है। ज़मीन और उसकी विस्तार-सीमा-समस्या ही दुनिया में लाखों वर्ग-संघर्षों का कारण बनती रही है और उन संघर्षों की जड़ों में पटवारी की ही प्रतिभा रही है। यद्यपि प्रतिभापुत्रों की प्रतिस्पर्धा में पटवारी को पछाड़ दिया गया है तथापि वह सदैव कर्मरत है, क़लम के बल पर अमर बना हुआ है। ज़मीन जिनके पैरों के तले से निकलकर चली गयी है या जिनके पैरों के नीचे जम गयी है उनके अन्तर-पट पर पटवारी का इतिहास सदैव के लिए अंकित रहता है।

पटवारी किसी यूनिवर्सिटी का ग्रेजुएट या डिग्री-होल्डर नहीं होता, किन्तु उसके ज्ञान की तेजस्विता से अनेक डिग्री-होल्डरों की जेब भर जाती है। इसलिए पटवारी स्वयं विश्वविद्यालय है।

दुनिया में भारत ही सबसे बड़ा ग्राम-प्रधान राष्ट्र है, इसलिए ग्रामों का प्रधान पटवारी होना स्वाभाविक है। पटवारी की पार्लिमेंट द्वारा ग्राम-प्रशासन चलता है, इस कारण वह स्वतन्त्र सत्ताधारी है।

पटवारी के दिल की थाह पाना परमात्मा के लिए भी कठिन है। विनोबा के भूदान का पुरोहित पटवारी है, सरकार चाहे कोई आए या जाए, वह किसी तरह भूमि-समस्या सुलझाती-उलझाती रहे, पटवारी की प्रतिष्ठा में कोई अन्तर नहीं आ सकता। यही कारण है कि पटवारी, परमात्मा का प्रतिस्पर्धी बन गया है। यदि ज़मीन, ज़मीन ही बनी रहती है तो पटवारी का पट्टा अमर बना रहता है। प्रलय-पर्यन्त उसे परवाह नहीं रहती। यदि ज़मीन ही गोता खाकर कहीं खिसक जाए, तो पटवारी का पट परिवर्तन हो सकता है।

जबकि आकार-प्रकार न रखते हुए भी 'परमेश्वर' चला आ रहा है, तब पटवारी तो साकार, सजीव और सर्वव्यापी है, वह कैसे ज़मीन से जाता रहेगा?

बेलगाम का बैल

गाँव से उबर के कहते हैं शहर जाएँगे,
सींग फिर भी न समाये, तो किधर जाएँगे?

श्री सम्पादक जी 'रंग',

नमस्कार!

आप बम्बई रहते हैं। वैसे बम्बई और बैल की एक ही 'राशि' होती है, पर बम्बई में कोई ज़मीन का ऐसा टुकड़ा नहीं है कि जहाँ बैलों को बाँधा जाए, जहाँ आदमी को होटल भले ही मिल जाए, रहने का 'ओटला' तक नसीब नहीं होता, तब वहाँ बैलों के सींग कहाँ समाएँगें? यही कारण है कि बम्बईवालों ने अपने बैल बाँधने के लिए अलग ही गाँव ख़रीद रखा है, वह है बेलगाम। आपके लिए भी यही उचित होगा कि इस गाँव में अपने बैलों को बाँधते! इधर आप जानते ही हैं कि बैल अधिक प्रगतिशील होते हैं। वे आदमी को देखकर भड़क जाते हैं और सींग मारने को उद्यत हो जाते हैं। बहुत दिनों तक दिल्ली की बस्ती बढ़ जाने पर भी गप्पा जी ने अपने दरवाज़े पर दो बैल बाँध रखे थे, उनके प्रतिक्रियावाद को वे बर्दाश्त न कर सके, बँधे-बँधे ही तंग आ गये और रस्सी तुड़ाकर एक रोज़ बुरी तरह भाग खड़े हुए। हाथ न आये तो न आये, पुलिस के बूते भी न आये। तब प्रधानमन्त्री ने प्रयत्न किया कि वे पकड़ लें और अपने खेत पर छुड़वा दें। उन्होंने अपने बहुगुणी (णा) अर्दली को, जो जानवरों को पालने-पुचकारने में माहिर हैं, बैलों को खोजने को भिजवाया। उन्होंने घास दिखलाकर पकड़ने का प्रयास भी किया पर गप्पाजी ने कोर्ट में नालिश कर दी कि हमारे दो बैल खूँटा छुड़ाकर भाग गए हैं। और शक है कि प्रधानमन्त्री ने कहीं अपने खेत की खोली में छिपाकर रख लिए हैं, उनकी तलाशी लीजिए। सरकार को जाँच करनी पड़ी। फार्म पर दो बैल सेनवर्मा की निगरानी में चरते दिखाई पड़ गये। कोर्ट में सेनवर्मा जी का चालान हो गया और बैलों को बुलवाया गया। बैलों ने अपनी सफ़ाई के बयान में साफ़ बतला दिया कि अब हम प्रगतिशील बन चुके हैं, हम सिंडिकेट

के साये में नहीं रहना चाहते। कोर्ट को मजबूर होकर उन्हें सरकारी काँजी हाउस में सुरक्षित रखवा देना पड़ा। इस तरह हाथ में आये हुए बैलों को बहुगुणी अर्दली भी न रख सके। न वे गप्पाजी के पल्ले ही पड़े। बैल तो जहाँ उनके सींग समा सकें, वहीं रहना पसन्द करते हैं। बेचारी गाय और गधे की यह हालत है कि जहाँ बँधवा दिया, वहीं रह लेते हैं। वैसे गाय एक धार्मिक जीव है। पर कोई अधार्मिक व्यक्ति भी उसके दूध पर पलना चाहे तो वह थोड़ा सींग भले ही हिला दे, पर उस अधार्मिक को भी अपने बछड़े का पेट काटकर दूध पिलाने को पीछे पैर नहीं पटकती। सो वह बैल के सींग दिखलाने पर भी दिल्ली में अपनी दुम बनाये, दुबकी दबी हुई, सींग होते हुए भी अपने बछड़े की 'माँ' होने के कारण बछड़े के बड़े होने तक दबकर, जहाँ भी सींग समाएँ सिमटी रहेगी। जिस दिन उसका बछड़ा बैल बन जाएगा, वह स्वयं सींग दिखलाकर जहाँ चाहेगा चला जाएगा। उसकी मर्जी के खिलाफ़ उसे कोई दुम दबाकर नहीं रख सकेगा। एक बार सिर पर के सींग ग़ायब हो जाने के कारण गधा प्रतीक बन भी जाए, पर क्या मजाल कि किसी साँड को कोई प्रतीक बना ले। वह अपनी सींग मारने की स्वतन्त्रता को किसी पार्टी के पास रेहन नहीं रख सकता।

वैसे भैंसा भी सींग वाला जीव है, पता नहीं उसे क्यों नहीं कोई पार्टी अपना पाती। हाल ही में उपहार में अमेरिका द्वारा एक भैंसा दिल्ली में दानस्वरूप आया है। दिल्ली के प्राणी संग्रहालय में एक भैंस कुछ काल पहले विधवा हो गयी थी, दिल्ली वालों ने या पूरे देशवालों ने उसका रोग सुना-अनसुना कर दिया, पर दयालु अमेरिका ने सात समुद्र पार से उसकी गुहार सुनी और द्रवित होकर एक सुन्दर नौजवान मजबूत भैंसा भेजकर पुनः उसके सुहाग को सजा-सँवार दिया। इस मध्यावधि चुनाव के दिनों में यह तो भला हुआ कि किसी ने पाड़े को अपना प्रतीक नहीं बनाया, वर्ना विरोध का बवंडर खड़ा होता ताकि ठीक चुनाव के समय अमेरिका ने पाड़ा पहुँचाकर हमारे आन्तरिक मामलों (विशेषकर चुनाव) में हस्तक्षेप किया है। यह प्रगतिशीलों के लिए एक प्रचार का विषय बन जाता। जबकि गाय और भैंस की उपयोगिता के विषय में कोई अन्तर का अवसर नहीं। हाँ, गाय चुनाव के पूर्व धार्मिक प्रतीक थी, चुनाव में चढ़ जाने के कारण वह धर्मनिरपेक्ष बन गयी है। पाड़ा वैसे धार्मिक प्राणी नहीं है, धर्मनिरपेक्ष समाज के लिए यह सर्वोत्तम रह सकता था, हाँ, महज यमराज का वाहक और शनिग्रह का प्रतीक होने के कारण उससे एकाध वर्ग-विशेष को छोड़ सभी चौंकते हैं। यह सच है कि वह अभी प्रगतिशील नहीं बन पाया है। बम्बई में चाहे गाय रखने की कोई गुन्जाइश न हो, किन्तु भैसों के तबेलों की कोई कमी नहीं है, उसका दूध पीकर बम्बई की अधिकांश जनता जानवरों का जीवन व्यतीत करती है। पाड़ा और भैंस भी सींगदार जीवन हैं, उसने मेनन साहब को सींग मारकर भगा ही दिया था, आज भी

पाटिल साहब को पास नहीं फटकने दिया है। ऐसी हालत में रंग सम्पादक जी ने बम्बई के पाड़े के सींगों की सराहना कर बैलों को क्यों महत्त्व दिया है? समझ में कम आता है। चेम्बूर में चरती हुई भैंस शायद उन्हें आकर्षित नहीं कर सकी। उन्होंने बेलगाम के बैल पर ही अपना रंग गाँठना पसन्द किया।

[टिप्पणी—*रंग सम्पादक श्री रामावतार चेतन ने काँग्रेस के तत्कालीन चुनाव चिह्न 'दो बैल की जोड़ी' के पलायन पर बम्बई से पत्र लिखकर व्यास जी की त्वरित टिप्पणी चाही थी, जो उन्होंने अप्रैल 1971 अंक में प्रकाशित की थी—सं.*]

पादुका–पुराण

प्रच्छन्न पादुका-पुराण के प्रणेता कविराज कपिलदेव जी आज से अनेक वर्षों पूर्व कश्मीर के कोलाहल पर्वत की उपत्यका में उत्पन्न हुए थे। 'मटेरिया मेडिका'-महाकाव्य में उनकी महिमा में पचासों पृष्ठ भरे हुए हैं। उससे पता पड़ता है कि उनके पिता का नाम पीताम्बर पन्त था और माता का नाम मनसादेवी। उनके पुत्र पोपट पन्त ने प्रचंड पराक्रम द्वारा पद्मपुराण का पारायण कर पन्नग प्रदेश पर विजय की थी।

पीताम्बर पन्त की प्रतिभा विलक्षण थी, पद्मिनी—प्राणवल्लभ, वनिता-विषाद् मानमर्दन, नकर-विग्रह-नामक ग्रन्थों का निर्माण किया था। एक लाख श्लोकों की रचना के साथ ही पाँच हज़ार पृष्ठों में टीका भी लिखी थी, जिस समय अपने ग्रन्थों की पांडुलिपि लेकर पटना के पंडितों की परिषद में पहुँचे और शास्त्रार्थ के लिए चैलेंज दिया तो पटना के महाराज मन्जुदेव ने सभा बुलाकर अपने समक्ष शास्त्रार्थ करवाया। पचास पंडितों से अकेले पीताम्बर पंत ने साहसपूर्वक पूरे सौ घंटे तक शास्त्रार्थ किया और अपनी साख जमा दी, परन्तु पंडितों ने प्रपंच कर पंडित पीताम्बर को पटने में टिकने नहीं दिया। विवश होकर पीताम्बर पंडित पटना से चलकर काशी पहुँच गये और वहाँ गंगा में ग़ोता लगाकर रोज़ाना पादुका-पुराण के प्रणयन में प्रस्तुत हो गये। पूरे पाँच महीने और पच्चीस रोज़ में उन्होंने पच्चीस हज़ार श्लोकों की रचना कर पुराण पूर्ण कर डाला। काशी के पंडितों की भी पटना के प्रपंची-पंडितों से पुरानी प्रतिस्पर्धा चली आ रही थी, इसलिए उन्हें पीताम्बर पन्त के पादुका-पुराण से बड़ी प्रसन्नता हुई और लगातार चातुर्मास पर्यन्त पुराण का प्रवचन करवाया गया। प्रवचन पूर्ण होने पर पंडितों ने यह निश्चय किया कि इस पुराण की प्रतिलिपि प्रतिदिन पचास पंडित करें और पूर्ण होने पर उनका प्रचार पटना में करवाया जाए। इस प्रकार कुछ समय के पश्चात् पादुका-पुराण की अनेक प्रतियाँ पटना में पहुँच गई और पंडितों में बड़ा कोलाहल मच गया। नगर की चर्चा सुनकर राजा ने पादुका-पुराण की प्रति प्राप्त की और अपने पुरोहित से पढ़वाकर सुना। उन्हें पटना के पंडितों के प्रपंच का पता चला तो वे बहुत विचलित हो गये। उन्होंने दूसरे दिन पंडितों को एकत्रित किया और कहा कि आप लोगों के

व्यवहार से क्षुब्ध होकर पीताम्बर पंडित ने यह पुराण-प्रवचन किया है, इससे सारे पटना की प्रतिष्ठा को धक्का लगा है। यह बहुत बुरी बात है। अब आप लोग काशी जाकर पंडित पीताम्बर से क्षमा माँगें और पादुका-पुराण के प्रचार को रुकवाइए, अन्यथा आपकी राजप्रतिष्ठा समाप्त कर दी जाएगी। इस पर पंडित लोग सहमत हुए और पचास पंडित मिलकर काशी में पंडित पन्त के पास पहुँचे। अपने प्रपंच के लिए क्षमा माँगी और पुराण के प्रचार को रोकने की प्रार्थना की। तब दयावश पंडित पन्त ने पुराण-प्रचार रोक दिया। उसी समय से पादुका-पुराण लुप्त हो गया। आज ठीक एक हज़ार वर्ष हुए, पुस्तक का कहीं भी पता नहीं चल पाता था। 'मटेरिया मेडिका' महाकाव्य के उल्लेख के कारण अनेक संस्था और पंडितों ने सदियों से पुराण की खोज में अपने को खपा दिया, परन्तु कहीं पता नहीं मिल सका। हाल ही की बात है, जब उटकमंड में तैल-पर्यवेक्षण के लिए भू-गर्भ की पड़ताल की जा रही थी, तब ज़मीन के अन्दर मशीन की एक नली किसी धातु से जाकर टकराई और उसकी आवाज़ ऊपर तक छेद से सहज सुनाई दी। रशियन विशेषज्ञों को इस आवाज़ से आश्चर्य हुआ। उन्होंने खुदाई छोड़कर नली को वैसे ही लगा रहने दिया और पूरी रिपोर्ट लेकर वे मन्त्री से मिले। उनसे परामर्श कर रशिया जाना तय किया गया। वहाँ स्पुतनिक विभाग के वैज्ञानिक को सारा विवरण सुनाया। वैज्ञानिक ने एक विशेष यन्त्र का आविष्कार कर उन्हें दिया कि इसे उस नली के ऊपरी सिरे पर लगा दें ताकि अन्दर से सुनाई देनेवाली धातु के स्वर को यह मशीन अंकित कर लेगी और उसका चित्र भी एक अणु के दस हज़ारवें भाग की स्थिति के अनुसार खींच लेगी। उसके बाद यह यन्त्र रशिया लाया जाए, तब उसके रहस्य का विशेष अनुसन्धान द्वारा पता लगाया जा सकेगा।

इस प्रकार, वह यन्त्र भारत लाया गया और विशेष सूचना के अनुसार प्रयोग किया गया। प्रयोग के पश्चात् पुनः विशेषज्ञ के पास पहुँचाया गया। जब फ़िल्म को यन्त्र से निकालकर विशेष सूक्ष्म विषयों के परीक्षक माइक्रोस्कोप पर देखा गया तो पता चला कि ज़मीन के धरातल से एक हज़ार फीट से नीचे एक लोहे की पेटिका पड़ी हुई है और उसके अन्दर काग़ज़ों पर लिखी कोई पुस्तक है, जिसके अक्षर समझ में नहीं आ सके हैं। वैज्ञानिकों के निष्कर्ष और यान्त्रिक प्रिंट के साथ रिपोर्ट लेकर तेल-मन्त्री को बतलाई गयी। तेल-मन्त्री ने यह सूचना पुरातत्त्व विभाग को भेजकर आग्रह किया कि वे उक्त स्थान पर अन्वेषण करें, तदनुसार पुरातत्त्व विभाग के डॉ. विकटनु ने उटकमंड में जाकर खुदाई का काम आरम्भ किया। ठीक पन्द्रह दिनों के बाद उन्होंने उक्त पेटी का उत्खनन कर भू-गर्भ से बाहर निकाला। जब पेटी को खोलकर देखा तो आश्चर्य का ठिकाना नहीं रहा। उसमें पंडित पन्त की वह बहुचर्चित पुस्तक है 'प्रच्छन्न पादुका-पुराण'। उसके साथ पाये गये पत्र से पता चला है कि पटना-प्रवासी किसी नीलाचलम् नामक विद्वान ने पटना के जिस पंडित के परिवार द्वारा कबाड़खाने

में बेची पुस्तक को ख़रीद लिया था और उटकमंड में वापिस आकर रख लिया था, नीलाचलम् का पुत्र कोलाचलम जब कम्युनिस्ट हो गया, तब उन्होंने इस पुस्तक को बहुमूल्य निधि समझ लोहे की पेटी में बन्दकर ज़मीन में सुरक्षित कर दिया था। यह घटना शताब्दियों पूर्व घटित हुई थी। पुस्तक के प्राप्त होने से हर्ष का पारावार न रहा, जिस तरह मालवे के पतंजलि की रचना दक्षिणभारत में मिली और पुनः प्रचलित हो सकी, उसी तरह पंडित पन्त की यह रचना भी दक्षिण में ही उपलब्ध हुई। पुस्तक के प्राप्त होने से जहाँ इतिहासज्ञों में प्रसन्नता हुई, वहाँ पंडितों को एक क्रान्तिकारी रचना पाकर परम प्रमोद भी हुआ।

'प्रच्छन्न पादुका-पुराण' में प्राक्-ऐतिहासिक काल से मध्ययुगीन पादुकाओं के प्रकारों का विशद् वर्णन है। उनमें एक ऐसी पादुका का वर्णन भी है, जिसे धारण करने पर अन्तग्रह यात्रा की जा सकती थी और भारहीन अवस्था में पहुँचकर भी अपने महाकोशल भार को यथावत् रखा जा सकता था। गुरुत्वाकर्षण-विहीन क्षेत्र में पहुँचकर भी अपने गुरुत्व को बनाये रखा जा सकता था।

ऐसी पादुका के निर्माण और यान्त्रिक सिद्धि प्राप्त करने का विस्तृत विवरण दिया गया है। पादुका-पुराण में लिखा है कि अनेक शिल्पियों ने पुराण के विधानों को जानकर ही इतिहासपूर्व, इतिहासकाल एवं मध्ययुग की मूर्तिया निर्मित करते समय अनेक प्रकार की पादुकाओं का अंकन किया है। पंडित पन्त पादुका-विधान के एकमात्र अथारिटी माने जाते थे। भारत में उन्हीं के पुराण की परम्परा का आज तक निर्वाह किया जाता है। अवश्य ही पराधीनता के काल में पर-प्रभावित होने के कारण कुछ विकृत विधानों और रूपों का प्रवेश हो गया। शासन को चाहिए कि विशेषज्ञों का एक कमीशन बनाकर इस ग्रन्थ के विचारों, विधानों का गम्भीर अध्ययन करवाए तथा यह देखे कि उस पुराण-संस्कृति-परम्परा को किस प्रकार पुनः प्रयोग में लाया जा सकता है, जिस समय श्री के.एम.मुंशी पुस्तक के भू-गर्भ से निकलने के पश्चात् उटकमंड गये थे और पुराण का पारायण किया था, वे बहुत ही प्रभावित हुए थे। वापिस होकर उन्होंने उसके आधार पर पादुका का निर्माण किया था। परन्तु ठीक स्मृति में न रहने के कारण वह अपूर्ण रह गयी। आज भी वह भग्नपादुका उनके पास भारतीय विद्या भवन में सुरक्षित रखी हुई है।

भग्न-पादुका-पुराण

आज से ठीक एक हज़ार वर्ष पूर्व महाकोशल की राजधानी माटुंगा में चिराग़अली चिश्ती नाम के हिन्दी के महाकवि रहते थे। उन्होंने शुद्ध हिन्दी में 'मटेरिया मेडिका' नामक महाकाव्य का निर्माण किया था। जब पहली बार इसकी कुछ कविताएँ माटुंगा के महाराजा कन्हैयालाल मुंशी के दरबार में उनकी वर्षगाँठ के दिन भरे दरबार में सुनाई गयी, तो वे अत्यन्त प्रसन्न हो गये। अनेक प्रकार के पुरस्कारों से चिश्ती साहब को प्रसन्न कर दिया और यह इच्छा ज़ाहिर की कि रोज़ाना शाम के समय एक सर्ग हमें सुनाया जाए। कवि यही चाहते थे।

रोज़ाना शाम को गिने-चुने दरबारी रसिकजन महाराज के कक्ष में जुड़ते और चिश्ती साहब अपनी कविता का पाठ करते जाते थे। वे इस तरह कई सर्ग सुनाते गये। उनके सर्ग के नाम थे—'बेरनी बसलात', 'कोनों बाँक', 'काकानी राशि' आदि। काव्य पूरे अठारह सर्ग का था। कई महीनों तक इसका पाठ चलने वाला था, महाराज को इसमें बड़ा मज़ा आ रहा था। सहसा इस रंग में भंग पड़ने का अवसर आ गया। 'कोनों बाँक' सर्ग का पारायण हो रहा था, तब एक चोबदार ने कक्ष के द्वार पर पहुँचकर महाराजा से ज़रूरी मिलने की आज्ञा चाही। महाराज ने अपने पास बुलवाकर पूछा कि ऐसी क्या बात हो गयी कि इसी क्षण तुमको यहाँ पहुँचना पड़ा। सिर झुकाकर चोबदार ने अर्ज किया कि श्रीमान! इसी क्षण रूस-देश से अन्तरिक्षयान के द्वारा एक दूत माटुंगा में उतरा है और कहा है कि 'स्वप्नदर्शी' महाराज मुंशी जी के पास जो 'भग्न-पादुका-पुराण' की पोथी है, उसे रूस की सरकार देखने की अत्यन्त उत्सुक है। उसमें उनकी जन्मकुंडली का भविष्य लिखा हुआ है। इस समय चीन के साथ रूस की दो-दो चोंचे चल रही हैं। इसलिए वे चाहते हैं कि उसका नतीजा निकालकर देखा जाए और वैसी कार्यवाही की जाए।' दूत का कहना है कि यदि पुस्तक लेकर स्वयं महाराज मुंशी जी रूस पधारें तो उन्हें बहुत खुशी होगी। वे हर तरह का स्वागत करने को तैयार हैं। महाराज ने सारी बात सुनकर सभा समाप्त कर और 'भग्न-पादुका-पुराण' की पोथी निकालकर पहले अपना भविष्य देखा। उसमें पेज पलटते ही लिखा मिला कि माटुंगा

के महाराज मुंशी जी की अंतरिक्ष-यात्रा होगी और वे ऋषिलोक में पहुँचकर संन्यास प्राप्त करेंगे। यश और धन भी प्राप्त करेंगे तथा वहाँ भारतीय विद्या भवन की पुख़्ता नींव डाल चपाती-चिन्तन (चौपाटी-चिन्तन) कर सकेंगे।

महाराजा ने भविष्य पढ़कर तुरन्त तय किया कि हम कल प्रातःकाल अन्तरिक्ष-यान से ऋषिलोक जाने को तत्पर हैं। यह सूचना रूस से आये दूत को दे दी गयी। यह भी तय हुआ कि मटेरिया मेडिका महाकाव्य के अमरसृष्टा कवि भी इस यात्रा में साथ जाएँगे। तद्नुसार रातोंरात पूरी तैयारी की गयी। प्रातःकाल पौने पाँच बजे उस आगत अन्तरिक्षयान में जिसका नाम 'लीला-विलास' था, महाराजा मुंशी जी और महाकवि दोनों उड़कर आसमान में अदृश्य हो गये और मिनटों में मास्को पहुँच गये। मास्को के मध्य ठीक लाल मैदान में लीला-विलास यान ज़मीन पर उतरा और ढोल-नगाड़े और मंजीरों की मधुर धुन के साथ मास्को के महाराज ने गले लगाकर मुंशी महाराज का ममतापूर्वक स्वागत किया। महाराज मुंशी जी ने अपने साथ लायी हुई 'भग्न-पादुका-पुराण' की मनोहर मंजूषा दिखलाई और मटेरिया मेडिका-महाकाव्य के प्रणेता से परिचय करवाया। मास्को में महाराज मुंशी को 'मजूर-मंज़िल' नामक महल में ठहराया गया, जहाँ चाय-नाश्ता लेकर सफ़ेद धोती और सफ़ेद टोपी से सुसज्जित होकर महाराज मुंशी मास्को महाराजा से मिलने गये। माटुंगा मनोहारी, महाबलेश्वर की महनीयता और मलाबारहिल की मोहकता की चर्चा करने के पश्चात् असली चर्चा पर उतर आये। लगातार तीन घंटे की बातों के बाद आपने अपनी महत्त्वपूर्ण पुस्तक 'भग्न-पादुका-पुराण' की मन्जूषा को खोलकर मास्को के महाराज की जन्मकुंडली का भविष्य पढ़कर सुनाया। सारा हाल सुनकर मास्को के महाराज का मन बेहद प्रसन्न हो गया। महाराज मुंशी ने बतलाया कि उन्हें चीन से ज़रा भी चिन्ता करने की ज़रूरत नहीं है। 'भग्न-पादुका-पुराण' में बतलाए गये प्रयोग के करने से ही वह चौकड़ी भूल जाएगा और उसके इरादे चौपट हो जाएँगे।

'भग्न-नासिका' वाले देश का पासा पलटने ही वाला है। इस चर्चा को सुनकर मास्को के महाराज की बाँछें खिल गयीं। मुंशी महाराजा को उन्होंने अपना बड़े-से-बड़ा हितचिन्तक माना और 'भग्न—पादुका—पुराण' में बतलाए हुए प्रयोग के करने की तुरन्त मन्जूरी दे दी और कहा कि प्रयोग माटुंगा के महाराज की देख-रेख में ही किया जाए। माटुंगा के महाराज मुंशी जी ने भी इसे स्वीकार कर लिया। तद्नुसार तुरन्त माटुंगा को मेसेज भेजा गया कि विश्व संस्कृत परिषद् से पचास पंडितों को पोथी-पत्रा लेकर मास्को रवाना किया जाए। इनके साथ दो खाना बनाने वाले आचार्य हों। हाथ धोने के लिए भारत की मिट्टी साथ ले आएँ तथा रेशमी वस्त्र, जनेऊ, जोटे, लौटे पानी के पात्र लाना न भूलें, चूँकि मास्को में चूल्हे नहीं जलते, इसलिए भस्मी भी भारत से लेते आएँ।

दो दिनों बाद मास्को में पंडितों के साथ सभी ज़रूरी सामान पहुँच गया और महाराजा मुंशी के नेतृत्व तथा मार्गदर्शन में 'भग्न-पादुका-पुराण' प्रदर्शित प्रचंड प्रयोग प्रारम्भ हो गया। प्रारम्भ में मास्को के महाराज के प्रधान पुरोहित प्रोफेसर खाटपटकी ने विधिवत् पूजा-पाठ किया और अपने हाथों महाराज को रक्त चन्दन का तिलक और लाल कनेर का हार पहनाया। महाराज मुंशी ने भी पंडितों के मन्त्रोच्चार के साथ महाराज मास्को के मस्तक पर तिलक और अभिषेक किया। सात रोज़ तक लगातार मास्को के मैदान में विशाल मंडप के नीचे ऋग्वेद का पाठ पंडित लोग करते थे और पाठ पूर्ण हो जाने पर उसी मंडप में विशाल जनसमूह के बीच मटीरिया मेडिका- महाकाव्य का मधुर पाठ और प्रवचन भी किया जा रहा था। सारा मास्को काव्य के मनोहर पाठ और प्रवचन से मुग्ध बन रहा था। मंडप के मध्य में एक सिंहासन रखा था, जिस पर सुसज्जित रूप से काका कामराज की मास्को यात्रा के समय भेंट की गयी मीनाक्षी की भव्य काँस्य प्रतिमा बिठलाई गयी थी।

काव्यपाठ से प्रसन्न होकर मास्को के महाराज ने इच्छा प्रदर्शित की कि इस यात्रा और प्रयोग की स्मृतिस्वरूप मटेरिया-मेडिका महाकाव्य का प्रकाशन मास्को से ही किया जाए। कवि और महाराजा मुंशी ने इस पर परम हर्ष के साथ स्वीकृति प्रदान की। प्रयोग पूरा होने पर उस पवित्र भूमि पर महाराज मुंशी के अनुरोध पर भवन की भव्य इमारत बनाने के लिए आधारशिला भी रखी गयी। मास्को के नागरिकों का आग्रह हुआ कि इस प्रयोग के लिए जो पंडित वर्ग यहाँ आये हैं, वे इसी भवन में रहें और ऋग्वेद का पठन-पाठन प्रवचन करते रहें। यह सुन सभी प्रसन्न हो गए। पंडितों ने चाहा कि जब तक भवन बनकर तैयार हो, हमें अपने घर जाने की अनुमति मिल जाए। भवन के कार्यारम्भ के समय सभी यहाँ आ जाएँगे। महाराज मुंशी सम्मान-सहित अपनी यात्रा और प्रयोग पूर्ण कर वापस आ गये। 'भग्न-पादुका-पुराण' और मटेरिया मेडिका के प्रकाशन के कार्य को लेकर महाकवि मास्को में रुक गये थे। बाद में महाराज मुंशी जी ने अपनी राजधानी माटुंगा के मलावार मार्ग स्थित दरबार में कुछ समय बाद एक रोज़ बतलाया कि प्रयोग के फलस्वरूप ही चीन के लोगों की, जो किसी समय नाक ऊँची थी, कटकर चपटी हो गयी तथा उसका सपना चकनाचूर हो गया। पता चला कि मास्को में 'भग्न-पादुका-पुराण' की पचास लाख प्रतियाँ प्रकाशित की गयी थीं तथा मटेरिया मेडिका महाकाव्य भी मास्को के सभी नर-नारियों ने लाखों की तादाद में ख़रीदा था। भारत में यह कहीं उपलब्ध नहीं है। यदि कहीं मिल जाता तो यह हिन्दी का महाकाव्य भारतीय ज्ञानपीठ के सर्वश्रेष्ठ एक लाख के लेबल (नोबल) पुरस्कार का एकमात्र अधिकारी ठहराया जाता।

पत्नी-पुराण

पत्नी एक हो कि अनेक, इस पर आज तक अनेक वाद-विवाद हो चुके हैं, पर कोई नतीजा नहीं निकला। राम के पिता की तीन पत्नियाँ थीं। कई ऋषियों के भी दो-दो श्रीमतियाँ रही हैं, पर भगवान श्रीकृष्ण सोलह हज़ार पटरानियों को लेकर सभी का रिकार्ड तोड़कर रख देते हैं। फिर आज के राजों-रजवाड़ों की क्या पूछिए, जो अनेक हूरों को हरम में रखते चले आये हैं। इतिहास के कई राजाओं ने राजनीतिक उद्देश्य से शादियाँ की हैं और यह जायज मानी गयी हैं। परन्तु आज का ज़माना बड़ा नाजुक आ गया है। एक औरत भी ख़तरा बन जाती है। फिर जहाँ एक से ज़्यादा हों, वहाँ का तो हाल ही न पूछिए! यों एक औरत अपनी दस सहेलियाँ बनाकर मौज से रह सकती है, पर दूसरी सौत को साथ देखते ही जलभुनकर खाक हो जाएगी। औरत-औरत से बराबरी करने का दावा क्यों करती है? एक ओर कुछ भागों में चार मर्द की नहीं रह सकती। यह है न उलटी रीत! इसलिए किसी बड़े आदमी ने कहा है कि औरत की जात सहनशील नहीं होती, ईर्ष्यालु होती है। दूसरी औरत के ठीक महज सन्देह में सूँघकर भी संग्राम छेड़ सकती है। आज का मर्द यह तर्क करता है कि एक स्त्री एक बार गर्भ धारण कर सकती है और एक आदमी चार स्त्रियों को गर्भाधान करवा सकता है। इसलिए उसे बहुपत्नित्व का अधिकार है। परन्तु आदमी के इस अधिकार पर उसकी पत्नी अंकुश रखना चाहती है, और आदमी औरत का यह झगड़ा पुराना चला आ रहा है और आदमी इससे तंग भी बहुत आया है। कई तो जीवन-भर रंडुए रहना पसन्द करते हैं, पर शादी नहीं करते। जिनकी शादी नहीं हुई होती है, वे शादी के लिए मचलते हैं और जिनकी शादी हो गयी होती है, वे भगवान से छूटकारा पाने की प्रार्थना करते हैं। बहुत से विद्वान, लेखक, कवि, राजनीतिज्ञ शादी करके पछताए हैं, उनकी ज़िन्दगी ख़राब हो गयी है। और बहुतों ने शादी के लिए बेचैन बन बड़ी-बड़ी रचनाएँ कर डाली हैं। दुनिया के हर कोने से इसके सबूत मिल सकते हैं। कई साधु-सन्तों की मिट्टी भी पलीद हुई है। तुलसीदास और तुकाराम की आपबीती आप सभी जानते हैं। कालिदास की कथा भी चाहे कल्पित हो, इसी तरह की है। राम को

रावण के कारण कितना हैरान होना पड़ा, उन्होंने लोगों के प्रेम को गनीमत माना और उसके लिए सीता को छोड़ देने तक तैयार रहे।

शादी की जाए या नहीं और शादी अच्छी चीज़ है या बुरी, यह बड़ा उलझन से भरा सवाल है। हम हिन्दुस्तानी शादी को धार्मिक बन्धन मानते हैं और लड़ते-झगड़ते सिर फुटौवल करते हुए भी ज़िन्दगी-भर नाता निबाहते हैं और मुसलमान के लिये तलाक या नातरा जैसी चीज़ जायज है, वे शादी को महज एक कंट्रेक्ट-भर समझते हैं। वे शादी को जब तक चाहा रखा और जब न चाहा तोड़ दिया। ज़िन्दगी-भर की इल्लत से तो बचे। हम हिन्दू लोग एक औरत को ज़िन्दगी-भर पल्ले से बाँधे फिरते हैं और मरकर बेवा बनाकर ही रुलाते रहे जाते हैं। जबकि एक मुसलमान बीवी दस खसम के मर जाने पर भी कभी बेवा नहीं होती। हमारे देश में भी अलग-अलग प्रान्तों में इसके अलग-अलग रिवाज हैं, अलग-अलग कायदे हैं। और की क्या कहें, किसी ने महान लेखक जॉर्ज बर्नाडशा से शादी के मामले में पूछ लिया। तब जानते हैं आप कि उन्होंने क्या कहा था? वे कहते हैं, लग्न खानगी इरादे का ज़ाहिर में इकरार है। बात बराबर है, मानव के मन में इकरार है। बात बराबर है। मानव का मन भी होता है और इसका प्रकटीकरण वह दोस्तो-मित्रों को लेकर दावत के साथ बाजे बजाकर कर देता है। और इरादे चाहे मन-ही-मन में रहें। कुछ आलोचकों का मन्तव्य है कि शादी यानी हमें कैसी स्त्री चाहिए या कैसा पति चाहिए, इसका प्रयोग-मात्र है। इसका अर्थ यह है कि यह सफल वस्तु नहीं केवल प्रयोग है। आजकल टेलीफोन एक्सचेंज ऑफ़िस में युवक भी रहते हैं और बालाएँ भी। किसी ने उनसे शादी के बारे में पूछा। उन्होंने शादी को अपने अनुभव के अनुरूप टेलीफोन की तरह बतलाया। टेलीफोन पर हम जिससे मिलना चाहते हैं, कई बार वह नहीं मिलता, दूसरे से काम चलाना पड़ता है किन्तु फोन करने की फीस तो ठुक ही जाती है। इसी तरह शादी में मन को मेल खाता आदमी या औरत न भी मिले, ख़र्च तो लग ही जाता है। हमारे एक सिनेमावाले मित्र ने कहा कि शादी ठीक फ़िल्मों की तरह है। दो-चार अच्छे चित्रपटों के सौदे के साथ कुछ हल्के भी ले लेने पड़ते हैं और उन्हें धकाना पड़ता है। शादी का यही हाल होता है, परन्तु प्रख्यात दार्शनिक प्लेटो के नाम से तो एक ख्याति प्लेटोनिक लव से ही मशहूर हो गयी है। इसकी भी मनोरंजक कहानी है।

प्लेटोनिक लव

प्लेटो से किसी ने पूछा था, क्या आप तलाक दे रहे हैं, तो आपकी बीवी सुशील नहीं है, मनलायक नहीं या काम की नहीं है। पर प्लेटो ने एक भी उत्तर ज़बान से न देकर पैर में से एक जूती निकालकर पूछने वाले से प्रश्न किया, 'क्या यह सुशील नहीं है, मनलायक नहीं या काम में नहीं आती।' मित्र ने कहा, 'ठीक है, काम की है। पर

मैं तो जूती के लिए नहीं आपकी बीवी के बारे में पूछ रहा हूँ। प्लेटो ने जवाब दिया, 'मैं भी इसी बात पर आ रहा हूँ। यह जूती बिल्कुल ठीक है, अन्दर-ही-अन्दर कहाँ काट रही है, तुम्हें कैसे पता चले, वही हाल बीवी का है।' दोस्त को चुप हो जाना पड़ा। प्लेटो की उपमा में जो मज़ा है, वह कुछ अलग ही है। इसलिए प्लेटोनिक लव का स्वतन्त्र महत्त्व है। पर आदम और ईवा के मामले में और राहुलजी के लिखे मधुर स्वप्न के ईरानी शाह कव्वाल और उसकी सगी बहन के ही पत्नी बन जाने पर यह समस्या रंग पलट देती है। पसन्द और कांट्रेक्ट का सवाल ही नहीं उठता। जर्मनी के महाकवि गेटे से तो हम हिन्दुस्तानी बहुत परिचित हैं। कालिदास की शकुन्तला को लेकर वही तो नाच उठा था। पर जब शादी के बारे में उससे पूछा गया तो उसने शादी को कहा कि हजारों लोग लाटरी का टिकट खरीदते हैं पर लाभ मुश्किल से दो-चार को ही होता है। शादी जीवन का जुआ ही तो है। जिसका पासा सीधा पड़ा, वही जीतता है वर्ना जुआरियों को ज़्यादातर खाते-पछताते ही सुना जाता है। सन्त तुकाराम चाहे जीते-जी स्वर्ग गये, पर बीवी ने जैसा उन्हें परेशान किया था, यह सब जानते हैं। ठीक ऐसी ही हालत महर्षि टालस्टाय की हो गयी थी।

महान लिंकन की ही बात लीजिए। उनकी पत्नी कहा करती थी—लिंकन सभी के लाड़-प्यार के पात्र बन गये हैं। वह एक रोज़ अमरीका जैसे महान देश के प्रमुख बनेंगे, यह मेरे स्वामी हैं। इसीलिए मैंने इनसे शादी की है। पर लिंकन के प्रेसिडेंट हो जाने पर यही श्रीमती कर्कशा की बड़ी बहन बन जाती हैं। बेचारा लिंकन बाहर ही रहता है। बीवी की तरफ़ नज़र तक उठाकर नहीं देखता है। फिर भी हालत यह थी कि एक बार लिंकन के घर पर देश के उच्चकोटि के अधिकारियों को न्यौता दिया गया था। सहसा श्रीमती का मिजाज बिगड़ गया। उसने लिंकन के मुँह पर गर्म कॉफ़ी का प्याला उँडेल दिया। सभी मेहमान सन्न रह गये। पर लिंकन को आदत पड़ गयी थी। उसने रूमाल से मुँह पोंछ लिया और टेबल के पास चुपचाप जा बैठा। विश्वविख्यात लेखक अर्नाल्ड की बीवी ने केवल इसलिए बलवा कर दिया था कि अर्नाल्ड के बात करने का ढंग डिक्टेटराना था।

अब ज़रा पार्लियामेंटरी का प्रयोग भी सुन लीजिए

धारासभा के एक भूतपूर्व प्रमुख की पत्नी नाराज़ होकर अपने मायके चली गयी थी, उनको मनाने के लिए एक मित्र घर गये, उनका सवाल पार्लियामेंटरी पद्धति से मनोरंजक ढंग से पर हुआ था, वह मज़ेदार संवाद जानने की चीज़ है।

मित्र ने पूछा—मुझे अर्धशासकीय ढंग से ज्ञात हुआ है कि आपकी श्रीमती रूठकर अपने मायके चली गयी हैं और आप उन्हें मनाने के लिए गये थे।

उत्तर—आप जो कह रहे हैं, उसके उत्तरार्ध का उत्तर 'हाँ' में है, मैं ता. 12 को

अपनी पत्नी से मिलने गया था और हमारे बीच 2 घंटे तक मित्रतापूर्वक वातावरण में परस्पर दृष्टिकोण का आदान-प्रदान भी हुआ ।

प्रश्न— आपने अपनी पत्नी को वापस लाने के लिए कोई दरख्वास्त दी थी?

उत्तर— इसका उत्तर नकार में है।

प्रश्न— अर्थात् अब आपकी श्रीमती वापस नहीं आना चाहती, यही न!

उत्तर— मैंने आरम्भ में जो कहा है, उससे अधिक कुछ कहना नहीं है।

प्रश्न— इस विषय में आपको लेकर आलोचनाएँ हो रही हैं, उन पर आपका ध्यान होगा।

उत्तर— अभी मैं विवरण एकत्र कर रहा हूँ। कुछ कहने की स्थिति में नहीं हूँ।

प्रश्न— आपको अपनी पत्नी को मना लेना चाहिए, यह उचित नहीं मालूम होता है क्या?

उत्तर— आपका निवेदन कानून से बाहर है। इसे आगे नहीं बढ़ाने दिया जा सकता।

हमारे एक साहित्यिक मित्र घर पर सदैव पुस्तक हाथ में लिए रहते, न किसी से बात, न मनोरंजन। पत्नी बहुत तंग आ गयी। उसने पति को सुनाकर भगवान से प्रार्थना की कि प्रभो! अगले जनम में मुझे किताब ही बनाना ताकि सदैव ही पति के हाथ में बनी रहूँ। पर पति महाशय ने पत्नी के प्रस्ताव में इतना और सुधार कर दिया, पत्नी को पुस्तक ही बनाना मंजूर हो तो प्रभो, उसे पंचाग (या कलेंडर) या डायरी बना देना, ताकि हर साल नयी तो मिले।

गाँधीजी और कस्तूरबा के बीच कई मनोरंजक घटनाएँ घटी हैं। महादेव भाई, सुशीला और स्वयं बापू ने आत्मकथा में उनका वर्णन किया है। और जवाहरलाल जी की कमला जी को तो काल ने बीच रास्ते में ही हरण कर लिया। आज उन पर क्या बीतती है यह उनकी पुस्तकों में पढ़ा जा सकता है। भगवान की माया को तो लोगों ने बहुत बुरा-भला कहा और हाथ मलकर रह गये, पर महिला की माया उससे कम गहरी और मनोरंजक नहीं। उसने तो मानव के मन में संयम की एक समस्या ही खड़ी कर दी है।

ख़ूब लड़ाती थी मुर्ग़े वह दिल्ली की मुग़लानी थी

(1)

बुड्ढी थी, दीवानी थी, एक आँख से कानी थी।
ख़ूब लड़ाती थी मुर्ग़े वह, दिल्ली की मुग़लानी थी।
मुर्ग़ेबाजों की नानी थी,—मरती थी उनको देखे।
कितने मारे, कितने हारे, लोग लगाते थे लेखे।
पर न कभी हारे थे मुर्गे, फुदक-फुदककर लड़ते थे।
और तमाशेबाज़ों के नित ठट्ठ वहाँ पर जुड़ते थे।
उसकी शान निराली ही थी, और ओढ़नी धानी थी।
खूब लड़ाती थी मुर्गे वह, दिल्ली की मुगलानी थी।

(2)

कहते हैं उसकी नानी भी मुग़ल राज में रानी थी
खूब लड़ाती थी मुर्ग़े वह, दिल्ली की मुग़लानी थी।
दिल्ली वाले सभी अदब से उसको सीस झुकाते थे।
मुर्ग़ों की सुन बाँग सुबह को अपना सिर खुजलाते थे।
कुकड़ूँ कूँ की सुन स्वर लहरी तानसेन घबराते थे।
लाठी-डंडे को नित संग ले डाँस देखने आते थे।
इसीलिए थी सबसे इज़्ज़त-मुर्गों की महारानी थी।
खूब लड़ाती थी मुर्ग़े वह, दिल्ली की मुग़लानी थी।

(3)

दिल्ली वाले सभी काँपते जब वह भरी जवानी थी।
एक-एक मुर्गे की कीमत सौ-सौ गिन्नी मानी थी।
शहंशाह ने कहलाया था, एक 'जोड़' हमको देना।

और नज़र में राजपाट सब तख़्त हमारा लेना।
पर मुग़लानी नहीं पसीजी, उसे गर्ज़ भी क्या ऐसी।
ऐसे राजपाट मुर्ग़ों पर न्यौछावर, 'ऐसी तैसी!'
एक नहीं, रोज़ाना ऐसी सौ-सौ बनी कहानी थी।
एक-एक मुर्ग़े की कीमत सौ-सौ गिन्नी मानी थी।

(4)

मुर्ग़ों की रानी मानी थी, पर बटेर भी रखती थी
अपने हाथ चुगाती दाना, पानी खुद ही रखती थी।
होता था घमसान बटेरें जब ये लड़ने को जातीं।
और शहर की सभी बटेरें 'दड़बों' में घुस-घुस जातीं।
सौ-सौ तीतर को भीतर ही उसने पोसा-पाला था।
क्या कहना है मुग़लानी का! माल पेट में डाला था।
मुग़लानी दानी थी, पानी उसका दिल्ली लखती थी।
मुर्गों की रानी-मानी थी पर बटेर भी रखती थी।

(5)

दिल्ली के मुर्ग़ेवाले सब दर पर पानी भरते थे।
मान-मनौती भेंट चढ़ाकर फिर मन्नत भी करते थे।
मुग़लानी के मुर्ग़े भी थे एक-एक से बढ़-चढ़कर।
कोई रूस, इटली के थे, डिक्टेटर से हर-हिटलर।
एक धौंस में ऑस्ट्रिया से, स्वीडन से रहते दबके।
दिल्ली के दीगर मुर्ग़े सब यों छुपते कूँकूँ कर के।
बड़ा रोब था, बड़ा खौफ था और अदब भी करते थे।
दिल्ली के मुर्ग़े वाले सब दर पर पानी भरते थे।

(6)

चाचा 'चर्चिल' के मुँह से भी हमने सुनी कहानी थी।
बड़ी बड़ी रानी भी क्या थी? लायड जार्ज की नानी थी।
अच्छा रानी ख़ूब लड़ाओ मुर्ग़े अंडे याद करें।
और बटेरें-तीतर तेरी स्मृतियों में आह भरें।
'मुर्गस्तान' निवासी सारे रो-रोकर के हाय! मरें।
दिल्ली वाली मुग़लानी की नाजुकता भी मानी थी।
बड़ी बड़ी रानी भी क्या थी? लायड जॉर्ज की नानी थी।

(7)

मुग़लानी, तेरी कुर्बानी क्या 'दड़बस्तानी' जाने हैं?
उग्र-निराला से साहित्यिक कुछ-कुछ कीमत माने हैं।
गुप्त मैथिलीशरण लेखनी तेरे गुण की प्यासी है।
पर दिल्ली है दूर यहाँ तो चिरग्राम में झाँसी है।
कासी के अधिवासी जन में छाई बड़ी उदासी है।
ऐरे-गैरे नत्थू खैरे, मरते लेकर फाँसी हैं।
तेरी कीर्ति-कला पर मोहित कविगण गाते गाने हैं
मुग़लानी, तेरी कुर्बानी क्या दड़बस्तानी' जाने हैं?

(8)

जहाँ रहो, आबाद रहो तुम, मुग़लानी हो ला-सानी।
कर्ण-वर्ण, बिड़ला-सिड़ला भी नहीं अरे, तुझ से दानी।
कितने कुएँ-नदी-नाले भी पड़े हुए हैं बेपानी।
लाखों मुर्ग़े फुदक रहे हैं और दान के क्या मानी?
हम तो कायल हैं ही रानी, नहीं उन्हीं की नादानी।
क्या मुर्ग़े, क्या अंडे-वंडे और जनानी-मर्दानी।
साफ़ बात है, सत्य बात है, नहीं यहाँ खींचतानी।
कर्ण वर्ण, बिड़ला-सिड़ला भी नहीं अरे, तुझ-से दानी।

(9)

तेरे मुर्ग़े गाँधी—से हैं, लीडर, बड़े जवाहिर।
और बटेरें 'सरोजनी सी' 'कमला-सी', जगजाहिर।
जब चाहे रानी, तू इनको ख़ूब 'लिबर्टी' दे देती।
इनकी कूँ-कूँ बढ़ जाने पर इन्हें बन्द तू कर देती।
तीतर तेरे राम-सरीखे, मनमाना नाचा करते।
हाईकमांड बल्लभ से मुर्ग़े 'ख़ैर' ख़ूब ताका करते।
तू लिनलिथगो की शान बनाये रहती दिल्ली या बाहिर।
तेरे मुर्ग़े गाँधी—से हैं, लीडर बड़े जवाहिर।

[*महारानी विक्टोरिया का मज़ाक बनाती यह पैरोडी, वर्ष 1942 के महामूर्ख सम्मेलन लखनऊ में पढ़ी गयी थी—सं.*]

इन्दिरा–स्तोत्रम्

मुरारि मर्दन करीम् सिंडिकेट विनाशिनीम्
युवातुर्क-प्रियादेवीं चामुंडां, देशमालिकाम्
कालिकां कामराजस्य जगजीवन-रक्षिकाम्
निजलिंगस्य नाशार्थम् यत्नशीलां प्रवासिनीम्
अबलां प्रबलां देवीम् बैंक-संहार-कारिणीम्
चतुर्णामुपमन्त्रीणाम् महिमाषासुर-मर्दिनीम्
जननीं संजयादीनाम् साम्यवाद-सहोदरीम्
कुटिलान् कर्मकर्तृणाम् सहकार्य प्रदायिनीम्
द्वारका:मारका:सर्वे यशतन्ताश्रय-मन्त्रिता:
शशि-शेखर विरुद्धता धारिया-फखरू-प्रिया
देवि, तव पदाम्भोज-प्रणता पार्षदा: निता:
स्तुवंत्यहर्निशं द्वारि सततं जयवादिन:
कृपां कुरु महाभद्रे! शीतले! कलि-कालिके!
दश-दुर्गे! महामाये महिषासुरमर्दिनि!
अन्त:कलह-यज्ञेऽस्मिन् पुरोधे! मिश्रमन्त्रिते!
नवरात्रौ 'मन्त्रि' बलिं स्वीकरोतु सुमंगले!
दश-दुर्गे! सुदेहाभ्याम् मंगलं-दंगलम् कुरु!

□

लक्ष्मी सूक्तस्य पठित सुलभा नकवर्दिका:
इन्दिरा स्मरणे वै लभेत् धन-पद-हितम्
दीपावल्यां दिवारात्रौ य: पठेत् सुसमाहित:
इन्दिरायाः प्रसादेन प्राप्नोति परमपदम्।
नमो देव्यै महादेव्यै इन्दिरादेव्यै नमो नम:

□

[वर्ष 1969 में इस रचना के साथ पं. व्यास ने श्रीमती गांधी का झाड़ू हाथ में लिये एक कार्टून भी बनाया था, यह 'व्यंग्य-ओ-व्यंग्य' के दीपावली अंक में छपी एवं इन्दिरा जी ने भी इसका आनन्द लिया था—सं.]

गधा–गौरव

'श्री खुर चरण सरोज रज
निज मन मुकुर सुधार।
बरनौं गर्दभ विमलयश
जो गायक पद चार॥'

गधा बड़ा महत्त्वपूर्ण, महान और मनोहर प्राणी है। ईसा से मूसा तक पैगम्बरों ने उसे प्रतिष्ठा प्रदान की है। पुराणों में वह महिमामयी देवी सीतला का सबसे सुहावना वाहन रहता आया है। गधे की गरिमा से अनेक ग्रन्थ भरे हुए हैं। राजस्थान के रेतीले प्रदेश से लेकर अरब के बालुकामय देश में वह मानव का सहारा है। सारी मानव जाति की मलिनता को नष्ट करने के लिए उसी की पीठ को माध्यम बनाकर धोबी धवलता प्रदान करता है। कोई शहर या मानव से लेकर किसी के भी आवास के निर्माण में गधे का सहयोग सुलभ न हो तो सारे निर्माण कार्य ही ठप्प पड़ जाएँ। प्रजापति (कुम्हार) का वह प्राण–प्रिय प्राणी है। पानी के पात्रों का प्रणेता और परिवहन का प्रमुख कारण है। गधे जैसा पशु–प्राणि अन्य नहीं है। आज सरकार चाहे उसकी उपेक्षा कर विभिन्न उपाधियाँ मानव को प्रदान करती हो, पर जनता के जाने–माने लोगों को इस प्राणी के प्रिय नाम से स्मरण किया जाता है। इसलिए विशेष रूप से वह जनतान्त्रिक जीव है। आदमी इसके नाम से अलंकृत हो गौरव मण्डित बनाया जाता है। करोड़ों प्राणियों में केवल तीन प्राणियों को ही मानव को मंडित करने की प्रतिष्ठा प्राप्त है—गधा, उल्लू और सुअर। इन तीनों में अग्रस्थान गधे को ही प्राप्त हुआ है। यह निस्पृह, निर्लिप्त प्राणी ही नहीं, वास्तव में कर्मयोगी है। फल की कभी इसे कोई कामना नहीं होती। आज के बड़े–से–बड़े नेताओं की अपेक्षा यह महान त्यागी और देशभक्त भी रहा है। द्विपद–मानव ने थोड़े बहुत त्याग, सेवा करके उसकी कीमत को सन् 1947 के बाद नगदी में भुनाया है। परन्तु सन् 1921 से लेकर जब से देशसेवा की आँधी चली इस महाप्राण गधे ने जनता के साथ आन्दोलनों में जम कर भाग लिया, जुलूसों में शामिल हुआ, गवर्नर से लेकर वायसराय और ब्रिटेन के प्राइम मिनिस्टर तक का वेष पहनकर देशभक्ति में हाथ बँटाया, परन्तु दूसरे ही क्षण अपना वेष उतार कर साधारण स्थिति में रहने लगा। न प्राइम मिनिस्टरी का मोह, न वायसराय की शान बघारी। वह पद

पाकर और छोड़कर सहज सादगी से निर्लिप्त की तरह जीवन यापन करता रहा। न तो किसी मिनिस्टर की तरह जायदाद बनायी, न मजूरों की तरह हड़तालों के जरिये हठ किया। वह सर्वथा सच्चा साम्यवादी है। भगवद्गीता में जिस स्थितप्रज्ञ की परिभाषा भगवान ने बतलायी है, हमारा निश्चित निर्विवाद मत है कि स्वयं भगवान् ने इसे गधे को देखकर ही बनायी होगी। क्योंकि सुख-दुःख, लाभ-हानि, जय-पराजय में समान रूप से रहने वाला गधे के सिवा कोई अन्य प्राणी दुनियाभर में खोजकर भी नहीं प्राप्त किया जा सकता। वैसे ये दुलत्तियाँ महज अपने संरक्षण में ही चलती है, वर्ना पूरा अहिंसक है। जीभ के स्वाद से इसे कोई मतलब नहीं, वह स्वल्प सन्तोषी है। उसका एकमात्र सेवा-धर्म है और उसकी गम्भीरता को वह पूरी तरह समझता है। लोक-कल्याणकारी और निर्माणकारी कार्यों में निरन्तर लगा रहता है। स्वयं की किसी प्रकार की उन्नति न हो फिर भी लगा रहता है। इस प्रगतिशील युग में भी उसे कभी कामना नहीं होती। उस पर सवार होने वाला प्रायः 'ट्रांजिस्टर' की स्वर-लहरी सुनकर परितोष प्राप्त कर लेता है। पर गधे को अपने पंचम-स्वर से जितना परितोष प्राप्त होता है, उतना अन्य किसी स्वर से नहीं होता। 1947 में इस राष्ट्रीय प्राणी को दिल्ली में 'गधा-रेस' के समय स्वयं राष्ट्रपति के हाथों (नेपाल नरेश के समक्ष) पुरस्कार प्राप्त करने का गौरव मिला है। उसकी देश सेवा का महत्त्व राष्ट्रपति ने भी स्वीकार किया है। किन्तु पुरस्कार और पाद-प्रहार जिस जीव के लिए समान हों उस चौपाये का महत्त्व मानव जैसा द्विपद प्राणी, क्या समझ आँक सकता है?

गधा, निर्विकार, निःस्वार्थ, तटस्थ और कर्मनिष्ठ प्राणी है। वह भगवान के इस वाक्य—'मा फलेषु-कदाचन' का सच्चा उदाहरण है। अरब-इजिप्त में इस प्राणी को उस देश का सच्चा प्रतिनिधि माना जाए तो हर्ज नहीं, पता नहीं उस देश के इस महत्त्वपूर्ण प्राणी पर वहाँ के विश्वविद्यालयों ने खोज का विषय बनाया या नहीं, किन्तु राजस्थान और कच्छ के निवासियों को अवश्य शोध का विषय बनाना चाहिए। वैसे इसकी पीठ पर भार भरने के लिए जो 'गोन' रखी जाती है, उसे यूरोप और फिर दुनिया के विश्व-विद्यालयों ने स्वीकार कर महत्त्व दिया है। 'गोन' का ही दूसरा नाम अपभ्रंश होकर 'गाउन' हुआ है, जो सभी डिग्री का भार वहन करने वाले छात्रों और सदस्यों की पीठ पर लादा जाता है, ताकि जीवन का भावी भार उठाने के वे अभ्यस्त हो सकें। गधे के गुण-गान करने के लिए न तो यह छोटा-सा स्थान पर्याप्त हो सकता है, न थोड़ा समय ही। इस प्राणी की प्रतिष्ठा के अनुरूप कोई महापुराण ही प्रणीत किया जाए तो सार्थक होगा, कहना कठिन है। जनतन्त्र के इस युग में भी शासन में अनेक व्यक्ति इसकी उपाधि से अलंकृत भरे पड़े हैं, परन्तु असली गधे की गणना इन लोगों ने गौण बना दी है। धन्य हैं मध्य-प्रदेश के शिक्षा-मंत्री जिन्होंने पाठ्य-क्रम में 'ग' की जगह 'गधे' की गणना करके उसे अपने गौरव के अनुरूप स्थान दिया, और 'ग' से 'गणपति' को दुलत्ती दिला कर अपने को अमर बना लिया है।

नारीतन्त्र ज़िन्दाबाद

चाहे इन्दिरा गाँधी, सिरीमाओ भंडारनायक और इस्राइल की गोलडामीर अपने देश की प्रधानमन्त्री बन गयी हों, परन्तु पुरुष-प्रधान शासनतन्त्र में 'नेतृत्व' मात्र मिल जाने से 'नारी तन्त्र' के लक्ष्य या ध्येय की सार्थकता सिद्ध नहीं हो सकती। स्त्री ही प्रगति की प्रतीक है। यदि देश को वास्तव में प्रगतिशील बनाना हो, प्रगति के सर्वोच्च शिखर पर पहुँचाना हो तो नारी के हाथ में ही सारा तन्त्र सुपुर्द करना होगा और उसका स्वतन्त्र संविधान भी नारियों के नेतृत्व में ही बनाना होगा। आज के हमारे विधान नीति-नियम प्रणालिकाएँ सभी पुरुष-प्रणीत हैं। इस कारण नारी के साथ सम्पूर्ण न्याय नहीं हुआ है। पुराने ज़माने में भी पुरुषों ने नारी को अपनी वंशवर्तिनी बनाकर ऐसे नियम निर्मित किये हैं, जिनसे धीरे-धीरे महाकाली रणचंडी नारी अबला की स्थिति में उतर आयी है। यही कारण है कि आज की अबला अपना आत्मरूप अवलोकन कर प्रगति-प्रेरणा से वर्तमान नियमों से पर्याप्त असन्तुष्ट दिखाई दे रही है। मनुस्मृति के भावों ने प्रगतिशील की पीड़ा को सही अनुभव नहीं किया है। अब हमारा देश स्वतन्त्र हुआ है, पर वह भी नरतन्त्र ही है। नारी के समानाधिकार की बात स्वीकार करके भी अबला को नहीं पहचाना है। अम्बेडकर आदि पश्चिम के प्रकाश में (कुहरे से आच्छादित) रहकर भी पूर्व के अन्धकार को हटाने में असमर्थ रहे हैं।

यद्यपि नवीन विधान में सामयिक सुधार करने का प्रयास किया गया है, पर पुरुषों से प्रभावित होने के कारण पर्याप्त परिवर्तन सम्भव नहीं हुआ। जब तक महिला के हाथों में सर्वतन्त्र शासन नहीं उपलब्ध हो सकता। हमारे देश की आधी दुनिया नारी की है, यह स्वतः स्वाभाविक है कि पुरुषों का अधिकार आधा ही होना चाहिए, किन्तु तब निर्मित 16 प्रान्तों में एक भी ऐसा प्रान्त नहीं है, जहाँ स्त्रियों की सम्पूर्णरूपेण स्वतन्त्र सत्ता हो। पुरुषों की आधी दुनिया नारी के समानाधिकारों का ढिंढोरा पीटकर सर्वत्र एकाधिकार बनाये हुए है। कभी सरोजनी और पुत्री पद्मजा को निष्क्रिय नेतृत्व देकर नारी के आँसू पोंछने का प्रपंच भले ही किया गया हो, और विजयलक्ष्मी को उच्च पदासीन कर सात-समुन्दर पार ढकेल दिया हो, पर किसी प्रदेश में नारी को

सत्तासम्पन्न शासन करने का कोई अवसर नहीं दिया। इसी की प्रतिक्रिया में इन्दिरा जी की 'प्राइम मिनिस्टरी' ने जन्म लिया है और वे अकेली अबला, प्रबला बन पुरुषों को नाकों चने चबा रही हैं, बड़ों-बड़ों के नकेल डालकर नचा रही हैं।

वैसे पुरुषों के मन्त्रिमंडल को पर्याप्त परखा जा चुका है। लोक पीड़ित होकर पनाह माँग चुके हैं। नारी-समाज की बात छोड़िए, पुरुष-समाज भी पुरुषों के मन्त्रिमंडलों से प्रादेशिक शासन से परेशान है। फिर भी इन्हीं मन्त्री बननेवाले पात्रों की ही पंक्ति (क्यू) लगी हुई है। मन्त्रित्व की महत्त्वाकांक्षा मन में मसोसे, दिल में दबाये हुए हैं। नये-नये प्रदेशों का पुनर्निर्माण कर, प्रधान पद पाने की प्रसवपीड़ा अनुभव कर रहे हैं। उधर महिलाएँ (आधी दुनिया) मुँह बाए ही खड़ी है। समानता का सिलसिला लेकर भी चूल्हे-चक्की से चिपकी चली जा रही है। लिपस्टिक लगाकर भी लाल लपटों से लगी हुई है। समानता के सुनहरे स्वप्नों में कोई सार समझ में नहीं आता है। यह स्वप्न तभी साकार होगा, जब किसी एक प्रान्त पर पूरी सत्ता का शासनाधिकार लेकर बैठे। उसे नारी-नियन्त्रित पूरे प्रान्तीय शासन को आदर्श बनाने के लिए वहाँ किसी नर को प्रमुख अधिकार नहीं दिया जाएगा।

जो नर-नारी के प्रति समादर, सम्मान समर्पित कर दास्य-भाव स्वीकार करे, वही नारीतन्त्र में नौकरी में रखा जाएगा तो उसे हाथों में सौभाग्यसूचक चूड़ियाँ और बिन्दी लगाना अनिवार्य होगा। और किसी भी नर-नामधारी वस्तु का उस प्रदेश में प्रवेश निषिद्ध होगा। जैसे ककड़ी के लिए 'लैला की अँगुलियाँ' कहा जाता है, वैसे खरबूजी कहा जाएगा। उस प्रदेश के नरों की बाकायदा परीक्षा होगी ? पत्नी-प्रभावित पुरुषों को ही प्रतिष्ठित स्थान प्राप्त होगा और उसके विपरीत लोगों को नज़रबन्द कर दिया जाएगा और सुधरने का अवकाश मिलेगा। पत्नियों की सिफारिश पर ही पतियों को सुविधा देने का विचार किया जाएगा, और प्रदेश के पुरुषों के लिए यह अनिवार्य होगा कि वे होम साइंस का अध्ययन करें। शिशु संगोपन एवं श्रमदान लाजमी होगा। सभी शिक्षा—संस्थाओं में यह सुविधा प्राप्त होगी। 'यत्र नार्यस्तु पूज्यन्ते' का मन्त्र जाप और दीक्षा ग्रहण करनी पड़ेगी। यह विचार किया जाएगा कि विकास वैकल्पिक रहे तथा वरयात्रा न होकर वधु का प्रोसेशन 'वर' का वरण करने जाएगा। पत्नी के पल्ले से पल्ला बाँधकर, वर को पत्नी के पीछे चलना पड़ेगा। नारी-गुण सम्पन्न व्यक्ति को समाजसेवा के कार्य में सुविधा दी जाएगी।'

नारीतन्त्र के शासन में प्रत्येक विभाग नारी के नेतृत्व में ही संचालित होंगे। नारीतन्त्र में विशेषरूप से वाणी-स्वातन्त्र्य को महत्त्व दिया जाएगा। नारी के निर्देशन के सिवा, गृहतन्त्र, शासनतन्त्र का कार्य नहीं होगा। पुरुषों को पत्नी परिचर्या में रहना होगा। पुरुष को पत्नी-प्रधानता में ही पोषित होना पड़ेगा। नारियों का कर्तव्य होगा कि वे अपने नेतृत्व में रहने वाले पुरुषों को निर्मल-शुद्ध रखें। पुराने ज़माने में ब्राह्मण

को अदंड्य माना जाता था। नारीतन्त्र में नारी अ-दंड्य रहेगी। पुरुषों को सौभाग्य-चिह्न धारण करना होगा। बहुत समय पूर्व राज्यसभा में श्रीमती मुंशी ने यह विधान रखा था कि पुरुषों की वंध्या बनाया जाए। नारीतन्त्र में यह प्रावधान रहेगा।

नि:सन्देह यदि किसी भी एक प्रान्त में महिला-मंडल बन जाए तो पुरुषों से अधिक उत्तम सशक्त राज्य बन सकता है। देश की अनेक उलझी हुई समस्याएँ सरलता से सुलझ सकती हैं।

अन्न-नियन्त्रण, परिवार नियोजन, अल्पबचत, भाषा विवाद, सीमा-समस्या आदि सहज सुलझाई जा सकती है, स्त्री-प्रान्त बनाकर यदि स्त्री हठ को पूरा नहीं किया गया तो दुनिया में गृहकलह—विद्रोह भड़क सकता है और प्रत्येक परिवार के लिए परेशानी-पीड़ा का विषय बन सकता है। यह विद्रोह राष्ट्र का भी बन जाना कठिन न होगा। पुरुषों को सतर्क-सावधान हो जाना चाहिए कि वे प्रगतिशील प्रमदाओं को कलह-कालिका बनने को बाध्य न बना दें। केन्द्रीय शासन को इस सुलगती समस्या पर समय रहते सावधान-सतर्क हो जाना चाहिए।

आज चन्द लोग एक दल बनाकर मोर्चा-मात्र संगठित कर लेते हैं और अपना प्रतिनिधि मिनिस्टरी में प्रविष्ट करवाने को विवश कर देते हैं, तब देश की पूरी आधी दुनिया संगठित होकर सबल सामना करने में सन्नद्ध हो जाए तो 16 प्रदेशों में से 8 प्रदेशों की सत्ता हथियाने में उन्हें बड़ी कठिनाई नहीं होगी।

महज कुछ नारियों को पार्लियामेंट में पहुँचा देने या विधानसभाओं में समाविष्ट कर देने मात्र से इस समस्या का सहज सुलझाव सम्भव नहीं। आज अनुभवहीन नरों को विभिन्न प्रान्तों में प्रधान बनाकर शासन की शिक्षा 'ट्रेनिंग' देकर सरल सुविधा प्रदान की जाती है, उसी प्रकार किसी प्रदेश में प्रयोग के लिए अवसर नारीतन्त्र के लिए भी दिया जाए तो भावी भारत के भविष्य के लिए एक उचित उदाहरण प्रस्तुत हो सकेगा।

हमारी नम्र सम्मति में यह अवसर लखनऊ में (उ.प्र. के लिए) दिया जाए तो हर दृष्टि से उचित, स्वाभाविक एवं सही क़दम होगा। औरतों की तरह जो वहाँ शासन-संघर्ष चल रहा है, वह समाप्त हो जाएगा और पुरुषों की तरह पुख़्ताई से काम होने लग जाएगा। इसका वातावरण वहाँ अनुकूल है, इतिहास भी साक्षी है, स्वतन्त्र भारत में सर्वप्रथम सरोजिनी देवी को इसी कारण सर्वोच्च स्थान दिया गया था, विजयलक्ष्मी पंडित ने मिनिस्टरी की इसी प्रदेश में ट्रेनिंग ली थी। जिस भूमि में ऐसी विशेषताएँ हो, वहाँ स्थिर शासन नारी ही दे सकती है। सौभाग्य से कई सक्षम नारी हाल सुलभ हैं। उन्हें सत्ता संचालित करने का सुयोग मिलना चाहिए। उनसे प्रेरणा प्राप्त कर और भी रमणियाँ, रमणी-राज्य स्थापित कर समस्त प्रदेश का ही नहीं, राष्ट्र का भी राज्य सफलता से संचालित कर सकेंगी और 'नारी स्वातन्त्र्य समिति' का आदर्श उपस्थित कर सकेंगे। मूर्तिपूजा आज के युग में लोकप्रिय नहीं रही है। हाँ, नारी-पूजा

की प्रवृत्ति पनप रही है, नये रूप में विकसित होती जा रही है, श्रृंगार, साज-सज्जा-समन्वित सुन्दरी की ओर समाज का सहज आकर्षण बढ़ता जा रहा है। भविष्य उज्ज्वल है। निकट भविष्य में सामाजिक नारी प्रजा की अधिक प्रियपात्र बन जाएगी और उसके हाथों में पहुँचकर शासनतन्त्र सही 'प्रजातन्त्र' हो जाएगा।

भारत में देवी के रूप में नारी का महत्त्व पुरातनकाल से चला आया है। अनेक ग्रन्थ, पुराण, साहित्य नारी-महिला से अंकित है। देवों तक ने शक्ति के समक्ष सिर झुकाया है। हम भी सुन्दरी समाराधक हो गये हैं। यह समाराधना पूजा तक पहुँच जाएगी, आश्चर्य का कारण नहीं, इस प्रकार प्रगति कर पुराकालीन प्रतिष्ठा और परम्परा स्थापित हो जाएगी। अब नारीतन्त्र के कुमकुम की जगह लिपस्टिक ले लेगा और लवेंडर का सौरभ पूरित करता रहेगा। कविगणों ने सदैव नारी के गीत गाये हैं, चित्र और मूर्तिकला भी नारी से ही समृद्ध बनी है। आधी दुनिया का यह जागरणकाल है। वह समाज को शिखरासीन बना देगा। रीतिकाल ने जिस तरह रति की पूजा की थी, छायावाद ने प्रच्छन्न रूप में कील को कली से सँवारा था, परन्तु नारीतन्त्र की प्रतिष्ठा हो जाने पर कविनिष्ठा भी बढ़ जाएगी। प्रदेश से लेकर केन्द्र तक नारी प्रेरणा से जो आदर्श उपस्थित होगा यह विश्व के लिए प्रेरक-प्रभावक सिद्ध होगा।

कोयले की खान या मैगनीज की खान की तरह जिन लोगों ने नारी को नरक की खान बतलाकर ठेका लिया या दिया है, नारीतन्त्र के निर्मित होते ही यह ठेका एक झटके में टूट जाएगा। यदि केन्द्र में इस तन्त्र की स्थापना हो गयी तो उसका राष्ट्रीयकरण होने में देरी न लगेगी।

नारी ने आदिकाल से संघर्ष किये हैं। संघर्ष उसके जीवन का अंग है। आज भी नारी ही सतत संघर्षरत है। युद्ध से समाज तक में वे पीछे नहीं रही हैं। एक ज़माना था, जब लोग शक्ति की उपासना करने लगे थे, शक्ति के समक्ष सलाम बजाते थे, लक्ष्मीबाई, दुर्गाबाई, जॉन ऑफ आर्क ने शासन में सिक्का जमा दिया था। इस समय भी अवसर मिलने पर गोल्डामीर, इन्दिरा या सिरीमाओ ने संसार को दिखला दिया है कि वे लिपिस्टक-ललना, लावण्यलतिका, सभा-सुन्दरी या केश-किशोरी ही नहीं, नारी-नेता भी बन सकती हैं। नारीतन्त्र युग की माँग है। समस्त नारियाँ एक होकर एक स्वर में इसका समर्थन करती हैं।

नारीतन्त्र जिन्दाबाद!

बीविस्तान बनेगा

मैं कहता हूँ, अब 'बीविस्तान' बनकर रहेगा। बाबू की बयार बीत चुकी, बीवी का वक़्त आ गया है। अब बाबू के बस की यह बीमारी नहीं कि बीवी को बन्द कर रखे। बीवी को गुलाम बनाये रखने का समय सौ साल पहले समाप्त हो चुका है। अब समाज में सुन्दरी का मान है। सभा-सोसाइटियों में उसका शामिल होना सभ्यता है। समानता के सिद्धान्त स्वीकार हो जाने के बाद, स्वतन्त्र देश में बीवी को केवल बीवी बतलाने का अधिकार नहीं। बीवी का बल अब तक बाबू को ज्ञात नहीं था। ठीक ही है, साँप जब तक बिल में बन्द रहता है, उसकी शक्ति जानी नहीं जाती, बाहर निकलते ही उसकी फुफकार से अच्छे-अच्छे जवाँमर्दों को भी पाँच कदम पीछे हटने को मजबूर हो जाना पड़ता है।

बीवी आधी दुनिया की मल्लिका होती है। उसका स्थान अन्तरराष्ट्रीय है। वे संगठन कर, आपसी कलह-कंकाल को छोड़ अपनी शक्ति को सही समझ लें तो समझिए कि नारी का सम्मान करने की उदात्त भावना रखनेवाला यह देश बातों-ही-बातों में बीविस्तान बन सकता है। इनके विद्रोह का इतिहास लोगों को शायद याद नहीं रहा। एक सीता के कारण इस देश में महा-रामायण बन चुकी है और एक द्रौपदी को लेकर महाभारत रचा जा चुका है। अनेक देवियों के क़िस्से कथापुराणों में भरे हुए हैं। उन्होंने प्रचंड दानवों के दाँत खट्टे कर दिये हैं। शंकर की छाती पर चढ़कर चंडिका ने जो नृत्य दिखलाया है, उससे इनकी शक्ति का अन्दाज़ लगाया जा सकता है।

राजसी तख़्ते उलटने में नाजुक नारियों ने कम कमाल नहीं दिखलाया है। बीवी बिगड़कर जब चंडी बन जाती है, तब अग्निमित्र जैसे प्रतापी शुंग राजा को भी, उसके कमर-पट्टे की मार के आगे, अपने मानी मस्तक को झुका देना पड़ता है। महारानी लक्ष्मीबाई के नाम पर अँग्रेज़ों को देश से वीरतापूर्वक निकाल देने वाला, स्वाधीनता के सभी सेनानी, सिर झुकाने में सम्मान समझते हैं। यह है बीवियों का बल।

बीवियों ने बड़े-बड़े शासन चलाये हैं, शासन उखाड़े हैं। बीवियों के पीछे साम्राज्य ठुकरानेवाले भी बीवी की सत्ता को स्वीकार करते हैं। उनके पीछे शासन का

मोह छोड़ दिया जा सकता हैं, पर बीवी का नहीं। बीवी के एक इशारे पर सब कुछ न्यौछावर हो जाता है। यदि बीवियाँ अपने इस इशारे की शक्ति को ही समेटकर सारे समाज पर प्रयोग करने की ठान लें, तो पुरुषों का प्रवाह उनके पीछे पिछलग्गू बना भागता नज़र आए। वे एक रोज़ व्यापक हड़ताल बोल दें, तो सारे देश का, सारे समाज का, सारा काम ठप्प पड़ जाए। देश में बिना कहे भूख हड़ताल हो जाए। व्यापार-धन्धे ढीले पड़ जाएँ। शासन शिथिल हो जाए। अनाज, कपड़े, बर्तन, श्रृंगार, साज-सामान के धन्धों के दिवाले पिटने लगें। पुरुषों की परिस्थिति बिगड़ जाए। शासन इन पर चाहे अश्रु-गैस छोड़े, पर वह इन आँसुवालियों को देख स्वयं बेअसर हो जाएगा। इन्हें किसी के हमले से डर नहीं, ये स्वयं हमलावालियाँ हैं।

भारत में चाहे कितनी ही प्रगतिशीलता आयी हो, पर औरतों पर हाथ उठाने की हिम्मत मिलिट्री भी नहीं कर सकती। नारी पर हाथ उठाना मना है। वैसे भी शासन ने कोड बिल बनाकर यह अधिकार इन्हें दे डाला है। और ये चाहें तो किसी पर चप्पल चलाने में स्वतन्त्र हैं। आज प्रचार के प्रगतिशील युग में, पुरुषों के छोटे-से-छोटे व्यवहार अत्याचार बनकर प्रचार पा सकते हैं। नारी की निर्दयता का नाम लेना भी पसन्द नहीं किया जाएगा। फिर जहाँ 'यत्र नार्यस्तु पूज्यन्ते' का विधान चला आ रहा है, वहाँ यदि नारी-आन्दोलन बीविस्तान का बलवा खड़ा करे तो कौन उनके विरुद्ध आवाज़ उठाने का साहस करेगा। आख़िर प्रचार का बल प्राप्त होगा। फिर जब आन्ध्र के एक आदमी के बलि दे देने पर एक स्वतन्त्र प्रान्त बनाया जा सकता है, नागा समस्या का निर्बलता के साथ समाधान किया जा सकता है तो आधी दुनिया के घरेलू बलवे के समक्ष निःसन्देह नेहरू जी की सरकार को झुकने को बाध्य होना पड़ेगा।

निश्चय ही बीविस्तान बनकर रहेगा। हमारा विश्वास है कि यह एक महान अहिंसक क्रान्ति से हो सकेगा। एक बूँद भी ख़ून ज़मीन पर नहीं पड़ेगा। केवल बीविस्तान आग्रह (सत्याग्रह) के आरम्भ की ही देर है। पंजाब के हिन्दी-आन्दोलन में चाहे जैसी उलझनें पड़ी हों, सिखों की समस्या चाहे जैसी रही हो, परन्तु बीविस्तान के आन्दोलन में सिर्फ़ सत्याग्रह ही सहज सफलता का कारण बन सकेगा। यदि यह अन्तरराष्ट्रीय प्रश्न, अन्तरराष्ट्रीय बनकर नून के नगर में पहुँच गया तो बेग़मों का देश पाकिस्तान के सिंहासन को हिला देगा, क्योंकि बुर्के की बग़ावत भी कम प्रभावशाली नहीं होती। और न 'हेग' के न्यायालय के दख़ल का दम भरा जा सकेगा।

मुखड़ा क्या देखे दर्पण में ?

'लोचनाभ्यां विहीनस्य दर्पण: किं करिष्यति'

आँख के अन्धे के लिए आईने की क्या आवश्यकता रहती है ? पर यह बात किसी 'सूरदास' के मुँह से ही मीठी लग सकती है। जिन्हें ईश्वर ने सुन्दर दो आँखें दी हैं, उनके लिए यदि दर्पण जैसी परख की वस्तु नहीं बनायी होती तो जो संसार हम देख रहे हैं, नहीं होता। जिस समय विधान मानव-निर्माण के लिए वर्कशाप खोले हुए था, उस समय ज़रूर वह मादक मस्ती में रहा होगा। अनेक नमूनों के नर-नारी का सतत निर्माण कर कारीगरी का करिश्मा बतलाता रहा होगा, इस धन्धे से निबटकर ही उसके ख़्याल में आया होगा कि इन नये-नये नमूनों को निर्मित कर तो दिया पर ये अपनी सूरत-शक्ल पर नाज किस तरह कर सकेंगे, ये अपनी-आपकी सूरत निहार नहीं सकेंगे। इस ख़्याल के दिमाग़ में चक्कर काटने के बाद ही उसने आईने का आविष्कार किया होगा। यही इसके परख का मुख्य प्रमाण है और आईने की उपयोगिता का सबूत भी। इसलिए कहा जा सकता है कि इसकी उत्पत्तिकाल मानवी—सृष्टि के साथ ही हुआ है। और इसीलिए समस्त द्विपद-मानव प्राणी ने इसे बन्धुता के साथ सहज ही स्वीकार कर लिया है। बाप बेटे को घर से निकाल सकता है, पति पत्नी को चाहे तलाक दे दे, गाँठ में पैसा न हो, खाने को चाहे दाने नसीब न हों, पर ऐसा कोई घर, ऐसा नगर, दुकान, होटल, झोंपड़ी या भव्य भवन नहीं, ऐसा कोई आदमी या औरत नहीं, जिसे अपने पुत्र या पति से अधिक प्यार इस दर्पण पर न होगा ! हाँ, दुर्भाग्य उन बेचारों का अवश्य है, जिन्हें जिन्दा रहकर भी अपनी दो आँखों का सुख नसीब नहीं है।

अन्धों के लिए तो जीना-मरना समान है। अगर कोई सावन में अन्धा हो जाता है तो उसे सब ओर हरियाली ही सूझ पड़ती है। वर्ना अन्धे के लिए तो दुनिया अन्धी रहती है। लेकिन जिन्हें चम-चम चमकती हुई कान तक लम्बी, हिरनों जैसी कटीली-चपल, तारों की तरह झिलमिलाती, तीर की तरह तीखी, धनुष की कमान की तरह, बंकिम, मदभरी-रसभरी, जादूभरी, रंग-बिरंगी, बड़ी या छोटी दो दीदार, वे भी अपने-आपके लिए तो एक तरह के अन्धे ही हैं, उन्हें अपनी सूरत कहाँ दिखाई दे

पाती है? यही कारण है कि उनकी आँखें आईने में रखकर भगवान ने उन्हें अपनी नज़र से निरखने का नायाब तरीका प्रदान किया है। इससे समझ लीजिए कि दर्पण कितना महत्त्वपूर्ण, कितना उपयोगी, कितना सर्वप्रिय है? ईश्वर चाहे सर्वव्यापी हो या न हो, वेद-पुराण जिसके लिए पल्ले फटकार कर नेति-नेति कहकर अलग खड़े हो जाते हैं, पर दर्पण अवश्य ही सर्वव्यापी और प्रत्यक्ष है। किसी भी अवस्था में, किसी भी स्थान में, किसी भी देश में वह निश्चय ही सर्वव्यापी है, और रहेगा भी, जिन्हें दुनियावी आँखें नहीं है, जिन्हें हम सूरदास का सगा सम्बन्धी समझ सकते हैं, उनके लिए भी एक आईना अवश्य है। वे अपने यार की तस्वीर दिल के आईने में देख लेते हैं और दिल की समझाई कर लेते हैं, चाहिए उन्हें भी आईना हो—

दिल के आईने में है तस्वीरे-यार
जब .जरा गर्दन झुकाई देख ली

कैसी मजबूरी की यह दवाई है। और चमकती आँखों वाले तो अपने अंग-अंग को इधर-उधर बल देकर, आईने के आगे सन्तोषपूर्वक सहलाते हैं। कोई भी बद-शक्ल से बद-शक्ल, जिसे हम अपनी भाषा डार्विन के विकासवाद का आधार-स्तंभ मान सकते हैं, यदि वह भी एक बार क्षण-भर के लिए ही, सही दर्पण के द्वार पर पहुँच जाता है तो वह मन में मदन को भी लजाने का दावा करने लग जाता है। कुरूपता में भी एक सुरूपता की लकीर खींच लेता है। ख़ाली-बेकार खींची गयी लकीर भी इतिहासज्ञों के लिए हज़ारों साल पहले की सभ्यता की सुगन्ध देने लग जाती है या स्याही के सहसा पड़े धब्बे पर मनमानी खींची गयी लकीर भी महाकवि रवीन्द्र की कला बन जाती है, तब दर्पण किसी में सुन्दरता का सरल सन्धान कर दे तो क्या आश्चर्य! भगवान ही जानता होगा कि दर्पण के अभाव में अपने आपके रूप पर मुग्ध होनेवालों पर क्या विपत्ति बीतती होगी।

और जिनका मुख-कमल, ज्वालामुखी से निकले हुए हजारों वर्ष पूर्व के सूखे-सूराखदार लावे की तरह हो, जले-पराँठे की तरह जिस पर पुरातन स्मृति के चिह्न अंकित हों और जिसके चेहरे पर रुई की गठान बाँधते समय गहरा प्रेसिंग हो गया हो, जिनकी सूरत चांगकाई पोक की तरह बन गयी हो, जिनके चेहरे पर सपाट लोशन फिर गया हो या कि जिनकी नाक किसी सोल्यूशन से चिपका दी गयी हो या खुदाई पच्चीकारी का काम अपने चेहरे पर बनवा लाये हों, जिनके गाल पकौड़ी की तरह फूल गये हों या ऐसे पिचक गये हों कि सड़ा खरबूजा अथवा चार्ली चैपलिन और वे चेहरे जो मानव-योनि में किसी भूल से आ गये हैं। अवतारी पुरुषों का जीवन ही निरर्थक बन जाता यदि उनका आधार-आश्रय दर्पण न होता। वस्तुतः भगवान बहुत बड़ा कुशल कलाकार ही रहा है। उसने जब सौन्दर्य-रूप रंगरेखा की सभी

कलाकृतियाँ प्रस्तुत करके कोई भी भेद बाक़ी नहीं रखा, तब आदमी के व्यंग्य का कार्टून बनाना शुरू किया और खुद ही मुस्करा पड़ा होगा, पर मनुष्य कार्टून भी अपना चेहरा देखकर मुस्कराए, इसलिए उसे दर्पण बनाना लाजिमी हो गया। ये 'नररत्न' दर्पण देखकर ही दुनिया में जीवित रह पाते हैं, ये तो सिर्फ़ पंजर हैं। इनका जीवन-प्राण दर्पण ही है। मानस-शास्त्र का सिद्धान्त अबाधित है।

पुरुषों की अपेक्षा स्त्री-जाति का इस दर्पण पर पति से अधिक प्रेम है। वे अपने-आपको देखकर जी सकती हैं, वे अपने पुरुष-सौन्दर्य पर मुग्ध हो सकती हैं, अपनी विह्वलता भी आईने पर प्रकट कर सकती है। एक बार साज-शृंगार कर आईने के सामने खड़ी हो जाएँ तो उनकी रतनारी आँखों में सौ-सौ प्याली मदिरा की मादकता छा जाती है। अपने रूप-लावण्य पर मुग्ध बन जाती हैं। जिस समय दर्पण के सामने खड़ी होकर कोई केश-किशोरी अपनी अलकों को गूँथने के लिए केश-कमल बढ़ाती है, तब वह नागिनी मोहिनी एक-एक लटों में समस्त-मनोरथों को कन्धों में खींचकर समेटकर बाँध लेती है।

इसी प्रकार सभा-सुन्दरी, क्लब-किशोरी, लिपस्टिक-ललना, भाषण-भूषिता, रातरानी, वाक्विनोदिनी, सार्वजनिक सुन्दरी, पाउडर पोतिनी, कलंक-कान्ता, रूपरमणी आदि देवियाँ भी दर्पण के सामने क्षण भर खड़ी हो जाती हैं, तब उनका रूप-रंग सभी सौन्दर्य और आकर्षण से होड़ लगाने लगता है। उनका चेहरा दर्पण पर चहल-क़दमी करने लगता है, भौंहे, तीर-कमान पर चढ़ाकर मनुष्यों के मन का मर्म भेदने पर उतारू हो जाती हैं और दोनों आँखें साइकिल के पहिए की तरह इस प्रकार सरपट भागने लगती हैं, जैसे एक्सिडेंट की उन्हें परवाह ही नहीं।

दर्पण में कला और रसिकता का सुन्दर सम्मिश्रण है और इन गुणों को रमणियों ने ही अधिक परखा है। अलाउद्दीन ने इसी दर्पण में महारानी पद्मिनी का चन्द्रवदन निरखा और पागल हो उठा था। परिणाम यह हुआ कि मेवाड़ राज्य उसकी आँखों की चिनगारी से भस्म हो उठा। पद्मिनी स्वयं परम सुन्दरी थी, पर उसे अपने सौन्दर्य का ज्ञान दर्पण द्वारा ही हुआ होगा। दर्पण का इतिहास निर्माण में महत्त्वपूर्ण योग रहा है। जिन भगवान रामचन्द्र का हम हज़ारों वर्ष बाद भी आदर करते हैं, उन्हें भी शैशवकाल में इसी दर्पण ने सिसकते हुए समझाया था, दर्पण के जरिये आकाश का चन्दा मामा पकड़कर पेश किया गया तब रोते हुए मुस्कराए थे। यह दर्पण का ही महत्त्व था कि उसने भगवान को प्रसन्न कर दिया।

स्वदेशी आन्दोलन के समय परदेशी कपड़े का बायकाट किया गया। होली हुई, पर परदेशी आईना प्रत्येक परिवार का प्रेमपात्र बना ही रहा। स्वदेशी आन्दोलन कुछ काल तक चल भी सका, पर दर्पण-बहिष्कार यदि उठाया जाता तो दूसरे ही क्षण समाप्त हो जाता। मकान में, मन्दिर में, दुकान में, दालान में, ड्राइंगरूम में, बाथरूम

में, खिड़की में, धोबी के पास, पानवाले के पास सभी जगह दर्पण ही जीवन है। सौन्दर्य का दर्पण के साथ जीवन-मरण का, चोली-दामन का रिश्ता है। कुछ सुन्दर प्राणियों को प्रतिक्षण अपना मुखड़ा काँच में निरखने का स्वभाव ही होता है। यदि उन्हें दर्पण-दर्शन का अवसर सुलभ न हो तो वे तड़फड़ा उठते हैं। प्रकृति का दर्पण सर-सागर झील बन जाते हैं, पशु-पक्षी तक काँच में अपना प्रतिद्वन्द्वी देखकर अपनी ही सूरत से टकराने लगते हैं। बन्दरों, बिलावों और चहकती चिड़ियों को काँच से कुतूहल करते कौन नहीं देखता। साधारण प्राणियों की बात जाने दीजिए, तत्त्वज्ञानियों को भी काँच से कम मोह नहीं रहा है। वे भी अपना हृदय काँच की तरह रखते हैं। निर्मलता में स्वयं निर्मलता है, पर काँच की तरह होना चाहिए, इससे उन्होंने काँच की कीमत ही बढ़ाई है।

जिन लोगों के साथ प्रकृति ने सरासर अन्याय किया है, प्रकृति के स्वास्थ्य से जिनका पैदाइशी विरोध हो, अँगूरी गालों से जिन्हें दुश्मनी हो, पाउडर-पेंट पोतकर, लिपस्टिक, फेस पैक लगाकर जिन्हें पूर्ति करनी पड़ती हो, गालों में जिन्हें बंगाल की खाड़ी देखने की अभिरूचि हो, जिनके नेत्र गुफाओं में तपस्या करते हों या जिनका बहुमूल्य समय अपने स्त्री-मित्र की तलाश में व्यतीत होता हो, ऐसे नर-रत्नों का दर्पण से गहरा दोस्ताना होता है। यही नहीं, दर्पण भी कभी मखौल करने पर उतारू हो जाते हैं। यहाँ सुरूप भी कुरूप दिखाई देने लगते हैं। दर्पण अपनी विशेषता रखता हो तो एक मुख का मानव भी रावण का रिश्तेदार बनकर सामने खड़ा हो जाता है। मानना पड़ेगा कि दर्पण में ईश्वर का विशेष अंश है। दर्पण में अपना मुँह देखकर बहुतों को प्रेरणा, शौर्य, तेज, सौन्दर्य, आत्मविश्वास उत्पन्न होता है, बल प्राप्त होता है। निर्बल भी दर्पण देखकर किसी बलवान के छक्के छुड़वा देने का बढ़ावा प्राप्त करता है। दर्पण मानव की प्रेरणा से बल-विश्वास हो जाता है। हमारा मत है कि दर्पण से बढ़कर संसारव्यापी ईश्वर भी नहीं है। भारत के अनेक लोकतन्त्री मन्त्री दर्पण में अपनी सूरत देखकर ही शासन-साहस प्राप्त करते रहते हैं। अनेक का जीवन—दर्पण पर ही समर्पण होता है। कई की सूरतें काँच पर नाच करती रहती हैं। कुछ व्याख्यान वाचस्पति काँच को सामने रखकर साधना करते हैं और भोगी जनों के लिए तो काँच सौभाग्य ही बन जाता है। रोगी अपनी कृशकाया को काँच में देखकर कसक उठता है। अनेक व्यायामवीर माँसल शरीर को काँच में देखकर सन्तोष की साँस लेने लगते हैं। किसी हॉस्पिटल में एक्सरे (काँच) न हो तो काया की छानबीन ही न हो। काँच राजमहल की शोभा है तो झोपड़ी की झलक भी है। दुकान की दमक है तो मकान की मोहकता भी है। काँच की कीमत समझकर ही सौभाग्यवती ने उसे चूड़ी का चिह्न बना लिया है और किसी कवि ने अमर भी इस तरह कर दिया—

'है काँच-सी छरकनी पर वज्र से न टूटे'

दर्पण पर पुराने और नये कवियों ने भी अपनी प्रतिभा प्रदर्शित की है। जहाँ काँच का काल हो, वहाँ पानी में प्रतिबिम्ब देखकर जीवन-निर्वाह करना पड़ता है। अभी वे 'शालिपूर्ण वा शर्करा वा गुडस्तथा।' परन्तु उसकी पूर्ति करनी पड़ती है। पुराने विद्वानों ने पानी में मुँह देखने से इन्द्र के धन का भी हरण होना बतलाया है।

'आत्मस्यं जले पश्यन, शक्रस्यपि श्रियं हरेन'

इससे भी तो काँच की ही आवश्यकता सिद्ध होती है। काँच भी अब अकेले रहने की अपेक्षा 'संघे शक्तिः कलौ युगे' के अनुसार कन्धे को सहयोगी बनाकर रहने लगा है। शादी-ब्याह में शृंगार-पेटी के रूप में अपनी बेटी को भी काँच का उपहार दिया जाता है। सम्भवतः वेदान्तियों ने जिसे आत्मनिरीक्षण कहा है, वह अवश्य ही बड़ा दर्पण ही होगा। आज हम अपने शास्त्र के अर्थों से अज्ञान होकर सिर्फ़ इस शब्द (आत्म-निरीक्षण) पर केवल मौखिक विवाद करने लगे हैं। पिछले ज़माने में ज़रूर ऐसा आईना रहा होगा, जिसमें आत्मावलोकन किया जा सकता था। उसका प्राप्ति स्थान ऋषि-मुनियों का आश्रम रहना चाहिए। मुनिजनों का हृदय काँच की तरह रहता था और मनीषियों का ज्ञान भी काँच की तरह निर्मल रहता था। सभी साधकों का एकमत है कि जिसने आत्मरूप देख लिया, उसने सब कुछ पा लिया, काँच का यह महत्त्व साधारण बात नहीं। विद्वानों की मान्यता है कि चेहरा (आकृति) ही अपना चित्र प्रस्तुत करता है। यदि इस चेहरे को निखरने के लिए दर्पण का आविष्कार न हुआ होता तो मानव स्वयं अपना चित्र कभी नहीं देख पाता, अपने चित्रों का स्वयं निरीक्षण करने के लिए ही कलाकार-चित्रकार, फोटोग्राफर आदि नकल-उतारकर ही अमर बने हैं। चित्रकला-मूर्तिकला आदि का यही इतिहास और विकास है। यह सारी दुनिया ही दर्पण की तरह है। शर्त यह है कि आपकी आँखें हों। काँच की वास्तविक व्याख्या आज तक कोई भी न कर सका। इसकी निर्मलता और पारदर्शिता पर ही मोहित हुआ है। 'यजुर्वेद' में काँच के जेवर की चर्चा ज़रूर हुई है। महाभारत, रामायण, मुक्तिकल्पतरू में काँच का महत्त्व अनेक प्रकार से आया है।

'काचः काचो मणिर्मणिः'

हमारे आर्यजनों को काँच के बारे में बहुत जानकारी थी। योगवशिष्ठ वगैरह ग्रन्थ इसके प्रमाण हैं। कहते हैं कि असुरों को काँच की कला का बहुत ज्ञान था, फिनीशियर और इजिप्शियन लोगों में पुराने ज़माने से काँच का ज्ञान रहा है और तब तो बेल्जियम ने काँच के काम में दिग्विजय पा ली है। काँच भारतीय ही नहीं मानव-संस्कृति का एक अभिन्न अंग बन गया है। चाहे संस्कृतियाँ बदलें या रहें, काँच का अस्तित्व सदैव,

सभी संस्कृतियों में बना रहेगा। हंस, नीर और क्षीर का पृथक्करण करके न्याय लेता है, परन्तु काँच यथार्थवादी है, वह नग्नसत्य प्रकट करता है, इसलिए काँच यथार्थदृष्टा है। इस कारण दर्पण को सभी दंडवत् प्रणाम करते हैं सिर्फ सूरदास ने ही निराश होकर यह कहा है कि—

'मुखड़ा क्या देखे दर्पण में।'

रूपवती, लूपवती, जनता और जननेता के लिए एक योजना

परिवार-नियोजन का प्रचंड प्रश्न इस समय हमारे देश के सामने है। इस समय जितनी अधिक सन्तानें भारत में हो रही हैं, शायद ही अन्य किसी देश में हो रही होंगी। अमेरिका को अन्न-समस्या अपने लिए नहीं है, बल्कि लाखों टन अनाज अन्य देशों को किस तरह पहुँचाया जाए, यह समस्या है। कनाडा भी अन्न-दान करने के लिए अत्यन्त उत्सुक है। अन्न का देश भारत ही भूख से पीड़ित है, ग्रामवासिनी भारतमाता अपने बच्चों का पेट पालने में कष्ट अनुभव कर रही है, इसलिए विवश हो हमको परिवार-नियोजन की चिन्ता परेशान बना रही है। परिवार-नियोजन के उपाय अपनाये जा रहे हैं, परियोजनाएँ और परिसंवाद भी हो रहे हैं तथा प्रवचनों की परम्परा भी आरम्भ हो चुकी है। परन्तु परिणाम शायद उतना नहीं हो रहा है, इसके लिए हमारे चिरकुमार कामराज (अब अटल बिहारी) बहुत चिन्तित दिखाई देते हैं। उनकी विवशता देख हमें बहुत दया आयी, इसलिए हमने कुछ नये-नये नुस्खे लिख भेजे हैं। उनके नमूने ये हैं—

हमने सुझाया है कि जिस तरह समिति की उपसमिति होती है, उसी तरह पूरी मिनिस्ट्री की तरह प्रत्येक प्रदेश और केन्द्र में उपमिनिस्ट्री बना दी जाए और उसका एक उपप्रधानमन्त्री बना दिया जाए। उसका कार्यक्षेत्र सिर्फ़ एक काम के लिए ही सीमित कर दिया जाए कि देश में सभी लड़के और लड़कियों की, जो विवाह-योग्य हों, प्रामाणिक सूचियाँ बनाये और इस मिनिस्ट्री की इजाजत लेकर ही शादी करें। हर साल कोटा तय किया जाए कि किसी प्रदेश में किस साल में कितनी शादियाँ की जा सकती हैं? उन शादियों में मिनिस्टर (मजबूर होने पर जनप्रतिनिधि) को निमन्त्रित किया जाना ज़रूरी रखा जाए, उसके ख़र्च का भार लड़के-लड़कियों के परिवार पर रखा जाए, जब तक पूरी शादी न हो जाए तब तक (कम-से-कम तीन दिन) मन्त्री शादी में रहें। मेहमानदारी खाना-पानी सभी की देखभाल वह करें।

जब शादी हो, मन्त्री की ओर से विशेष आशीर्वाद दिया जाए, पुरोहित को सख़्त पाबन्दी हो कि वह किसी भी वर-वधू को यह आशीर्वाद न दे कि 'अष्टपुत्रो सौभाग्यवती भव', उस समय मिनिस्टर आशीष देंगे—'परिवार नियोजनवती भव', तुम्हें शासन की तरफ़ से शीघ्र ही 'लूप' का लाभ दिया जाएगा और यदि आपरेशन से अनुराग हो तो प्रति वर-वधू शासन से दस रुपये (अब सैकड़ों, हज़ारों में) दक्षिणा भी प्राप्त करेंगे।

यदि वर-वधू विवाहोपरान्त परस्पर भाई-बहन-सा सम्बन्ध रखने की दस साल प्रतिज्ञा करेंगे, तो उन्हें विनोबा का आशीर्वाद भी प्राप्त होगा। शादी के पाँच वर्ष के अन्दर यदि सन्तान हो गयी हो तो उन दोनों को पाँच वर्ष तक सरकारी काँजी हाउस में रहने को मजबूर होना पड़ेगा और पाँच वर्ष के बाद जबरन आपरेशन करवा दिया जाएगा। जो व्यक्ति शादी के बाद लम्बे समय तक सन्तान नहीं पैदा होने देंगे या बाँझ बनने का सौभाग्य प्राप्त करें, उन्हें सरकार की ओर से पूरा राशन उदारता से दिया जाएगा। क्यू में खड़ा रहकर कष्ट उठाना नहीं पड़ेगा।

विवाह के समय पुरोहितों के पढ़ने के लिए नयी पुस्तकें तैयार की जाएँगी, जिनमें वे मन्त्र पलट दिये जाएँगे, जहाँ सन्तान-सम्बन्धी उल्लेख होगा। सप्तपदी के समय सात बार परिवार-नियोजन की प्रतिज्ञा दिलवाना आवश्यक होगा। यह प्रतिज्ञा संविधान में स्वीकृत सभी भाषाओं में प्राप्त होंगे—किन्तु उनका मूल पाठ अँग्रेज़ी में ही अधिकृत समझा जाएगा। 'ताशकन्द' करार के कामयाब बनाने की दृष्टि से पुरुषों का आपरेशन प्रशंसनीय क़दम माना जाना जाएगा। यह समानता के सिद्धान्त की पहली सीढ़ी समझी जाएगी। जो पुरुष या युवती कुमारव्रत का पालन करेंगे, समाज में उनके चारित्रिक अपराधों को क्षम्य समझा जाएगा।

कृत्रिम गर्भाधान का प्रयोग केवल पशुओं तक ही परिमित रहेगा। प्रतिबन्धित समय से होने वाली सन्तानों को अवैध समझा जाएगा। मिलिट्री छोड़ ऐसे लोगों को अन्य सरकारी या ग़ैर-सरकारी सर्विस में स्थान प्राप्त न होगा, विशेष अवस्था में ही प्रतिबन्ध ढीला किया जा सकेगा।

जो वर-वधू शादी के समय की हुई परिवार-प्रतिज्ञा का पवित्रता से पालन करेंगे, उन्हें शासन से सम्मानित भी किया जाएगा तथा पेंशन के साथ नियोजन-चक्र प्रदान किया जाएगा। हमारी योजना का यह सारांश है। अभी 'योजना-अयोग्य' इस पर परामर्श करेगा, तब यह चिरकुमार कामराज की अन्तिम स्वीकृति के लिए प्रस्तुत किया जाएगा।

मोतीलाल मावजीभाई मिर्चीवाला

(व्यावसायिक दुनिया की एक महान हस्ती की पस्ती और तंगदस्ती का गश्ती देखा चित्र)

मनमोहन मोतीलाल मुम्बई के मशहूर मवाली थे। उनके मन में मनुष्य को मार देना महज मक्खी को मार देने के बराबर था। पैसे के लिए वे अपनी माँ और मौसी को मौत के घाट उतार चुके थे। जब वे मुम्बई आये तो उन्हें मानव के मुक़ाबले में माल ही माल दिखाई पड़ा। वहाँ उन्हें हमपेशा मित्रों को खोजने में समय नहीं लगा, मगर मियाँ मवालियों को साथ मिलाने को वे राज़ी न हुए। पर कुछ मराठा मित्रों से अपना मेल बिठा लिया और धन्धा शुरू कर दिया। मलाड में उन्होंने अपना मुकाम बना लिया था। मछुओं से मेल-जोल बैठाकर कई मालदारों के मकान का मुआयना भी कर आये थे।

मोतीलाल मावजीभाई मोटानी सेठ मिर्ची के मोटे व्यापारी थे। लाखों का लेन-देन था। मुनीम मथुरालाल भी उन्हीं के मान में रहता था। मोटी सेठानी मोहनीबाई से उसका काफ़ी मेल था। पर सेठ मोतीलाल मूँजी नम्बर एक था, इसलिए मुनीम मनमाना माल नहीं मार पाता था। वह मन-ही-मन जलता रहता था। किसी तरह मनमोहन मवाली ने ये पता पाकर मुनीम से मेल-जोल बढ़ाना शुरू किया और धीरे-धीरे मुनीम के मन में पैठ पा ली। मुनीम को तो मन की बात मिल गयी, अब उसने सेठ से कहना शुरू किया कि शरीर में दर्द रहता है, मेहनत ज़्यादा हो नहीं पाती, इसलिए कोई नया नौकर रख लेना चाहिए ताकि काम में कोताही न रहे। शुरू में तो सेठ सहज राज़ी नहीं हुए, मगर काम में हर्ज होते देख सेठ ने मुनीम को मन मारकर कह दिया कि पसन्द करके कोई मजबूत मानस रख लो।

मुनीम के मन की बात हो गयी। उन्होंने तुरन्त मनमोहन मवाली को बुलाकर बतलाया और दूसरे दिन से नौकरी पर नियुक्त कर लिया। मनमोहन का काम मिर्ची की रकम वसूलकर लाना था। इस बहाने दूसरे मालदारों के यहाँ आने-जाने और रकम लाने, ले-जाने की सहूलियत मिल गयी थी। मुनीम नये नौकर के काम से बहुत खुश थे, और सेठजी के सामने भी उसकी प्रशंसा के पुल बाँधा करते थे। एक रोज़ की बात

है, मनमोहन बहुत बड़ी रकम दूसरे मालदार से वसूलकर चला था कि रात में उसका दूसरा मवाली मित्र मराठा मिल गया। मनमोहन से उसने कहा, मित्र क्यों वजन उठाकर सेठ का पेट भर रहा है। आज बढ़िया मौका है, रकम मेरे हवाले कर और सेठ को जाकर कह दे कि हाथ से गुंडों ने थैली छुड़ा ली। मनमोहन का मन भी रकम देख मचल गया था। मित्र की सलाह उसे जँच गयी, रकम की थैली मवाली मित्र को देकर उसने अपने ही हाथों से पहने हुए कपड़े फाड़ लिए, धूल में लोटे लगाकर ऐसी सूरत बना ली जैसे जंग में जबर्दस्त मुक़बला कर, मात खा, मायूस हो लौट रहा हो।

भागते हुए वह सेठ की दुकान पर पहुँचा और रकम छिन जाने की अपनी गढ़ी हुई दास्तान सेठ को सुनाई। मुनीम भी वहाँ मौजूद ही थे। समाचार सुनकर सेठजी तो सन्न रह गये। मुनीमजी ने गहरा मातम मनाया। मनमोहन ने अपने कपड़े फट जाने और मार खाने की मुसीबत बतलाई और सहायता की याचना की। पर सेठ एक तो ठगा जा चुका था, जिससे उसका मन भर चुका था, दूसरे ऊपर से रकम देने की बात उसके गले नहीं उतर रही थी। मुनीम की मिलीभगत उसको ज़रा भी नहीं जँची। जब सेठ ने मुनीम को पुलिस में ख़बर कर देने को कहा तो मुनीम जल्दी राजी नहीं हो रहा था। आखिर तंग आकर खुद सेठ ने ही फोन उठाकर पुलिस को खबर कर दी, थोड़ी देर के बाद ही मनमोहन बहाना बनाकर वहाँ से नौ-दो ग्यारह हो गया। यहाँ सेठ और मुनीम दोनों ही मातम मनाते रहे। थोड़ी देर में पुलिस दुकान पर आ धमकी। सेठ और मुनीम के बयान लिये, नये नौकर के नाम-धाम-काम की जानकारी ली और अपनी कार्यवाही शुरू की। दूसरे दिन मनमोहन मवाली पुलिस की पकड़ में आ गया और पूजा-पत्री के बाद उसने मुनीम की कारस्तानी का सारा भेद बतला दिया।

तीसरे ही रोज़ पुलिस फिर सेठजी की दुकान पर पहुँच गयी। उन्होंने किसी से बात नहीं की, मगर मुनीमजी को अपने कब्जे में कर लिया। सेठजी ने मुनीमजी के लिए कुछ कहा, पर उनकी कुछ न चली। ज्यों ही मुनीमजी थाने पर पहुँचे और सामने मनमोहन को देखा तो उसका मुँह फक्क से उतर गया। पुलिस ने बड़ी सावधानी से मुनीमजी की मुख-मुद्रा को परखा।

सुना है कि अदालत ने मुनीमजी को कुछ साल के लिए सरकारी मेहमानी में सुरक्षित कर लिया और मनमोहन तथा उसके साथी मराठा मवाली को स्थायी रूप से पुलिस की मेहमानी में लिया है। उधर मोतीलाल मावजी भाई सेठ ने मिर्ची का धन्धा बन्द कर मुम्बई से मारवाड़ की तरफ मुँह कर लिया है।

[म.— शब्द पर यह व्यंग्य रचना काल्पनिक थी पर आज ऐसी घटना रोजाना हो रही है पं. व्यास ने 'ज' का जंजाल एवं ऐसे अनेक शब्दों को माध्यम बनाकर भी अद्भुत व्यंग्य लिखे हैं—सं.]

यह नयी बढ़ती बीमारी! किन्तु इलाज???

जिस देश में जो लोग पैदा होते हैं, उनके नाम उसी देश-प्रदेश के ढंग पर रखे जाते हैं, परन्तु बीमारी ऐसी बला है कि वे पैदा भारत में होती हैं और नामकरण संस्कार विदेशी (या विदेशों में) होते हैं। देसी गुड़िया विदेशी नाम इसी को कहते हैं। यही कारण है कि इन बीमारियों को देशी दवा माफिक भी नहीं आती, जिन बीमारियों का इलाज 'सस्ती सोंठ' से हो जाता हो, उसके लिए 'माईसीन' मँगवाने को मजबूर होना पड़ता है। ज़माना क्या बला, बीमारी भी ज़माने की तरह बदलती-बढ़ती जा रही है और इलाज के तौर-तरीक़े जिस तरह बदलते हैं, बीमारी भी हवा का रूख़ देखकर रंग पलटती जाती है। बीमारियाँ नयी-नयी न हों तो दवाइयाँ नयी-नयी कैसे बनें? सरकार जितने क़ानून बनाये उतने ही ब्लैक के रास्ते बढ़ते-बनते हैं। सरकार और साहूकार, जिस तरह बराबर क़दम बढ़ाकर चलते हैं, उसी तरह बीमारियाँ और दवाइयाँ बराबरी पर चल रही हैं। किसी के क़दम पीछे नहीं है। महज मॉडल पलटते रहते हैं। नयी बोतलों में पुरानी शराब।

जिस तरह नयी बीमारियों के लिए नयी दवाएँ ईजाद होती हैं, उसी तरह दवाइयों के लिए बीमार बनना पड़ता है। सिलसिला बराबर जारी रहता है। दोनों का सतत संचार होता रहता है—'चरैवेति-चरैवेति।'

पिछले 17 सालों में हमारे देश में एक नयी बीमारी बुरी तरह बढ़ गयी है, एक प्रकार से संक्रामक हो गयी है। परन्तु इसका इलाज न तो भारत में हो रहा है, न विदेशों में कोई दवाई ही बनते हुए सुना है। इस तरह की मिलती-जुलती बीमारी पहले 'अधोमुखी' (नीचे मुँहवाली) हुआ करती थी। उस समय इसके लिए कई तरह के इलाज ईजाद किये गये थे, कुछ-कुछ काबू भी पाया गया था, कठिनाई से कुछ राहत भी मिल पाती थी, पर जड़ से नहीं गयी। धीरे-धीरे यह बढ़कर नीचे से ऊपर उठती गयी। अधोमुख से ऊधो मुख (ऊपर मुँहवाला) होती गयी, ऊपर मुँह उठा लेने पर यह इतनी बढ़ गयी कि व्यापक विकार के रूप में समाज में फैल गयी है। कोई भी कारगर उपाय नहीं निकल पाया है। कुछ समय पूर्व ही कामराज ने कुछ वर्ग-विशेष

के मन्त्री मरीजों पर 'मान-मर्दन' मर्ज के लिए विशेष नुस्खा निकाला था। इसने 'फर्स्ट एड' की तरह कुछ असर भी किया था, कहीं बे-असर भी बना, पर पूरी तरह प्रयोग में सही तरीके से नहीं लाया गया। इसलिए परिणाम पर पूरा विश्वास नहीं हुआ, जिन पर असर किया उन्होंने इसे 'यमयोजना' माना और जिन पर असर नहीं हुआ, उन्होंने दवाई की परवाह नहीं की। वस्तुतः इस नयी बीमारी ने, जो देशव्यापी विकास बढ़ाया है, उसका उद्‌गम 'मिनिस्टरों' से ही शुरू हुआ है। आप इस बीमारी का नाम जानने के लिए बेचैन हो रहे होंगे? तो सुनिये इसका नाम 'मुखार्श' है। इसे यदि जनभाषा में कहें, तो मुँह का 'बबासीर' (बवासीर) कहना होगा। यह मन्त्रियों से लेकर जाने-माने मानवों के मुँह पर ही आक्रमण करती है और असर होते ही फैलती जाती है। इससे वह जो बोलने लगता है तो बन्द नहीं होता। नतीजा यह होता है कि मितभाषियों (कम बोलनेवालों) की कमर ही टूट जाती है। यद्यपि बीमारी के कारण ज़्यादा बोलते ही जाने से इज़्ज़त पर भी असर पड़ता है, परन्तु जनता अपनों की इज़्ज़त बनाये रखने के कारण सौजन्यवश भाषण करवाने का नाम-सम्मान दे देती है। और इज़्ज़त बचाने के लिए बीमारी पर पर्दा डाल देती है। फिर भी ये बहुभाषी बीमार अपना मुँह रहते हुए भी प्रायः मुँह दिखाने लायक रह नहीं जाते। इसी कारण ये मिनिस्टर (केन्द्र या प्रदेश के) अपने क्षेत्रों में भी मुँह मोड़ने लगते हैं। इस मर्ज के फैलने से जनता में भी मायूसी का मर्ज लग रहा है। काश मिनिस्टर, मिनिस्टर न होकर कोई मशीनी मिल्स ही होते और सतत चलते रहते तो इन पर तालेबन्दी कर दी जाती, किन्तु मुखारमानवों की मुँहबन्दी कैसे की जाए? यह मुँह का बवासीर इस तरह बढ़ गया है और बाहर आ गया है कि सभा-सम्मेलन समस्या हो, उद्‌घाटन-समारम्भ हो, प्रेस इंटरव्यू हो, माइक रेडियो हो, देखते ही बुरी तरह बहक जाता है। बीमारी का शिकार भाषण-भ्रमण में भटकता रहता है। सही काम से विलग हो जाता है, एक दिन भी मौन का मौक़ा आ जाए तो मायूसी में मुब्तिला हो जाता है। प्लास्टिक के दिल जोड़ दिये जाते हैं। नाक कटने पर नयी लगा दी जाती है, आँखें बदली जा सकती हैं, खोई हुई जवानी वापिस कर दी जाती है। लेकिन अफसोस यह है कि इस ऊपर मुँह (ऊर्ध्वमुख) वाले बवासीर की कोई अक्सीर दवाई निकली नज़र नहीं आ रही है। विदेशों में भी वैसे यह बीमारी है, पर यह संयमित है। हमारे देश में तो इस बीमारी ने बुरी तरह बढ़ावा पा लिया है।

इसका नतीजा यह हो गया कि निरन्तर निकलते रहनेवाले शब्दों की अपनी ताकत वाकई टूट गयी है। जिन बीमारों के मुँह से यह निकलते हैं, उनके मुँह मैले पड़ते जाते हैं। बेचारों को अपने मलिन मुँह लेकर मजबूरी में लोगों के सामने जाना पड़ता है। पर वे मुँह इतने कुरूप हो जाते हैं कि दिखवाने में भी दर्द होता है। जो लोग इनके मुँह देखें या मिलें, उन्हें भी यह बीमारी चिपक जाती है। भाषण का भगन्दर

उनके मुँह में भी घर कर बैठता है। फिर मर्ज बढ़ता ही गया, ज्यों-ज्यों दवा की। वक्ता नेता सहज शिकार हो जाते हैं, कोई 'कामराज' भी इस पर अपना 'राज' नहीं जमा सके हैं।

मुखार्श का यह प्रभाव होता है कि जहाँ भी कुछ लोग जुड़े दिखाई दें, अनायास मुँह खुल जाता है। रोके नहीं रुकता, बा-लगाम या बे-लगाम, बस बोले बिना छुटकारा नहीं होता। मतलब से मुतलक मतलब नहीं, बीमार माइक को देखते ही मचल उठता है। रेडियो देखकर रिरियाने लगता है। प्रेस रिपोर्टर देखते ही पिलपिला पड़ता है। अवश्य ही इस बीमारी में बोलने से ही कुछ राहत मिलती है। चाहे ताक़त टूट जाए, पर उसे इसका ज़रा भी भान नहीं होता। जब यह बीमारी फैली नहीं थी, तब जो व्यक्ति कुछ बोलता था, उसे पूरी तरह तौलता था और उसका लोगों पर असर होता था। अर्थ रहता था। बीमारी के साथ बकवास बढ़ गया। बे-असर बन गया। अर्थ (स्वार्थ-पैसे) का ही अधिक ध्यान रहने के कारण बात ब्लैक बनकर कोई कैरेट की कीमत की नहीं रह गयी। आदमी की अन्दर-ही-अन्दर ताक़त टूटती जाती है और वह नासमझ बन बीमारी में मुब्तिला होता ही जाता है। उस पर सर्वोपरिता सवार बन जाती है। सम्मान सड़ियल-सैलाब में बस वह बहता ही जाता है। समझ उसका साथ छोड़ देती है। मर्ज लाइलाज बन जाता है। मुखार्श के विकास में ग्रस्त हो जाने पर वाणी-विचार और विवेक का संयम समाप्त हो जाता है, धीरे-धीरे बातोन्माद हो जाता है, नींद में भी भाषण का भूत भड़कने लगता है। प्रचार-पीड़ा उसे परेशान कर छोड़ती है। इस विकार का विवश होकर इतने विदेशी इलाज भी नहीं निकला, वर्ना विदेशी मुद्रा का विचार न करके आयात का आयोजन किया जाता। विवश होकर इतने बड़े देश में कुछ ही क्लीनिक विधानसभा और पार्लियामेंट के सदनों में समय-समय पर बनाकर चुने गये बीमारों को बन्द कर दिया जाता है, किन्तु कई समकक्ष रोगी क्लीनिक में स्थान पाने को परेशान बन बाहर कुहराम भी किया करते हैं। किन्तु प्रवेश नहीं पा सकते।

डॉ. कामराज 'काढ़ा' कुछ मिनिस्टरों की बीमारी पर ही परखा गया था, असर के सही आसार सामने नहीं आये, पूरी परख हो जाने के बाद ही औरों पर प्रयोग का प्रश्न प्रस्तुत हो सकेगा।

शब्द को 'ब्रह्म' बतलाया गया है, ब्रह्म कैसा ही हो वह सृष्टि ही करता है, आज जबकि हम जन-सृष्टि के बढ़ते जाने से ही परेशान हैं, सरकार हैरान है। सन्तति नियमन और बंध्यकरण के अनेक उपाय हो रहे हैं, ऐसी हालत में यह 'शब्द-ब्रह्म' अपनी अलग सृष्टि बढ़ाए चला जा रहा है, किसी ने इसके नियमन की ओर सोचा तक नहीं है। ये शब्द ब्रह्म के सुवन जितने ज्यादा पैदा होते हैं, उनका मरण भी उसी अनुपात के साथ ही होता जाता है, मौत भी मुक़ाबला बराबर करती जा रही है। सम्भव

है सरकार या समाज को इसीलिए इतनी चिन्ता नहीं सता रही होगी। परन्तु यह निरन्तर जनन-मरण का मैला कब तक चलने दिया जाना उचित है।

आज तो विज्ञान ने बहुत ही तरक्की कर डाली है। चाँद की पीठ पर पैर रखने को पहुँच हो रही है। तब शब्द-ब्रह्म तो कहीं बीच में ही आसमान में रहता होगा। क्यों न खोज की जाए? क्यों न पैदा कर सहज मौत के घाट उतर जाने वाली उसकी सृष्टि पर काबू किया जाए?

क्या पार्लियामेंट में कोई अंकुश लगानेवाला आर्डिनेन्स नहीं निकाला जा सकता? यदि प्रयत्न किया जाए तो उस समाज में ऐसे अनेक सदस्य मिलेंगे, जिनका शब्द-ब्रह्म से कभी साक्षात्कार ही नहीं हुआ हो, ऐसे मितभाषियों (स्लीपिंग मेम्बरों) का मत अवश्य ही बहुमत में मिल जाएगा। व्हिप की भी कोई जरूरत नहीं होगी।

काका कामराज इस कठिन किन्तु कूट प्रश्न पर कृपा कर कोई काँग्रेस-कन्वेशन बुलाएँ तो उत्तम हो। वहाँ कोई कडुआ-काढ़ा तैयार कर इस बवासीर की बीमारी पर भी प्रयोग करें, तो सारा देश उनका अहसान मानेगा।

न जाने किस काल में मरद महरिया होय

लोग कहते हैं कि ज़िन्दगी का भरोसा नहीं, न जाने कब क्या हो जाए, यह बात अब बहुत पुरानी पड़ गयी है। लोग बात-बात में निराश हो सहज ही यह बात मुँह से निकाल देते हैं, इसलिए अब इसकी उतनी कीमत नहीं रही और ज़िन्दगी भी इतनी छोटी पड़ गयी है कि भरोसा करना व्यर्थ है। कब मोटर में जाते हुए एक्सीडेंट हो जाए, हवाई जहाज़ में चलते हुए वह आसमान से टूट पड़े, आसमान में पेड़-पत्थर तो नहीं कि उससे टकराने का शक हो, पर वहाँ राह में साधारण पंछी ही मिल जाए और वह इस बड़े नकली उड़ते पंछी से मिलने का इरादा करे और मिलते ही दोनों का मिलन अन्तिम मिलन बन जाए, इस तरह कोई भरोसा नहीं रहा। राह चलते जाइए, धीरे से कोई घातक हमला हो गया तो लीजिए वही सड़क पर ढेर हो गये। ज़िन्दगी का वेग (स्पीड) बढ़ गया है। इस जल्दबाज़ी से सहज एक्सीडेंट हो सकता है। कोई भरोसा नहीं किया जा सकता। शासनों में भी भरोसा नहीं रहा। कल ही मुसद्दक प्राइम मिनिस्टर बनकर ऐंग्लो-अमेरिकन कूटनीति से टकराने जाते हैं, तो परसों वे अपनी ही कुर्सी से टकराकर सींखचे में समाविष्ट हो जाते हैं। शाह फ़ारूक की फ़जीहत हो जाती है। जनरल नजीब प्रधान होकर भी एक दिन अपने घर में नज़रबन्द बन सकते हैं और दूसरे रोज फिर प्रधान भी। अपने यहाँ ही देखिए न, पाकिस्तान में पाँच साल से कितने कुर्सी पर चढ़े और उतरे। भारत में कई प्रदेशों की सरकारों में, मिनिस्टरी में फेरबदल होती रहती है। कोई भी मन्त्री अपना भरोसा नहीं कर सकता कि वह कब तक कायम रहेगा। सो, कहने का मतलब यह कि ज़िन्दगी का जिस तरह भरोसा नहीं रहा, उसी तरह मिनिस्टरी भी भरोसे की चीज़ नहीं रही। किन्तु ये तो सब घटनाएँ स्वाभाविक समझी जा सकती हैं। उनमें असम्भव को सम्भव बना देनेवाली बात नहीं, चाहे भरोसा करें या न करें! पर आज अब तक अपनी जिस आदमीयत पर दम भरते आ रहे हैं, अपनी उस आदमीयत का भी भरोसा छोड़ने की बारी आ गयी है। कुदरत भी आपसे खिलवाड़ करने को अब उतारू होने लगी है, आप पुरुष हैं और पौरुष के साथ मूँछ मरोड़कर मर्दानगी का दावा करते हैं। आप पर मुग्ध होकर मनोहर महिला आपकी

अर्धांगिनी बन जाती है। आप भी जीवन में समरस होकर रहते हैं। एक-दो-तीन बालक आपकी गोद में किलोल करने लगते हैं। आप उनके पिता होने का गौरव अनुभव करते हैं। समाज में अपनी सत्ता स्थापित करते हैं, पर उधर कुदरत आप से मज़ाक करने पर उतारू हो जाए और श्रीमती और आपके सन्तानों के समक्ष आपका कायाकल्प कर दे। मर्द से महिला में आपका रूप पलट दे तो कैसा क्रूर मज़ाक हो जाएगा। पर सच मानिए, आज यह बहुत सुलभ, सहज-सम्भव हो रहा है। आपको अपने आप पर भरोसा नहीं करना चाहिए। आप कभी भी बाबू से बीवी या मिस्टर से मिस में पलट सकते हैं। आपका पौरुष पलटकर पत्नीरूपेण परिवर्तित हो सकता है। पुरानी पुस्तकों में लिखा है, ग़लत नहीं होता। 'सप्तशती' में 'पत्नीरूपेण संस्थिताम्' लिखा है। हम इसे ठीक समझ नहीं पाते थे, पर अब देखते हैं कि आदमी औरत भी बन जाता है और इस श्लोक की सार्थकता समझ में आयी। कल तक आपके साथी कोट-पैंट परित्याग कर, आपके लिए लहँगा-लुगड़ी (साड़ी) लेकर प्रस्तुत हो गये। आपकी पत्नी के पेस्ट, पेंट, पाउडर, क्रीम, कपड़े आपको प्रेम से पहनना पड़े और जो पत्नी आपकी होकर, आपके बच्चे की माँ बनने में भी कल तक महत्त्व मानती रही, उसका जीवन दूसरे क्षण ही एक समस्या बन जाए कि वह मिसेस अपने को कहे या आपको। आपके पुरुष से पत्नी के रूप में पलटते ही, आप और आपकी भूतपूर्व पत्नी दोनों आपस में सौत की शक्ल में पलट जाएँगे। पर प्रश्न यह रहेगा कि आप और आपकी भू.पू. पत्नी अबसे किसकी पत्नी कहलाए। मान लीजिए कि ये दोनों देवियाँ किसी अन्य का वरण करें और वह भी पलटकर पत्नी रूप ले ले। या इसमें से कोई पलटकर पुनः स्त्री से पुरुष बन जाए तो कैसा मज़ाक हो जाए। मतलब यह है कि अब यह भरोसा नहीं किया जा सकता कि आप कब मर्द से महरिया बन जाएँ और कब आपकी श्रीमती अपना चोला पलटकर पुरुष रूप धारण कर आपको मुसीबत में डाल दे। प्रकृति के मज़ाक पर उतारू हो जाने के कारण यह विश्वास उठने लग जाएगा कि आप कब मर्द से जोरू बन जाएँगे, और आपकी पत्नी कब पत्नी से पति बनने को आमदा हो जाएगी।

कुछ ही दिनों की बात है, लन्दन में जो आदमी मोटर की दौड़ में अपना सानी नहीं रखता था, दूसरे महासमर में ऊँचे दर्जे के लड़ाकू विमान का समर्थ संचालक था, शीतकाल में इंजीनियरी चीज़ों का दुकानदार बन बैठा करता था और जिसके अपनी एक बीवी थी, दो-दो सुन्दर बच्चे भी थे, वह सहसा धोखे में आ गया, आदमी से औरत बन बैठा। यह कोई कोमल-वय का किशोर नहीं, पूरे 33 साल का दाढ़ी मूँछ का जवान। जब लड़ाई छिड़ी तो वह अपने लड़ाकू-विमान को लेकर वर्लिन पर बम बरसाता रहा, उससे शौर्य का सिक्का जमाया, मर्दानगी की मुहर लगायी। 1941 में अनेक औरतें उस पर फिदा हो गयीं, उसने भी उनमें से चुनकर एक को अपनी

रानी की जगह दे दी।

अभागा, 1948 का साल आया। उसे अनुभव होने लगा कि वह आदमी से औरत बनता जा रहा है। वह शर्म से एकान्त में रहने लगा और यह फेरफार इतनी झड़प के साथ हुई कि श्रीमान वैब, श्रीमती वैब की शक्ल में पलटकर एक रोज़ पूरी तरह औरत हो गये। अब अपनी औरत के लिए वह एक समस्या बन गया। क्या करे बेचारी, उसने मजबूर होकर मि. वैब से बनी श्रीमती वैब को तलाक दे दिया और दस साल की बेटी तथा बारह साल के बेटे को छोड़कर विवाह में अपने को बाँध लिया। लन्दन के समरसेट हाउस के जन्म-मरण का लेखा रखनेवाले दफ़्तर में उसे अपने को लड़के की जगह लड़की नोट करवाना पड़ा। आज यही श्रीमती वैब अपने नाखूनों को रँगती हैं, सिर के बालों में सुन्दर जुल्फ़ें बनाती हैं और कोई कल्पना भी नहीं कर सकता कि कल वह मर्द रही होगी। आप ही बताइए कि ज़िन्दगी की लीक पर अपने बने बनाये, शरीर का क्या भरोसा रहा कि वह अपने देखते-ही-देखते पलटा खा जाए। मर्द से महरिया बन जाए। किन्तु यह भी गनीमत है। आदमी यदि पूरी तरह औरत बन जाए, सभी शरीर-चिह्न बदल जाएँ तो स्वाभाविक रूप पा लेने पर कोई शर्म-संकोच का कारण नहीं रहता, लेकिन आप आदमी ही बने रहें और उस हालत में आपके शरीर में कोई परिवर्तन न होते हुए औरत का असर हो जाए तो अवश्य अटपटापन लगता है। पर यह भी प्रकृति मज़ाक करे तो कैसा हो, और पाकिस्तान में देखिए। पाकिस्तान की बात शायद आपने नहीं सुनी, वहाँ बहावलपुर के विक्टोरिया हास्पिटल में एक 25 साल का मर्द दाख़िल हुआ है। जी हाँ, मर्द और उसे दर्द जारी है। डॉक्टरों ने जाँच-पड़ताल की और यह राह देखी जा रही है कि उसे कब बालक पैदा हो जाए। उसकी पीड़ा से परेशान हो डॉक्टरों ने शस्त्रक्रिया द्वारा देखा तो पेट में हाथ-पैरों वाला एक पूरा बालक प्रसूति पीड़ा दे रहा है। है न यह नियति का नग्न मज़ाक! अब पाकिस्तान की पर्दानशीं बीवियों को परेशान होने की ज़रूरत नहीं रहेगी। वहाँ शीघ्र ही आदमी औरत का अन्तर मिट जाएगा और आदमी यदि औरत न भी बने तो भी वह बेमर्द रहकर बच्चे देने लगेगा। इस तरह साम्यवाद स्थापित हो जाएगा। बीवियों का कोई महत्त्व नहीं रहेगा। कुदरत और शरीयत के बिलकुल बरक्स यह बला बढ़ जाएगी। कुदरत की इस करामात से तंग आकर, अनजाने ही साम्यवाद ने इस तरह पाकिस्तान में प्रवेश पा जाने की शंका से जनाब मुहम्मदअली ने अमेरिका से आश्रय माँगने का साहस किया है। चाहे अपनी स्वाधीनता को ही क्यों न रहन रखना पड़े, पर यह ख़तरा जो पाकिस्तान में पनपने जा रहा है, जिससे औरत और मर्द का बिना जाने भेद भंग होकर साम्यवाद स्थापित हो जाए तो बाहरी हमला नहीं, भीतरी हमला ही उसे बरबादी पर उतार सकता है। फलत: पाकिस्तान को बाहरी हमले से इतना डर नहीं हुआ, जितना भीतरी हमले से हो गया है। इसीलिए बहुत दबे-छुपे उसने अपनी लज्जा की रक्षा के लिए अमेरिका

के आगे पल्ला पसारा था। यह पड़ोसी के कान पर भनक पड़ गयी और भंडा फूट गया। क्या किया जाए, कुदरत ने रूठकर उसे कठिनाई में डाल दिया है। वह भी मि. वैब की तरह औरत की सारी शक्ल पलटकर नहीं। मर्द की माया कायम रखकर पेट में पाप पनपाना चाहा, इसी कारण पाकिस्तान को घबराकर पर्देपोशी की व्यवस्था लगाने को मजबूर होना पड़ा है। उसे अब अपने आप पर भरोसा नहीं रहा। अब पराये के पास पल्ला पसारा है, वर्ना कौन उसे पागल कुत्ते ने काटा था कि सहायता लेकर स्वतन्त्रता को बेचे। घर में ही यदि लड़की के बिन ब्याहे सन्तान पैदा होने लगे तो समाज की शर्म से घर तक छोड़कर इज़्ज़त की रक्षा के लिए बड़ी जगह या बड़े स्थानों पर आश्रय लेना पड़ता है, चाहे सब कुछ त्याग देना पड़े, तो पाकिस्तान के मर्द ही पेट में पाप पनपाने पर उतारू होने लगें तो मुहम्मदअली मुँह दिखाने से रहे। स्वाधीनता तो हाथ से दिलाई हुई चीज़ है। वही रहन रखकर अपनी आफ़त से रक्षा की जा सकती थी। इस रहस्य को पंडित नेहरू या और कोई क्या जानें, इसीलिए चीख़-पुकार की परवाह किये बिना प्रकृति की प्रेरणा से पनपने वाले साम्यवाद से निबटने के लिए पाक-प्रधानों को अमेरिका का आश्रय लेना पड़ा। अब आदमी का भरोसा नहीं रहा। औरतें ऐसे में ही पड़ी रहेंगी और आदमी अपने असली रूप में ही औलाद भी उत्पन्न करने लग जाएगा। इस ख़तरे से निबटना लाजमी है, क्योंकि अपने आदमी तो ठीक, अब कमबख़्त कुदरत का भी भरोसा नहीं किया जा सकता।

नवीन देवों का उदय

दवाओं को बदल डाला, दुआओं को बदल डाला,
पुराने पड़ गये थे, देवताओं को बदल डाला।

तथागत बुद्ध के पहले इस देश में देवी-देवताओं, पंडे-पुरोहितों का प्रभाव पर्याप्त हो गया था। समाज उनकी पकड़ से परेशान हो गया था। इस परेशानी से छुटकारा दिलाने के लिए बुद्ध का अवतार हुआ और एक लम्बे समय तक जनता ने भगवान से राहत पा ली। पर ईश्वर को अपने आसन से उतार देनेवाले महात्मा 'बुद्ध' को ही उनके अनुयायियों ने ईश्वर की ख़ाली गद्दी पर आसीन करवा दिया और उनकी ही पूजा-पत्री होने लग गयी।

गुलाम भारत में गुलामी की विवशता से लोगों ने फिर भगवान का पल्ला पकड़ा और पूजा-पत्री में पड़ गये। किन्तु जब भारत सदियों के बाद स्वतन्त्र हुआ तो उसने पहला काम यही किया कि वह धर्मनिरपेक्ष हो गया। फलतः लोगों ने अपने राज्य की स्वतन्त्रता को सभी अर्थों में लेकर सभी बन्धनों से छुटकारा पाकर धर्म को धता बतलाया। हर तरह से स्वतन्त्र बनना शुरू कर दिया, पर पूजा के आदी आदमी को किसी की पूजा ज़रूरी थी। आरम्भ में उसने पुरानी मूर्तियों की जगह 'गाँधी' की मूर्ति लगाकर कुछ दिनों पूजा की। पर यह प्रवाह धर्मनिरपेक्षता की पुकार के समक्ष अधिक समय तक टिक न सका। नयी पीढ़ी उनके मुकाबले में सिनेमा की भीड़, नट-नटियों की झाँकी लेने को मचलने लगी, मन्दिर की दालानें सूनी हो गयीं और नट-नटी के नाम चित्र, घर-घर में, नर-नारी के दिमाग़ों में घर करने लगे। नयी पीढ़ी के ये मसीहा पुरानी पीढ़ी के अवतारों को चैलेंज देने लगे हैं, अब पुनः नये देवों, अवतारों की ज़रूरत महसूस होने लगी है।

समय-समय पर जिस प्रकार नेता बदलते जा रहे हैं, हमारे देवता भी बदलें तो कोई आश्चर्य का कारण नहीं होना चाहिए। यह समय ही दल-बदल का है, अच्छे-अच्छों की आस्थाएँ डिग गयीं, बदल गयीं और बदलती जा रही हैं। फिर यदि देवों

की अदला-बदली न हो तो कैसे चल सकता है ? आज का समय जिस तेज़ी से पलटता जा रहा है, हमारी आस्था और आराध्य भी पलटना ज़रूरी हो गया है। वेदों के समय के इन्द्र, वरूण आदि देव भी पुराणों के युग में पहुँचकर राम-कृष्ण-शंकर, देवी बन गये थे। यह दल-बदल या देव (नेता) बदलने की बात ही तो है।

आज वैसे ही पुराने देवों का अवमूल्यन हो गया है और स्वतन्त्र भारत में नये कीर्तिमान की तरह नये देवों की भी प्रतिष्ठा ज़रूरी हो गयी है।

धरनेश्वर महोदय

अब समाज में 'धरना' नीति का महत्त्व हो गया है, इसलिए धरनेश्वर महादेव की स्थापना होनी चाहिए और धरना देनेवाले लोगों को चाहिए कि वे अपने धरने देने के पहले इस देवता की पूजा करें और प्रोसेशन के साथ उस जगह ले जाएँ, जहाँ धरना देना हो। उन्हीं के भजन-कीर्तन के साथ धरना देने लगें।

दल-बदलराम

यह प्रतिमा उन परिवारों में स्थापित की जाए, जो काँग्रेसी से कम्युनिस्ट हो गये हों या समाजवादी से स्वतन्त्रवादी हो गये हों अथवा क्रान्तिकारी से शोषित बन गये हैं।

महाबन्ध

इसी तरह 'बन्ध' के कार्यक्रम को जिन लोगों ने अपना बना लिया हो, वे 'महाबन्ध' महाराज की नियमित पूजा-अर्चना करने लगें।

घेरावेश्वर

घेराव एक सफल, किन्तु तात्कालिक सफलता देने वाला मार्ग है। इस मार्ग के अनुयायियों को घेरावेश्वर की पूजा करनी चाहिए।

हड़तालिका देवी

इन देवों के बीच भगवती की भी बहुत ज़रूरत है, इसलिए हम भगवती 'हड़तालिका' देवी की पूजा करें, तो सफलता सन्देह-रहित मिलती है। परन्तु देवी की आराधना का मार्ग सदैव बड़ा कठिन माना गया है। तदनुसार हड़तालिका देवी की आराधना में भी आँसू गैस की धूप देनी पड़ती है, लाठी का प्रसाद पाना पड़ता है और सफलता के प्रसंग पर कभी-कभी 'गोली' की गड़गड़ाहट एवं दिव्य ज्योति भी प्रकट हो जाती है। तब जाकर वह हड़तालिका देवी प्रसन्न होती है।

इन पूजाओं में भी त्याग-तपस्या और साधना करनी पड़ती है। बिना हठयोग

के यह साधना सफल नहीं होती। इन देवों की पूजा-विधि भी है, तान्त्रिक प्रयोग भी हैं। अनशन का कवच भी प्रसंग में एक तान्त्रिक प्रयोग के रूप में काम में लाया जाता है। इसकी सिद्धि मास्टर तारासिंह ने गुरुद्वारे में बन्द होकर प्राप्त की थी, अन्तिम पूजा का प्रयोग 'आत्मदाह' की महज घोषणा का है, यह उतना सक्रिय नहीं, जितना घोषणा से ही फलप्रद बन जाता है, परन्तु यह अमोघ मन्त्र की साधना की तरह सर्वसाध्य या सुलभ नहीं है। इसके लिए दुराग्रह पूजा-पद्धति का विधान भी है, भ्रष्टाचार की भावना से ही यह परिणामकारी होता है।

सत्य और तथ्य यह है कि पलटे हुए प्रसंग में नवीन देवों-देवियों की पूजा-आराधना विशेष रूप से फलदायी बन जाती है, जिन्हें आराधना का पूजा-विधान जानना हो, वे 'संघनिस्टों' से सम्पर्क करें।

झाड़ू देव्यै नमो नमः

झाड़ू के विषय में मेरी धारणा बहुत ऊँची है, मुझे सदैव खटकता रहता है कि झाड़ू को प्रथम पूजा का स्थान क्यों नहीं दिया गया है? 'गणपति' आद्यपूज्य हैं, ठीक है, सुबह उठते ही 'गणपति' की तस्वीर को देखकर सिर झुका दिया जाता है, तो उसके बाद ही द्वितीय पूजा का स्थान यदि किसी को मिलना चाहिए तो वह एकमात्र झाड़ू ही हो सकती है।

पुराने शास्त्रकारों ने दीवाली के पूर्व झाड़ू खरीदने का आदेश दिया है, झाड़ू के बाद ही लक्ष्मीपूजा का स्थान है, दीवाली के दूसरे दिन झाड़ू पर दीपक जलाकर चौराहे पर रखने का विधान है। सो, शास्त्रकारों की सराहना करनी पड़ेगी कि उन्होंने झाड़ू को सम्मान दिया है, भुलाया नहीं है, किन्तु इस प्रथम या द्वितीय पूजनीय झाड़ू को सभी लोगों ने दीवाली के दूसरे दिन केवल एक दिन ही क्यों पूजा का पात्र बनाया? मुझे लगता है कि उस ज़माने में घरों में, शहरों में, या दिमाग़ में इतना अधिक कूड़ा-कचरा इकट्ठा नहीं होता होगा, सालभर में एक दिन ही सफाई कर देने से काम चलता ही होगा। जैसे जैनियों में सालभर में एक दिन ही 'क्षमा' माँग लेने से पूरे साल भर के कसूर माफ़ हो जाते हैं और महीने में दो वक़्त एकादशी उपवास कर लेने से एक महीने के पेट के पाप धुल जाते हैं, उसी तरह झाड़ू भी एक दिन ही लगानी पड़ती होगी।

मुसलमान लोग एक साल में सिर्फ़ रमजान में दिन-भर फाका कर पूरे साल की सफ़ाई समझ लेते हैं। आज तो जहाँ देखो वहाँ कूड़ा-कचरा ढेरों पड़ा मिलता है। दिमाग़ तो बुरी तरह सड़ रहें हैं, रोज़ ही सफ़ाई हो, तब भी सड़ान जाती नहीं है। चारों ओर गन्दगी और भनभनाहट जारी है। और जबकि गणपति के 'ग' ने जब गर्दभ के लिए सीट सुरक्षित कर दी है, झाड़ू ही ऐसी बच जाती है जिसे दूसरे नम्बर पर पहला दर्जा दिया जाना ज़रूरी हो गया है। फिर अनुसूचित के दायरे में आने के कारण भी वह नम्बर एक की हकदार है।

किसी कार्य से गृहलक्ष्मी जब हाथ में झाड़ू लेकर परिवार या समाज का सम्मान

करती थी, सभी उम्र अबला का सम्मान करते थे, बीच का युग नारी को अबला बनाने वाला आया था, जो अब बुरी तरह बीत गया है।

आज फिर अबला सबला बनकर सामने प्रस्तुत हो यदि अपनी पुरानी परम्परा के अनुसार झाड़ू हाथ में थामकर समाज के सामने आ जाए तो वह चाहे उस तरफ क्रान्तिकारी मोड़ दे सकती है। हमारे देश में आज विगत कुछ वर्षों से नारी राज्य का निर्माण हो गया है, नारी के हाथ का भूषण सिर्फ झाड़ू ही हो सकती है, वह उसका अपना घर भी साफ-सुथरा रख सकती है और समाज भी।

हमारी प्रधानमन्त्री ने सत्ता हाथ में लेने के बाद ही जो सफ़ाई शुरू की तो काँग्रेसी शासन के 16-17 प्रदेशों में से 9 प्रदेशों में काँग्रेस का कूड़ा इस तरह साफ़ होगा कि नेहरूजी स्वप्न में भी कल्पना नहीं कर सकते थे। वे अपनी बुढ़ौती के कारण उस कूड़े को हर प्रदेशों से बहाकर ज़रा एक तरफ हटाकर उसी घर में ढाँप देते थे। पर इन्दिराजी ने पहले ही हाथ को झाड़ू लगाकर, क्रान्तिकारी कार्य कर दिखाया। एक बार प्रदेशों से निबटीं तो उन्होंने केन्द्र के इकट्ठे कूड़े की तरफ़ अपनी टेढ़ी निगाह दौड़ायी और वित्त-विभाग में जो सफ़ाई का हाथ मारा तो सारा कूड़ा समेटकर एक-एक फूँक में गुजरात की हवा में उड़ा दिया। कामराज ने जिस झाड़ू से वर्षों पहले इसी विभाग की सफाई की थी, उसी झाड़ू से इन्दिराजी ने पूरी तरह दीवाली की सफ़ाई कर डाली कि केन्द्र के कई कोनों और कक्षों में अर्से से कूड़ा जमा रहा है, बहुत ही मच्छर भनभनाते रहते हैं, हाल में झाड़ू का दूसरा हाथ फिराकर चार कोने साफ़ कर डाले हैं। अब चूँकि दीवाली नज़दीक आ गयी है, सफ़ाई के काम में तेज़ी की ज़रूरत हो गयी है। हवा में गन्दगी फैल रही है। इन्दिराजी हाथ में झाड़ू लिए चक्कर लगाती जा रही हैं, लगता है, पूरा कूड़ा निकालकर ही दम लेंगी, चाहे जुकाम क्यों न हो जाए।

विशेष रूप से आज के ज़माने में झाड़ू का बेहद महत्त्व है। राष्ट्रीय पशु-पक्षी की तरह झाड़ू को राष्ट्रीय महत्त्व मिलना चाहिए। रबात सम्मेलन में मियाँ याहिया खाँ ने झाड़ू का कड़ा हाथ जमाकर फकरू मियाँ को सड़क पर सरका दिया। वे लुढ़ककर दिल्ली तक पहुँच गये। ऐसी हालत में इन्दिराजी को कसकर झाड़ू पकड़नी पड़ेगी। वैसे झाड़ू चलाने का काम नारियों का ही रहता आया है, चाहे घर में चलाएँ या बाहर। प्रायः कई दिमाग़ों की सफ़ाई दो देवियाँ ज़बान की बुहारी से ही कर देती हैं। झाड़ू और ज़बान में कोई नज़दीकी रिश्ता ज़रूर होना चाहिए। एक पैर तले की सफ़ाई करती है तो दूसरी दिमाग़ी। पार्लियामेंट इसका प्रत्यक्ष प्रमाण है। फिर दीवाली तो सफ़ाई का ही त्योहार है और हर तरह की सफ़ाई का काम झाड़ू ही करती है, इसलिए उसे राष्ट्रीय महत्त्व प्राप्त है।

एक ज़माना था, स्वतन्त्रता के पूर्व लाखों झाडुएँ मालवे से गुजरात और कराँची

तक जाती थीं। यह मालवे का विकसित गृह उद्योग माना जाता था। अब कराँची हमारी झाड़ू से अपने घर की सफ़ाई नहीं करता, इसलिए इस झाड़ू उद्योग से विदेश-व्यापार के द्वारा बाहरी मुद्रा मिलना सम्भव नहीं रह गया है। अब तो इसे राष्ट्रीय उद्योग की तरह सहकारी क्षेत्रों में लगाया जाना चाहिए, ताकि अपनी अन्दरूनी सफ़ाई के लिए सम्पूर्ण सुविधा सुलभ सम्भव हो, उसके लिए बैंकों के राष्ट्रीयकरण की तरह ही कोई क्रान्तिकारी क़दम उठाना ज़रूरी है; मुझे विश्वास है इस क़दम से महतरानी से लेकर महारानी तक दिल्ली जाकर बधाई देंगे।

मंगलग्रह की सस्ती बस्ती

हिन्दुस्तान में हज़ारों नहीं, लाखों शरणार्थी आ गये हैं और उन्हें सरकार ने देश के विभिन्न भागों में बंजर जमीन पर जायदाद बनाने का मौक़ा दिया है। इस काम में करोड़ों की पूँजी ख़र्च हो गयी तथा हो रही है। लोगों के पास अब बड़े नगरों में जायदाद ज़माने के लिए ज़मीन का ठिकाना नहीं है। न ज़मीन ही इतनी सस्ती पड़ती है कि हाथ लग सके, मकान मिलने पर किराये की इतनी कीमत है कि किस्मत कराह उठे। यह हालत हमारे हिन्दुस्तान की है, तब विलायत की विलासिता का विचार करें तो विवेक ही विदा हो जाता है। वहाँ की बस्ती पर बन्दरों की तरह बन्दे भरे पड़े हैं और बाढ़ आ जाने के कारण आदमी बुरी तरह बढ़ते जा रहे हैं, रहने की राहत नहीं मिलती, मकानों की मुश्किल तो है ही। पैसे की परवाह नहीं, पर ज़मीन जनाजे के लिए नहीं, तो कब्रों की कठिनाई का क्या कहें?

पहले जब वैज्ञानिकों ने मंगल में मजलिस ज़माने और मौज मनाने का विचार किया तो अमेरिका के एक ठेकेदार ने, जो मंगल की मिल्कियत का मालिक बन बैठा था, पितरों की पूँजी पर दिल खोलकर प्रचुर प्लाट बेचने की दुकान खोल दी थी। मनचले मानवों ने जर ख़रीद ज़मीनें जमकर ली थीं। अवश्य ही इन ज़मीनों पर बसने या जायदाद बनाने के लिए कोई जीवित मानव तो अब तक वहाँ नहीं जा सकता, क्योंकि अभी ऐसे उपग्रह की पहुँच सीधी किसी ग्रह के घर तक नहीं हुई है। लेकिन हमारा यह विश्वास है कि ज़मीन खरीदने वाले के पुरखों की आत्माएँ, जो अमर रहनेवाली रहती हैं, अवश्य अपने उत्तराधिकारियों की जर-ख़रीद ज़मीनों पर जा पहुँची होंगी और राहत पा रही होंगी। लम्बे अर्से से अनेक आत्माएँ अन्तरिक्ष में मँडराती रही हैं। आख़िर स्वर्ग में भी तो एक सीमा रहती है, सम्भव है उन्हीं पितरों की प्रेरणा से अमेरिका के कुछ लोगों ने वहाँ ज़मीनें ख़रीदी हों, वे आत्माएँ तो पहचान ही गयी होंगी कि अपने ही पुत्र-पौत्रों ने पीड़ा का अनुभव कर ये ज़मीनें ली हैं, इसलिए उन प्लाटों पर प्रेतात्माओं ने पनाह ले ली हो, तो विस्मय का विषय नहीं।

पर जब रूस ने अपना उपग्रह आकाश में छोड़ा तो रूस से रंजिश रखने के कारण

किसी अमेरिकी ने अन्तरिक्ष की ज़मीन ख़रीदने का साहस नहीं किया, न अमेरिकनों की आत्माएँ ही तैयार हुईं, जो अटलांटिक के इर्द-गिर्द घूम रही थीं तो इस बार एशिया के जंग जर्जर राष्ट्र जापान ने साहस बटोर लिया। 'हिरोसिमा' और 'नाग़ासाकी' के मृत मानवों की आत्माएँ शरणार्थी की तरह उस लोक में मारी-मारी फिर रही थीं, वे अकस्मात् उठ गयी थीं, इसलिए वहाँ भी बसने का कोई इन्तज़ाम जम नहीं पाया था। उनके परिवारों को प्रेरणा मिली कि वे वहाँ ज़मीन ख़रीद लें तो जब तक सीधा उपग्रह उस लोक तक पहुँच न पा ले, तब तक शान्ति से वहाँ रह सकेंगी। सो, रूस के उपग्रह छूटते ही मंगलग्रह के जायदादी एजेंट (पितृलोक का पुनर्वासी एजेंट) एस्ट्रोनाटिकल सोसायटी (जापान) ने अपनी अकस्मात् दुकान खोल दी और उसका धन्धा इतना चमक उठा कि मंगल में फ्लैट लेनेवालों की उसके यहाँ क्यू लग गयी। मामला बहुत दूरी का होने से लोगों को प्रोत्साहित करने के लिए वहाँ की ज़मीन कुल 4 शिलिंग से एक पौंड तक में एक एकड़ दी जाने लगी। एक एजेंट के पास ज़मीन लेनेवालों की अर्जियों का अम्बार लग गया है। इतना सस्ता सौदा शायद आगे सरल रूप से सम्भव नहीं। एजेंट ने इन ज़मीन लेनेवालों के लिए अपनी ओर से बड़ी सरल शर्तें रखी हैं। वे शर्तें ये हैं कि कला से प्रेम रखना, विज्ञान का आदर करना, दिल में उदारता होना, लोभ-लालच न करना और शान्ति के प्रति निष्ठा रखना।

जापानी लोग सदैव कला-प्रेमी रहते आये हैं, इसलिए उन्हें इसमें भला क्या उजर हो सकता है। विज्ञान का चाहे पहले उन्होंने कभी आदर भी न किया हो, पर जब स्वर्ग में सीधे विमान-विहार द्वारा सफ़र घुस रहा हो तो कौन ऐसा होगा जो विज्ञान का आदर न करेगा! जापानी दिल से उदार होते हैं, उन्हें भला लोभ-लालच क्यों छूने लगा? जब काग़ज़, कचरे-कुट्टी के मकान में वे अपनी अमूल्य ज़िन्दगी खुशी-खुशी बिता देते हैं, ज़रूरत पड़ने पर जान को हाराकिरी (आत्महत्या) द्वारा कुर्बान करने में कठिनाई महसूस नहीं करते। रही, शान्ति नेक-निष्ठा सो, महासमर के बाद जर्जर बनी जापानी जनता के मुकाबले में और कौन-सा राष्ट्र होगा, जो शान्ति की शरण में रहने को आतुर न हो, जबकि इन्हीं गरीबों पर अणु-अस्त्रों के प्रयोग का सीधा असर अब तक पड़ रहा है।

आज यदि जल्दी वहाँ ज़मीन न भी पा सके तो चिन्ता नहीं, वे अपना भविष्य सुधार रहे हैं। आगे इस देह से न सही, अपनी आत्मा को लेकर मंगल के मंगलमय वातावरण में जाकर रह सके तो मुक्त काल के मनोरथ तो पूर्ण हो जाएँगे, वहाँ जायदाद तैयार मिलेगी, ज़मीन जमा रहेगी। जब चाहा जम गये। अब यह आशा बलवती बन गयी है कि एशिया का पड़ोसी राज्य रूस कुछ समय में अपने राकेट से मंगल में मानव को मरण-पूर्व पहुँचा देगा और यहाँ न सही, वहाँ पहुँचकर जापानी जनता अपने पड़ोसी से प्रेमपूर्वक पल्ला बाँधकर रह सकेगी। रूस के बतलाए हुए रास्ते या राकेट से जब

अमीर अमेरिकन इस लोक में आसानी से जाने को कतराते हैं तो उस लोक में जाने का खतरा क्यों खरीदने लगे? जापानियों की जान की यह चिन्ता भी नहीं रहेगी कि वहाँ मैक आर्थर की मिलिट्री मौजूद मिलेगी।

फिर जापानियों को मंगल की ज़मीन सस्ती मिल रही है। जब आदमी राकेट से वहाँ पहुँचने लगेगा, तब वे अपने साथ अपनी कारीगरी से बनाये हुए चलते-फिरते काग़ज़ कुट्टी के मकान भी अपने साथ राकेट पर रखकर लेते जाएँगे और ख़रीदी हुई ज़मीनों पर कब्ज़ा कर उसी दिन रहने की राहत पा लेंगे, परेशानी का काम नहीं रहेगा। न मंगल पर कोई वजन पड़ेगा, न नींव खोदकर पत्थर भरने का भार उठाना पड़ेगा, उधर मंगल अपनी चाल से आसमान में मनमाना चक्कर लगाता रहेगा और जापानियों के काग़ज़ी मकान ताश के पत्तों की तरह उस पर टिके रहेंगे। न भूकम्प का प्रभाव पड़ेगा, न प्रलय की पीड़ा ही। अभी अमेरिकी उपग्रह आसमान के उस पर में भी नहीं उड़ पाया है तो मंगल तक पहुँचकर रश्मियों की राह का रोड़ा बने, यह सम्भव नहीं। उसके पूर्व ही जापानी जनता मंगल में मस्ती से रहकर उड़ती-फिरती रहेगी और ऊपर से अमेरिका पर चक्कर काटते हुए आसानी से अपने मकान का कूड़ा-कचरा अमेरिका के ऊपर उड़ाती रहेगी। अफ़सोस यह है कि पाकिस्तान के पदच्युत प्रधानों की आत्माएँ भी, जिनको अपने देश और दूसरी जगह भी जगह नहीं मिल रही है, रूस के राकेट से जाना नहीं चाहतीं। वे कहाँ जाकर रहेंगी, जब तक अमेरिका किसी ग्रह पर जाने का, रहने का, कोई सीधा रास्ता नहीं बना लेता, तब तक उन्हें त्रिशुंक की तरह 'सीटो-नाटो' की नाड़ी में बँधकर अधर में अटकना लटकना पड़ेगा। खुदा इनकी आत्मा का ख़ात्मा न करें!

हमारे हिन्दुस्तान में अभी तक चन्द्र या मंगलग्रह की ज़मीन का कोई एजेंट नहीं उतरा है, वर्ना निस्सन्देह हमारे पूर्वजों ने किसी काल में वहाँ तक पहुँचकर पुण्य के बल प्लॉट अवश्य लिए होंगे और वे ख़ाली पड़े होंगे। यदि यह पूरा पता लग जाए और हमारे मित्रराष्ट्र रूस का राकेट यदि इन भारतीयों का भार वहन कर वहाँ पहुँचाने का प्रयास करे, तो कई कम्युनिस्ट भाई पहुँचने की पहल करने में पीछे नहीं रहेंगे तथा अपने पुरखों की पृथ्वी का पता लगाकर उस पर कब्ज़ा भी कर लेंगे। मंगलग्रह का रंग 'लाल' है और रूस का सितारा भी लाल है। अवश्य ही वहाँ कम्युनिस्टों का निवास होगा, इसलिए किसी कम्युनिस्ट को वहाँ कोई कष्ट न होगा। रूस को चाहिए कि अपना राकेट भेजने के पहले उम्मीदवारों की सूची बनवा ले और उस समय भारत के भाई-बन्दों को न भूले। ऐसी सस्ती-बस्ती में रहना कौन नापसन्द करेगा? जापानी एजेंट के यहाँ तो अर्जियों का अम्बार लगा है और उम्मीदवारों की क्यू। पर यदि हिन्दुस्तान में एजेंसी खुल जाए तो कम्युनिस्टों के कैम्प ही लग जाएँगे। कह नहीं सकते कि ऐसी हालत में केरल की कम्युनिस्ट सरकार अपने समर्थकों को लेकर वहाँ रहना पसन्द करेगी या नहीं?

चीनी चूहों की घुसपैठ

खुला ये भेद कि बस छेद से चूहा आया।
जो गरमियों में खुले दर तो क्यूँ न लू आये!

जी हाँ, चीनी चूहे बहुत चालाक होते हैं, भारत के चूहों की तरह निरे 'गणपति-वाहन' ही वे नहीं होते। चीन में चूहों को बराबर ट्रेनिंग दी जाती है और जासूसी के लिए दूसरे देशों में उन्हें छुड़वा दिया जाता है। स्वतन्त्रता के पूर्व अन्नधान्य की भारत में कमी नहीं थी, लोग पेट भर खाते थे और साल भर के लिए घरों में अन्न-संग्रह करके भी रख लेते थे, पर स्वाधीनता के बाद हमारी सरकारी रिपोर्ट से पता चलता है कि यहाँ अन्न तो पर्याप्त पैदा हुआ, पर लाखों लोगों का पेट भर जाए इतना अन्न चूहों ने खा लिया। परिणाम यह हुआ कि बाहर से अन्न का आयात करना पड़ा।

जब स्वतन्त्रता के पूर्व चूहों के रहते हुए भी अन्न की कमी नहीं हो पाती थी तो बाद में यह हालत क्यों हुई? सर्वेक्षण से पता चला कि इस देश में अनेक दरों से विदेशी चूहे यहाँ दबे-छुपे जासूसों की तरह घुस आये हैं और वे गोदामों में ही घुसने की ट्रेनिंग लेकर आये हैं। हमारे यहाँ के होशियार लोगों ने इन चूहों का पता चलाने के लिए सीमावर्ती प्रदेशों में बिल्ली सेंटरों की स्थापना की और उन्हें महज चूहे पकड़कर खाद्यमन्त्री के समक्ष पेश करने की ट्रेनिंग दी गयी। इन चतुर बिल्लियों ने अनेक चूहों को पकड़ा, पर उनसे सही हालत का पता नहीं पड़ सका। हाल ही में एक सफ़ेद रंग का चूहा लद्दाख में पकड़ा गया, उसे बड़ी हिफाजत के साथ दिल्ली पहुँचाया गया। रास्ते में उसने दो बार पिंजड़े से भागने की कोशिश की, वह किसी तरह दिल्ली आ गया। उसकी जाँच-पड़ताल की गयी। गुड़-खांडसारी के ढेरों में रोका गया। तब उसने बड़े चौंकाने वाले क़िस्से बतला दिये हैं, यह आक्साई चीन से चलकर हमारे देश आया था, उसने बतलाया कि चीन से कई लाख चूहों को बिना परमिट के भारत में पहुँचाया गया है।

भारत में हरित क्रान्ति करने का आयोजन चल रहा था, तभी से चीनी शासक

चौकन्ना हो गये थे। शुरू में एक चतुर चूहे को महापंडित राहुलजी के साथ, जब वे लेह-लद्दाख होकर तिब्बत से पुरानी पोथियाँ लेकर चोरी-छुपे, भारत आ रहे थे उन पुस्तकों के बंडलों के साथ उक्त चूहे को स्थिति की जाँच के लिए भारत भिजवा दिया गया था। उसने पूरे देश में चक्कर काटकर, खेतों-खलिहानों-गोदामों का गोता लगाकर चाऊ एन लाई के साथ चीन में पहुँचकर यहाँ की सारी रिपोर्ट पहुँचा दी, तब से चीनी लोग बहुत चौकन्ने हो गये और उन्होंने एक व्यवस्थित पंचवर्षीय योजना बनाकर कई लाख चूहों को ट्रेनिंग सेन्टर में रख दिया, वहाँ से प्रशिक्षित होकर वे सब चूहे पाकिस्तान, बर्मा, नागालैंड, तिब्बत, लेह, लद्दाख के जरिये भारत में पहुँचा दिये गये, इन चूहों ने भारतीय चूहों से धीरे-धीरे-मेल-जोल स्थापित कर लिया और व्यवस्थित रूप से अपना कार्य आरम्भ कर दिया। सरकारी बिल्लियों को पता तक नहीं चलने पाया कि वे कहाँ है? जब ये क़ाफ़िलों में अन्दर घूमने लगे तब बिल्लियाँ डर गयीं और दुम दबाये बैठी रहीं, इन चूहों के नेताओं ने भारतीय चूहों को साथ लेकर चीनी दूतावास से सीधी साँठ-गाँठ कर ली, नक्सलवादियों से सम्पर्क साधकर देश के हर कोने, गाँवों में, खेतों-खेलिहानों में कुतुर-कुतुर करना शुरू कर दिया, इन्हीं के साथ भारतीय चूहे भी अपनी कारगुजारी कर रहे हैं। सरकार हैरान है, इस्पात के कारख़ानों में इतना लोहा नहीं कि एक बड़ी तादाद में इतने पिंजड़े बनवाये, बिल्लियाँ इतनी बेईमान साबित हुईं कि वे देशी चूहों को पकड़कर पेट भर लेती हैं। इन चीनी चूहों से या तो डरती हैं या रिश्वत लेकर भाग खड़ी होती हैं।

यही कारण है कि आज हमारे देश में चूहों की संख्या बहुत बढ़ गयी है। आयात किये हुए अन्न का बहुत बड़ा हिस्सा ये चट कर जाते हैं और इनके सम्पर्क में आकर देशी चूहे भी खुलकर मैदान में उतर आये हैं। हमारी सरकार के विदेश विभाग ने इन चूहों के आतंक को घरेलू मामलों में दख़ल देने का सवाल चीनी दूतावास के समक्ष रखा और कई विरोधपत्र भी भिजवाये, किन्तु चीनी सरकार के कानों में जूँ तक नहीं रेंगी है। चीनी चूहे ने यह सारा किस्सा भारत सरकार के समक्ष प्रस्तुत किया, वह दिल्ली के लालक़िले में बन्द पड़ा है, किन्तु कुछ लोगों ने बताया कि क़िले के कोने की दीवार में छेदकर उस चूहे से दूसरे चूहे दबे-छुपे सम्पर्क बनाये हुए हैं और वही चूहें चीनी दूतावास में भी नज़र बचाकर आते-जाते रहते हैं। एक जासूस काली बिल्ली ने किसी के कान में कहा कि उसने इन्हीं में से एक चूहे को स्वयं दिनेशसिंह जी (विदेश मन्त्री) के दरवाज़े से बाहर भागते हुए अपनी भूरी आँखों से देखा था, जब वह पकड़ने को चूहे के पीछे लपकी तो पड़ोस की गटर में घुसकर वह गायब हो गया। महज चूँ-चूँ की धीमी-सी आवाज़—भर उसके कानों में सुनाई दी। जासूस विभाग में रिपोर्ट दर्ज कर ली गयी है।

लघु उद्योग में कुर्सी का महत्त्व

कुर्सी है जिसके घर में वह भी है आदमी
कुर्सी है जिसके सर में वह भी है आदमी

वैसे भारत अपनी औद्योगिक क्रान्ति से गुज़र रहा है। सरकारी सहायता, अपनी सहायता और विदेशी सहायता से निरन्तर विविध उद्योगों का आरम्भ हो रहा है। आयातों और निर्यातों में होड़ लगी है। खाद से लेकर इस्पात तक और फीते से लेकर जूते तक के उद्योग अमल में आ गये हैं। प्राइवेट सेक्टरों से पब्लिक सेक्टरों में स्पर्धा पैदा हो गयी है। परन्तु दोनों में कौन-कैसे पनप रहे हैं, उस बात की सही जानकारी के लिए अभी किसी सरकार या साहूकार ने कोई कमीशन नहीं बिठलाया है, क्योंकि अभी उनके कमीशन के प्रश्न पर पर्याप्त मतभेद चल रहे हैं। विद्रोही नागाओं की तरह निरन्तर चर्चाएँ होते हुए भी किसी समझौते की सम्भावना सामने नज़र नहीं आ रही है।

बड़े उद्योगों में बड़ी-बड़ी गड़बड़ें चल रही हैं। जिन सरकारी उद्योगों में सफलता की बातें बतलाई जाती हैं, वहाँ सरकारी आदमी ही साक्षी देता है। और साहूकार उनकी असफलता और घपलों की घोषणा करता है। इसे विपरीत सरकारी सूत्र बतलाते हैं कि—साहूकारी—उद्योगों में अनाप-सनाप सम्पत्ति मिलती जा रही है। ऐसी हालत में उन लघु-उद्योगों को कौन कहे, जो अपने आप में 'लघु' ही हों। गृह—उद्योग, ग्रामोद्योग का हाल ही न पूछिए। उनका बाहर और बाहरी लोगों से क्या सम्बन्ध होगा! वे अपने घर के लिए ही तो उद्योग करते हैं। उनमें बाहरी हस्तक्षेप का सवाल ही नहीं उठता। उनमें यदि कोई गड़बड़ उठती हो तो महज गृहकलह तक ही परिमित (परमिट नहीं) रहती है। तथापि सभी अनेक उद्योग घरेलू या लघु की सीमा में आने लायक रह गये हैं, जिनकी तरफ़ बहुत कम किसी का ध्यान गया है, गृह-उद्योग में प्रवीण जापान में भी उनकी ज़रूरत पर कोई ध्यान देने की आवश्यकता नहीं हुई है। हमारे देश में भी इस समय तक सिर्फ़ इस उद्योग के लिए राजस्थान, मध्य प्रदेश, हरियाणा, बिहार और बंगाल में ही सुविधा दिखाई देने लगी है।

यह उद्योग है—'कुर्सी—कला' ऊपर कहे हुए प्रदेशों में इस उद्योग के विकास की पर्याप्त सुविधा सामने दिखाई देने लगी है। यदि सरकारी सेक्टर में सम्भव न हो तो साहूकारी सेक्टर में अधिक सुविधा से यह कुर्सी—कला लाभप्रद सिद्ध हो सकती है।

हाँ, इसमें यदि कोई कठिनाई आती थोड़ी दिखाई देती है तो वह इस उद्योग में प्रयोग होने वाले कच्चे माल की है। क्योंकि बीस वर्ष से प्रति वर्ष वन-महोत्सव का पूरे उत्साह से आयोजन होते हुए और लाखों पेड़-पौधों को ज़मीन में जमाते हुए भी जलाऊ लकड़ी की तंगी बनी ही रहती है और लकड़ी के भाव आसमान को छूते जा रहे हैं। जनता परेशानी में पिस रही है। बेचारी लकड़ी भी आख़िर क्या करे? ज़माना पलटता जा रहा है और बड़े वेग से जनता बढ़ती चली जा रही है। आख़िर लकड़ी की प्रजनन-शक्ति इतनी वेग से कहाँ बढ़ पा रही है कि वह बढ़ती हुई जनसंख्या के लिए 'आत्मदहन' का साधन प्रस्तुत कर सके? वस्तुतः अन्न के लिए ही नहीं, जलाऊ लकड़ी के कारण भी देश के सन्तति-निरोध की बहुत बड़ी आवश्यकता है। अस्तु, मूल समस्या यह है कि वन-महोत्सव के होते हुए भी बढ़ी हुई बकरियाँ उन पौधों को प्रेम से पेट में उतारती चली जाती हैं और वन रूखे जंगल होते जा रहे हैं। ऐसी हालत में कुर्सी-कला के लिए उपयोगी कच्चा माल कैसे प्राप्त किया जाए? और विदेशी-मुद्रा के लिए क्या उपाय किया जाए? एक विशेषज्ञ ने, सुना है, चलते हुए यह राय दी है कि बढ़ती जनसंख्या में से कुछ लोगों को सस्ते दर पर यदि किसी देश में निर्यात कर दिया जाए तो शायद यह गम्भीर समस्या सरल बन जाए, किन्तु यह समस्या उतनी सीधी नहीं लगती। इसके लिए सन्धान लगाने के लिए कुछ लघु-उद्योग वालों को विभिन्न देशों में पता लगाने भिजवाना आवश्यक होगा, तत्पश्चात् यह विचार सम्भव होगा कि यह निर्यात परमिट किस-किस को किस कंडीशन पर दिया जा सकेगा? परन्तु कुर्सी-कला के लिए अब कच्चे माल का प्रश्न अधिक समय उपेक्षित नहीं किया जा सकेगा। विभिन्न स्थानों पर पिछली विधानसभाओं में महज कुर्सी फेंकी भर जाती थी, कुर्सी चल जाती थी। परिवर्तन का प्रसंग आ सकता था, किन्तु जबसे यह काँग्रेसी शासन जगह-जगह बिखरने-टूटने-गिरने लगे, तब से कुर्सी टूटने-गिरने का क्रम बढ़ गया है। और अब कुर्सी की माँगें बढ़ने लगी हैं, उसकी संख्या बढ़ने लगी है। विकास और विस्तार के इस प्रगतिशील वातावरण में यह आवश्यक हो गया है। आदमी, अधिकारी या मन्त्री बढ़ते जा रहे हैं। कुर्सी की कमी महसूस होने लगी है। ख़ासकर तीन प्रदेशों ने तो कुर्सी की एक कठिन समस्या ही समाज और शासन के समक्ष प्रस्तुत कर दी है। उनमें हरियाणा अग्रणी (राष्ट्र-कलश के पुरस्कार के योग्य) है। फिर मध्य प्रदेश और राजस्थान, बिहार तथा बंगाल का नम्बर आता है। यह तो स्वाभाविक ही है कि जब वेग के साथ हर देश-प्रदेश में जनसंख्या

में वृद्धि हो रही है तो शासन उससे कैसे वंचित रह सकेगा? मन्त्रियों की वृद्धि होना स्वाभाविक ही है। परन्तु जिस अनुपात से वृक्ष-वृद्धि नहीं हो रही है, लकड़ी की कमी पड़ रही है। वह जलती जा रही है, कला के क्षेत्र में उतनी नहीं पहुँच पाती जितनी कुर्सी के लिए ज़रूरी होती है, इसलिए यह कठिनाई आकर उपस्थिति हो गयी है। राजस्थान रेतीला प्रदेश हैं, वहाँ वैसे ही पेंड़ और उसकी लकड़ी की कमी है, मध्यप्रदेश, हरियाला प्रदेश है, परन्तु लकड़ी की अधिक उपज महाकौशल में होती है। फर्नीचर के लिए यही उपयोगी होती है, लेकिन दुर्भाग्य से वहाँ राजनीतिक उलझनें बढ़ी हुई हैं। गुलाबी चने की तरह लकड़ी भी निरन्तर निर्यात के पथ पर पहुँच गयी है। और मिश्रा जी के प्रभाव-क्षेत्र में रहने के कारण वह संविद सरकार के लिए सुलभ नहीं रह गयी है। शुक्ला-मिश्रा के अन्तर्द्वन्द्व के जंगल में जल रही है, बंगाल में साम्यावदियों के आतंक के कारण यह लकड़ी 'टूट-फूट' के सुधार में ही समाप्त होती जा रही है, कला के केन्द्रों में पहुँच नहीं पाती। और बिहार में यह पहले सूखे का शिकार हो गयी और बाद में महामाया की बाढ़ में बहती चली गयी है। ऐसी हालत में सिवा इसके चारा नहीं कि उसे विदेशों से आयात किया जाए। जब तक यह सम्भव नहीं होता, कुर्सी-कला जैसे गृह या लघु-उद्योग का विकास-विस्तार सम्भव नहीं है, तब तक प्रदेशों में होने वाले मन्त्रिमंडलों के लिए जरूरी इस कुर्सी उद्योग का भविष्य अँधेरे में भटकता रहेगा। केन्द्रीय उद्योग विभाग का ध्यान हम इस कुर्सी—उद्योग की ओर साग्रह आकर्षित करना चाहते हैं।

नया आसन : नयी सिद्धि

जमाना चाहे जितना पलट जाए, पर आदमी अब भी आदिमकाल का ही बना हुआ है। उसका परिवर्तनों ने पराभव नहीं किया है, धर्मनिरपेक्षसत्ता से प्रशासित होकर भी वह पूजा-पाठ से मुँह मोड़ने से मजबूर है। मौलवी मज़ार पर पहुँचते ही हैं, और मौलूद भी मजे में मनाते हैं, पुराणों को पुरखों की गप्पें कहकर भी वह कथा की व्यथा से मुक्त नहीं बन पाते हैं, झाड़ फूँक को अंधविश्वास सजाते रहते हैं, ज्ञान-विज्ञान के युग में रहते हुए भी साधु-सन्तों की खोज में खाक छानते हैं, और उपदेशों से आत्मा को ऊपर उठाने की कल्पना करते रहते हैं, यह जानते हुए भी कि साइंस आदमी को अन्तरिक्ष में उड़ाकर किसी ग्रहलोक में ले जा सकता है, पर अन्धकार-युग का प्राण—मानव आज भी मन्त्र-तन्त्रों में यकीन बनाए अन्धविश्वास से ग्रस्त मस्त रहना चाहता है। हमारे देश की बात क्षण भर छोड़ भी दें तो अन्धविश्वास ने उन विज्ञान के विशुद्ध वातावरण में रहने वाले विदेशी युवकों को भी नहीं छोड़ा है, जो मानव से निरन्तर 'मशीन' बनने जा रहे हैं, उनमें वे 'बीटल्स' जो निराले नर ही समझे जाते हैं—वे भी हजारों मील का रास्ता काटकर यूरोप की रंगीन-दुनिया से दूर ऋषिकेश में महर्षि महेश के मुकाम पर आकर भोग-साधन को छोड़ योग-साधन की राह पर बिना रुके चले आ रहे हैं। और योगासन, प्राणायाम, ध्यान-धारणा-समाधि की व्याधि में उलझकर पता नहीं कौन-सा कल्याण कर लेना चाहते हैं ? हालाँकि योगासनों के कठिन कामों में स्वयं भारतीयों को प्रायः उतनी आस्था नहीं, जितनी अमेरिका और रूस की कुतिया बन अन्तरिक्ष में उड़ान भरने की उत्सुकता एवं आकांक्षा बलवती हो गयी है। तब वे विदेशी लोग जिनके कुत्ते तक बिना मन्त्र-तन्त्र के मशीनों के द्वारा आसमान में उड़ते चले जा रहे हैं, वे प्राणायाम और योगासनों से सिद्धि का सपना झुठलाने लगे हैं, हमारे देशवासियों ने तो बहुत समय पूर्व ही योगासनों के चक्कर को छोड़ सीधा 'ईसवी-सन्' ही अपना लिया है, और 'शासन' ने उन्हें सीधा 'शीर्षासन' करना सिखला दिया है। उसकी साधना से जो उन्होंने सिद्धि सुलभ कर ली है, उसका महत्त्वपूर्ण एवं पवित्र नाम—'आश्वासन' में अपनी अटूट आस्था बनाए हुए, सफलता के पूरे पचास साल

बराबर पार कर जवानी में जंग जीतती चली जा रही है और किसी 'आसन' का सहारा लिए अनेक 'ईसवी-सन्' पर सहज सवारी करती जा रही है। अन्य आसनों की अपेक्षा जनतन्त्र में 'आश्वासन' (अश्वासन नहीं) अवश्य ही अत्यन्त महत्त्वपूर्ण आसन है।

वैसे 'शासन' भी एक आसन ही है, यह पुराने जमाने से सिंहासन के साथ सदैव जुड़ा चला आया है, किन्तु उस समय भी उस 'शासन' को पाने के लिए बड़े-बड़े साधक 'इन्द्रासन' को उखाड़ने के प्रयत्न किया करते थे, और इन्द्र भी उन साधकों को आसानी से डिगा देता था। शासन का 'आसन' आज भी अपनी अतीत की ऊँचाई परम्परा को बराबर पकड़े चला आ रहा है, चाहे अब वह 'इन्द्र' न रहा हो और न वे साधक ही, न ही वह शासन का आसन भी रहा है, परन्तु आज के युग के शासन के आसन पर चाहे 'इन्द्र' की जगह 'इन्दिरा' ही क्यों न रही हों, परम्परा का पूर्ववत् निर्वाह होता रहा है, इसी को किसी अनुभवी-मनीषी ने बतलाया है कि 'इतिहास बराबर दुहराता रहता है।' शासन का 'आसन' नियमानुसार तब भी डोलता रहता था, और अब भी डाँवाँडोल बना रहता है, चाहे वह अटल-आसन ही क्यों न हो। इस जमाने में किसी बड़े भाग्यशाली को भी मुश्किल में आसन-सिद्‌धि प्राप्त होती है। पहिले अर्भक शासक सदियों तक आसन जमाये रहते थे, पर अब वह पीरियड् महज पाँचसाला (पंचशील) बन गया है, उस पाँच सालों के 'आसन' पर भी किसी 'शासन' का सतत बने रहना सरल-सम्भव नहीं रहता। इसलिए किसी योगी के लिए यह आसन सहज-सफल-साध्य नहीं हो पाता। अवश्य ही पुरातन चौरासी आसनों में सबसे उत्तम और सफल 'आसन' आज सहज 'आश्वासन' ही है, इस युग की योग-साधना की यह महत्त्वपूर्ण उपलब्धि है। अन्त में 'श्वासन' तो सभी के लिए सुलभ बना हुआ है। उसमें योगी-रोगी या भोगी किसी को भी असफल होने की आशंका नहीं रहती। अवश्य ही 'आश्वासन' नामक आसन की प्राप्ति बड़े ही पुण्य-प्रभाव, कठोर-साधना, तप-त्याग के बिना सुलभ नहीं होती। आश्वासन देने की सामर्थ्य केवल सिद्ध-शासन को ही सुलभ हो पाती है, उसे भी अनेक जनों के संचित सुकर्म से ही यह स्थिति प्राप्त हो पाती है, और यह भी उतने क्षण रहती है, जबतक 'शासन' के आसन पर वह आसीन रहता है, और पुण्य क्षीण हो जाने पर वह सिद्‌धि समाप्त हो जाती है तथा आश्वासन देने की सामर्थ्य भी समाप्त हो जाती है।

किन्तु पाने वाले को असीम पुरुषार्थ करना पड़ता है तब कहीं आश्वासन प्राप्त करने की स्थिति में वह पहुँच पाता है। यह किसी योग्य सिद्ध जनों की सेवा त्याग पुरुषार्थ की पूँजी के बिना सुलभ नहीं, पुण्य की पूँजी पल्ले में न बँधी हो तो प्राप्त आश्वासन भी परिणाम-शून्य बन जाता है। यह कठोर-साधना, हठयोग की सीमा को छूने लगे तो सफलता सामने दिखाई देने लगती है, वर्ना आसन-सिद्धि कोई मिनिस्टिरी नहीं कि महज पुर्खों की सात पीढ़ी के श्राद्ध और वोट की तरह खरीदी जा सके!

मैं पद्मभूषण

मैं 'पद्मभूषण' बना दिया गया या बन गया, नहीं जानता, इसके पूर्व भी कई तरह के 'भूषण' बनाया गया था। पर ये शब्दों के भूषण जैसे आये गये भी, शब्दों के आने-जाने की यही स्थिति रहती है। मुँह से निकले कि हवा में उड़ गये। कुछ शब्दों की ध्वनि हवा में और हिम में गूँजती रहती है, ये वातावरण बना देते हैं। उनमें शक्ति होती है। 'स्वर' और 'वर्ण' से प्रयुक्त शब्दों की शक्ति बहुत है। पर दिनभर प्रयोग होने वाले शब्दों की कौन कीमत करता है ? इसी तरह साधारण जनों के शब्दों का भी महत्त्व नहीं माना जाता, पर शासन के शब्दों का मूल्य होने लगता है। मुँह से बाहर निकले तब तक प्रतीक्षा होती है। प्रकट हो जाने पर प्रतिष्ठा होती है, उनके पीछे एक ताक़त रहती है।

कोर्ट से डिग्री मिली है पर कितनी कड़वाहट होती है उसमें; पर परीक्षा देकर आप कोई डिग्री पा जाएँ तो आप मान पा सकते हैं, पैसा भी पाने लगते हैं, पर वही डिग्री आपको 'ऑनरेरी' मिल गयी तो मान भले ही आप मान लें, तो यह मान महँगा है। ये विश्लेषण विचारणीय है। मुझे 'पद्मभूषण' पद प्राप्त हुआ है, जीवन की अर्धशती के अन्दर पद पाकर 'पदविमुक्त' बन गया था। प्रतिष्ठा पाने से पलायन करता रहा पर वह प्रगति करती गयी। पद पूँजी प्रचुर हुई। पॉकिटमारों ने सदा अपनी कला का प्रदर्शन किया। प्रतिष्ठा पर डाके भी पड़े। किन्तु इन डाकों से डाकुओं को ही समाज से तिरस्कृत होना पड़ा। पूँजी से मोह जब न रहा, प्रतिष्ठा से पेट का प्रसाद भी भर गया। ममता भी जब सिमटती जा रही है, तब सर्वोच्च सत्ता ने पद्मभूषण का पद देकर एक बार फिर मानव की परीक्षा करनी चाही है।

प्रियजनों ने, अपरिमित शक्ति से इस पद की पूँजी पा लेने पर जिस तरह भावाभिभूत होकर प्रेम-प्रदर्शन किया है, वह इस भौतिक महिमा का प्रतीक अवश्य है। स्वाभाविक भी है, तो क्या मैं 'पद्मभूषण' बना या बना दिया गया ? फिर कहाँ है वह पद्मासन जो पद्मभूषित है और इसका पराग भी अनुभव नहीं कर रहा हूँ। 'सूर्य' की आभा पाकर 'पद्म' प्रफुल्लित हो जाता है, शब्दों के 'पद्म' पर किसी नाम के

सूर्य का क्या असर होगा? जैसा नाम वैसा ही पद। यदि उसमें 'प्रभाव' हो तो यह भी 'प्रफुल्लित' हो।

मुझे बहुत-सी पदवियाँ मिलीं। अपने नाम के साथ लगाने की एक उम्र थी और मन भी मुदित होता था। जब डिग्रियों का तौल बढ़ गया तो अपना वजन तोला तो मेरा वजन घटता-सा लगा। एक-एक करके उनको नाम के साथ लगाने से नफरत होने लगी। मन कहता क्या 'पदवी' से प्रतिष्ठा बढ़ती है? फिर तुम्हारे व्यक्तित्त्व का क्या महत्त्व है? व्यक्तित्त्व के निर्माण की ओर प्रवृत्ति हुई तो आप-ही-आप पदवियाँ पल्ला समेटने लगीं। प्रतिष्ठा में कोई कमी भी नहीं आयी। व्यक्ति के समक्ष पदवियाँ पराभूत हो गयीं और पद की प्यास भी बूझ गयी।

तीन-तीन दशाब्दियाँ बीत गयीं, 'पतझड़' ने कोई परेशानी नहीं दी, इसके विपरीत प्रतिष्ठा बसन्त-बहार बढ़ती ही रही। पदों के परित्याग से व्यक्तित्व के विकास में सहायता अवश्य मिली। मन को लगा 'पद' प्रपंच-मात्र है। हाँ, प्रपंच में पड़ने के लिए पदों का महत्त्व अवश्य होता है, पर वह पद की परिधि में अवरुद्ध कर देता है। वहाँ पद की प्रतिष्ठा होती है व्यक्ति की नहीं। पद से हटते ही व्यक्ति विवश बन जाता है। किन्तु जहाँ व्यक्ति के महत्त्व को पाकर 'पद' पहुँचता है, वहाँ पद भी व्यक्ति के स्पर्श भर पा जाने से उस पद की ही प्रतिष्ठा हो जाती है।

पद का पाश विकसित व्यक्ति का पराभव नहीं कर पाता।

['भारतीय जनमानस के बारे में प्राय: कहा जाता है, वे अपना मज़ाक स्वयं नहीं उड़ाते, दूसरों का मज़ाक क्षण में बना लेते हैं, उनमें 'सैन्स ऑफ ह्यूमर' नहीं होता, वगैरह-वगैरह।' पं. सूर्यनारायण व्यास जी की टिप्पणी 'पद्मभूषण' इसका जवाब है। वर्ष 1958 में भारत के प्रथम राष्ट्रपति डॉ. राजेन्द्रप्रसाद ने पंडित व्यास के व्यक्तिगत गुणों से प्रभावित होकर उन्हें 'पद्मभूषण' प्रदान किया। उसी रात पंडित व्यास ने अपनी व्यक्तिगत डायरी में यह टिप्पणी लिखी। उनकी निजी डायरी में पहली बार हिन्दी-जगत् के सामने सार्वजनिक हो रही है यह टिप्पणी। यहाँ आज के हिन्दी जगत् को यह बताना भी मैं अपना धर्म और कर्त्तव्य समझता हूँ कि अँग्रेज़ी को अनन्तकाल तक जारी रखनेवाले विधेयक के विरोध में सन् 1967 में अपना 'पद्मभूषण' उन्होंने शासन को लौटा भी दिया था। हिन्दी के वैदिक-वंशियों के अँग्रेज़ी हटाओ आन्दोलन से बहुत पहले—सं.]

आँखों देखी अपनी मौत

किसी के मर जाने की बात सुनकर ही कष्ट होता है। सहसा मुँह से निकल पड़ता है कि बहुत बुरा हुआ। यदि कोई स्वजन हो, तब दिल में चोट लगती ही है, अघटित-घटना हो जाने पर अनजान हो, विरोधी हो, अपना या पराया हो, तब भी मुँह से 'राम-राम' निकल पड़ता है। बहुत से लोग कई तरीके से शोक-संवेदना प्रकट करते हैं। वेदान्त की बातें भी करते हैं, किन्तु जब वे खुद ऐसी किसी घटना के शिकार हो जाते हैं तो सारा वेदान्त भूल जाते हैं। अवश्य ही कुछ आधुनिक लोग उस शोक के समय भी इतनी सावधानी अवश्य लेते हैं कि शोक-प्रदर्शन के पूर्व घटना का पत्रों में प्रचार पहले आवश्यक हो जाए, यदि रुदन 'रिले' किये जाने की व्यवस्था होती तो वे उसे भी पहले से कलापूर्ण ढंग से व्यवस्थित करने में न चूकते, पर अभी ऐसा वातावरण बन नहीं पाया है। 'टेलीविजन' के पर्याप्त प्रचार हो जाने पर शायद यह भी सुविधा सम्भव हो जाए। मैं जिस घटना या दुर्घटना का विवरण प्रस्तुत करना चाहता हूँ, वह उपरोक्त बातों से सर्वथा भिन्न है। इसमें अपने शरीर से आत्मा के पृथक होने से पूर्व ही, अपनी आत्मा को शरीर से कुछ समय के लिए अलग रखकर अपने अन्त का सारा हाल स्वयं अवलोकन किया गया है। पूरा विवरण खुद लिखकर रख लिया था। इसमें किसी के शोक-संवेदना का प्रश्न ही नहीं उठता। यह तो एक प्रकार से अपने अन्त का स्वयं आत्म निरीक्षण ही है, इसलिए इसमें भ्रम का भी अवकाश नहीं है। तो लीजिए अपनी आँखों या दिल से देखी मौत इस प्रकार है—

किसी के मर्ग पर ऐ दिल, न कीजे चश्मे तर हर्गिज
बहुत-सा रोइए उन पर, जो जीने पर ही मरते हैं।

बेचारा सूर्यनारायण व्यास सहसा चल बसेगा, यह वह खुद भी नहीं जान पाया था, तब भला औरों को कैसे पता चल पाता कि इतनी जल्दी वह दुनिया से उठ जाएगा? उज्जैन से उसका इतना अपनत्व था कि उसका बस चलता तो वह बिना गहराई से सोचे-समझे जल्दी से जाने की बात सोच भी नहीं सकता था, फिर उसे तो अभी कई

काम करने बाकी थे, न जाने कितने सपने सँजो रखे थे। उज्जैन को ऊपर उठाने की बात उसके बलबूते की होती तो पता नहीं वह क्या—से—क्या कर देता? वर्षों से उसकी क़लम चलती आयी थी। शायद प्रद्योत अशोक 'विक्रम' के काल की उज्जयिनी दिमाग में घूमती रहती थी। सोचता था कि फिर से कोई कालिदास यहाँ आ जाए और फिर से मेघदूत रचकर दुनिया को अपनी ओर आकर्षित कर ले। अपनी ताक़त-भर वह प्रयत्न करता ही रहता था। कोई साथी हो या नहीं, वह अकेला ही धुन में लगा रहता था।

कुछ लोग इन सबमें भी उसका स्वार्थ सूँघने लगते थे, पर वह जिस चीज़ को सही समझ अपना लेता, भले-बुरे की परवाह न कर पीछे पड़ा रहता था। धुन जो सवार हो जाती थी। महाकालेश्वर का पड़ोस था। दर्शन को वह वार-त्योहार को ही भले जाता हो, पर उसकी आस्था गहरी थी। वह महाकालेश्वर में धार्मिकता तक ही सीमित नहीं था। उसमें ऐतिहासिक, वैज्ञानिक महत्त्व भी मानता था। इस दृष्टि से बहुत कुछ लिखता भी रहता। अपने सम्पन्न मित्रों को प्रेरित कर यहाँ हज़ारों रुपये लगवा भी दिये थे, दरवाज़े बनवा दिये, मारबल लगवा दिये। सवारी का बड़ा नन्दीगण बनवाया। मूर्ति के लिए बेशकीमती कपड़े बनवाये। महाकाल के कुंड के लिए कलैक्टरों से लड़ पड़ा, सवारी के सुधार के लिए अधिकारियों को मजबूर किया, पंडे-पुजारियों में से कुछ ने सदैव अपने स्वभाववश विरोध भी किया, पर वह बड़ा ही अजीब आदमी था, जिससे उसको पास पहुँचकर कुछ कर देने को कहा, वह सहज तैयार हो जाता। कोई भलाई का काम हो, करने से नहीं हिचकता। पर कहीं उसने नाम नहीं चाहा, न लिखा, न पत्थरों पर खुदवाया। हाँ, वह चाहता तो कौन रोकता? मन्दिर के कम्पाउंड का बड़ा द्वार बनवाया था, बिना किसी अधिकारी से पूछे। उसने पुराने बने हुए दरवाज़े को तुड़वा डाला, कलैक्टर को थोड़ा मन में मिनिस्टरों का डर था, पर व्यास ज़ी को नहीं था। मिनिस्टर आये और दरवाज़ा टूटा हुआ देखा, हैरान हुए, कलैक्टर से पूछा, कह दिया पंडित जी ने तुड़वाया है, नया बनवा रहे हैं। मिनिस्टर भी चुप। व्यास जी ने पूछा, उन्होंने बतला दिया कि 80 हज़ार रुपये लगाकर नया नक्शा बनेगा, बस। दरवाज़ा बन गया। अजीब हाल था। साहस भी ख़ूब, कोई बुरा काम तो था नहीं कि चौंके। सभी इज़्ज़त करते थे। पर उसने अपने लिए कभी कोई फायदा नहीं उठाया। वह उसके लिए मार्के की बात थी। राजों-महाराजों से भी उसके गहरे रिश्ते थे तो लीडरों और क्रान्तिकारियों से भी अपनापन था। पता नहीं वह दोनों से कैसे निबाह लेता था! स्वाभिमानी ऐसा कि ज़रा-सी बात पर बिदक जाता था। रिश्ता रखते हुए भी व्यवहार तोड़ लेता था। महाराज को इन नाज़ुक बातों का बहुत ख़्याल रखना पड़ता था, वह चाहता तो सच है कि बहुत बड़े-बड़े महाराजों, मिनिस्टरों, राष्ट्रपति ने कुछ लेने का इसरार किया तो महाराज ग्वालियर के सामने सिर पर चढ़कर सादर अस्वीकार कर

दिया। कश्मीर में सर हक्सर ने भी बड़ी रकम प्रस्तुत की, नहीं ली और महाराज ग्वालियर ने युवराज के जन्म के समय पाँच हजार का चैक उसके सम्पादित 'विक्रम' मासिक के लिए पुरस्कार स्वरूप भिजवाया, कुछ घंटों में ही वापिस डाक से लौटा दिया और अच्छे-भले चलते हुए 'विक्रम' को सिर्फ़ इसी कारण बन्द कर दिया और सालभर बाद जब फिर 'विक्रम' पुनः शुरू किया तो उसमें यह सारा किस्सा मय चैक, नम्बर, पत्र-व्यवहार को (प्रथम अंक में) छाप दिया, चाहे उसने अपने त्याग पर तसल्ली की हो, पर जिसने सुना उसे मूर्खता ही माना। ज़माने को देखते मानना ही होगा, रुपया लौटाने में कौन-सी अक्लदारी थी। लेकिन पंडिताऊ अकड़ को क्या कहा जाए, उसने रुपये न लेकर ही तसल्ली की साँस ली।

विश्वविद्यालय बनवाने की बात उठायी। लड़ाइयाँ मोल लीं। मिनिस्टरों से मन-मुटाव हुआ। परवाह नहीं की। सनक जो ठहरी, विक्रम विश्वविद्यालय बन गया। 'विक्रम' कीर्ति मन्दिर के लिए प्रयत्न किया। 'विक्रम स्मृति ग्रन्थों' के लिए काम किया। दोनों में कई उलझनें आयीं। मित्रों से, बड़ों से मुक़ाबला किया और बनवा के छोड़ा। ज़िद्दीपन भी इस तरह का, उसमें खुद की क्या लाभ-हानि थी? क्यों टक्कर लेता था? पर कौन कहे, एक बार तय किया बस किया, पागलों की तरह लगा रहा। उसमें बहुत बड़ा दुर्गुण यह रहा कि वह अपने घर से बाहर उठकर ही न जाए। उससे बहुत लोग नाराज़ रहे। किसी ने उसे 'अहंकारी' समझा 'ऐंठबाज' समझा। पर असर नहीं, जहाँ तक मैं समझ पाया था उसमें ऐसी कोई ऐंठ नहीं थी, हाँ घर में बैठने के आदी हो जाने से झेंप ज़रूर बढ़ गयी थी। लोग उसे बड़ा आदमी समझने लगे थे, वह इस बड़े की मुसीबत से भी कम हैरान नहीं रहा। यूरोप भी वह गया था। काफ़ी घूमा भी। उसने शायद वहीं से समय की पाबन्दी सीख ली थी। सुबह 5 बजे से शाम 5 बजे तक बराबर काम में लगा ही रहता। आज के काम को कल पर न छोड़े। जो कहा, उसकी पूर्ति करे, पर तुनकमिजाज इतना कि 10 बजे सुबह खाने के लिए उठ जाने पर 2 बजे तक किसी से न मिले। उस समय कोई पहुँच जाए नाराजगी चाहे ले ले, पर मिलने से रूखाई के साथ इन्कार कर दे। कई लोगों को इससे बहुत बुरा लग जाता। पर उसे उस समय किसी का आना-जाना कतई नापसन्द हो जाता। बड़े-छोटे का कोई ख़्याल नहीं करता। इससे उसे हानि भी उठानी पड़ी। कई ने प्रचार भी किया, पर वह अपने उसूल पर अडिग बना रहा। हाँ, इस पाबन्दी से वह अपना काम ठीक समय पर कर लेता था। इसी तरह ठीक 5 बजे शाम को वह खाने को उठ जाता और किसी कीमत पर कोई काम नहीं करता। उसके विपरीत यह भी देखा कि धन्धे को छोड़, अपने मित्रों, आत्मजनों का काम चाहे रात को 12 बजे भी पहुँच जाए, करने को तैयार रहता। जहाँ कुछ बुराइयाँ थीं, वहाँ कुछ अच्छाइयाँ भी थीं। जब एक पैसा जेब में हो, एक मिनिट का संकोच न करे वह दे सकता था। चाहे दूसरे क्षण उसे कठिनाई उठाना

पड़े। इसलिए राजों-महाराजों के साथ रहकर भी वह पैसे के लिए लापरवाह रहा, कमाया भी कम नहीं पर जितनी प्रसिद्धि, इज़्ज़त कमाई, पैसा उसके पासंग में नहीं। लेकिन कभी किसी से क़र्ज़ नहीं लिया, माँगा नहीं, सिर पर किसी का देना नहीं रखा। अपने लिए किसी अपने से भी, कुछ चाहा नहीं, लेने में सदा कतराता रहा। पास में मोटर भी रही, पर पैदल, ताँगे से जाने में हिचक नहीं की। दूसरे लोगों ने उसके बारे में चाहे जो भ्रम किया हो, पर नज़दीक पहुँचने पर वह उसका बन जाता था। 'विक्रम' मासिक निकाला, 8 साल चलाया और नाम भी कमाया, पर ज़रा-सा खटका हुआ, बन्द कर दिया। 5 रुपये महीने की कोई नियमित आमदनी का ज़रिया नहीं, पर रईसी ठाट बनाए रखा। अन्दर की 'आह' को जबान पर आने नहीं दिया। कहता हूँ न कि बड़ा अजीब किस्म का आदमी था। 'विक्रम' के नाम को उठाया तो देशभर में चहल-पहल खड़ी कर दी और 'कालिदास' की धुन सवार हुई तो विदेशों तक ले जाकर चैन ली। देश की जनता का ध्यान आकर्षित करवाकर छोड़ा। हज़ार साल के बाद कालिदास फिर जीवित हो गया। कितने ही ग्रन्थ प्रकाश में आये, लिखे गये, संशोधन हो रहे हैं और रूस ने तो शकुन्तला पर बैले नृत्य ही तैयार कर डाला, किन्तु व्यास जी स्मारक बनवाने को बड़े बैचेन बने रहे। उसकी लिखने-पढ़ने की आदत भी बहुत रही, पढ़े बिना चैन नहीं और नयी बात सूझी कि लिख डाली। मुझे पता है कि अब तक बहुत से नोट्स लिखे पड़े हुए थे, परिवार प्रपंच में उलझे रहने का कारण लिखने का पूरा प्रसंग नहीं आया, रोटी-रोज़ी के लिए सतत् रूप से श्रम करते रहना पड़ता था। सहसा वह बिना कुछ कहे, बिना किसी बीमारी के चला गया। जहाँ तक मैं उसके दिल की बातें जान पाया था, वह किसी का अहित नहीं चाहता था, अन्दर से वह ख़राब आदमी नहीं था। अफ़सोस है कि आज वह हमारे बीच नहीं रहा, लोगों ने, जो आलोचनाएँ करते थे, आगे बढ़कर 'गोपाल मन्दिर' के मैदान में शोक-सभा की, जोश-ख़रोश के साथ उसकी आत्मा को शान्ति देने के लिए प्रार्थना की। एक मित्र ने कहा—हमें चन्दा करके साहित्य और संस्कृति पर उसके लिखे को प्रकाश में लाकर पाठ्य-ग्रन्थों में स्थान देना चाहिए और चौथे ने आग्रह किया कि विश्वविद्यालय में उसकी प्रतिमा लगवाई जाए। सीनेट-सिडिकेट में (जिसका वह सदस्य था) के अधिवेशन में भी शोक प्रस्ताव क्षणभर मौन रखकर पारित कर दिया गया और आया हुआ भावुकता का उफान उसकी स्मृति के साथ ही समाप्त हो गया, जिस तरह इस धरती पर अनेक आये और अपना कार्यकाल पूरा करके हाथ समेटे चले गये, उसी तरह यह सूर्यनारायण व्यास भी चुपचाप चला गया। शोक-संवेदना की, औपचारिक रस्में भी अदा हो गयीं। शोकसभा के प्रस्ताव पास होकर अपनी जगह पर ही रहे। और उसके परिवार को जहाँ लाखों लोग पहचानते थे, देश-विदेश से मिलने आनेवालों का ताँता लगा रहा था, अब उधर कोई नहीं जाता। लोग भुलाते जा रहे हैं कि वहाँ कोई इस नाम का व्यक्ति रहता

था। तिलक, गाँधी को समय बीतने पर भुला देनेवाला समाज उस नाचीज़ सूर्यनारायण को क्या जाने? वह किस खेत की मूली था, इधर उसके मन में किस तरह की भावनाएँ उठ रही थीं, बतलाना इसलिए कठिन है कि वह अपने विषय में बहुत कम बोलता था, अन्तिम रात्रि को उसके सिरहाने रहने वाली पैड पर निम्नलिखित कविता उसी के हाथों लिखी हुई थी। उसकी अन्तर्व्यथा का कुछ आभास उस कविता से मिल सकता है। वह कविता इस प्रकार है—

नाविक, मेरे हृदय-सिन्धु में उमड़ रही हैं लहरें,
तू ले जाता कूल-निकट है, मैं जाता हूँ गहरे।
पथ में अगणित भँवर पड़े हैं, आँधी है, तूफान,
और निराशा की रजनी है काली, कहना मान।
बहने दे जीवन-नौका को, अब मत लगा सहारा।
इस जगती में एकाकी है, जीवन, सखे! हमारा।

(पं. सूर्यनारायण व्यास ने यह 'व्यंग्य-लेख' अपने जीवन काल में लिखा था (22 जून, 1965), लेख बेहद मार्मिक-भावुक है। लेख में वर्णित घटनाएँ अक्षरश: सिद्ध हो गयीं, जब पंडित व्यास जी का देहावसान ठीक 22 जून, 1976 को ही हुआ। संसार में साहित्य में शायद ही किसी लेखक ने अपनी मृत्यु से पूर्व अपने जीवन और मृत्यु का ऐसा 'दुर्लभ व्यंग्य' रचा होगा— सं.)

मूर्ति का मसला

गाँधी शताब्दी के इस वर्ष में सरकारी संकेत से विवश होकर जितने इस और उस देश में समारोह हुए, उनका पूरा ब्यौरा इकट्ठा करना सहज काम नहीं है। एक शोध-निबन्ध का विषय है। इस प्रसंग पर न जाने कितनी गाँधी प्रतिमाएँ खड़ी की गयीं या बिठलाई गयीं, ढेरों फूलमालाएँ डाली गयीं। समुद्र पार के कुछ चौराहों-बागों में मूर्तियाँ लगीं और वे मूर्तियाँ भी जो वर्षों पहले तैयार होकर आपसी खींचतान में खोखों की खाक छान रही थीं, पर्दे से प्रकट होकर प्रकाश में आ गयीं तथा हमने कृतार्थता अनुभव की। लोगों से सुना कि यह शताब्दी सरकारी अधिक रही, जनता में कोई जाग्रति नहीं थी। राष्ट्रीय एकता के इस वातावरण में इस तरह की बातें करना बहुत ही ग़लत बात है। आज जनता ही सरकार है, सरकार और जनता में मतभेद की दीवार खड़ी करना बहुत नादानी की बात है। जनता को सरकार ने सभी प्रकार से केन्द्रित कर लिया है,सो सरकार की आवाज़ जनता की आवाज़ ही हो जाती है। ख़ैर छोड़िए, ये सिद्धान्तों की बातें हैं। हमें इनमें और राजनीति में नहीं उतरना है।

अब हम शहरों और गाँवों में लगी मूर्तियों को देखते हैं तथा हर जगह गाँधी मार्ग, जवाहर मार्ग, पटेल पथ, गाँधी भवन, जवाहर भवन, बल्लभ भवन, क्लब वाचनालय, मैदान, चौराहे इन्हीं नामों से जुड़े हुए देखते हैं, तो अन्तर्मन में यह अनुभव होने लगता है कि सड़क न सही, किसी गली पर अपना नाम क्यों न जुड़ा दिया जाए।

कुछ मित्र यदि पहल करें तो अपने नाम की पट्टी या बोर्ड एक बार खुद के खर्च से ही चुपके से पहुँचवा दें, एक बार ही के ख़र्चे की तो बात है। आगे तो 'नगर-निगम' पर ही रँगाई-पुताई का भार रहेगा। बहुत सोचा कि वह गली या सड़क कौन-सी हो, जहाँ ज़्यादा निगाहें पड़ती रहें। अभी तक कोई निर्णय नहीं लिया जा सका। जब गाँधी जी की मूर्तियों को जहाँ-तहाँ धड़ाधड़ लगते हुए देखा तो हमारी निगाह भी सड़कों से हटकर मूर्तियों पर अटक गयी। सड़कें तो सदैव धूल उड़ाती रहेंगी, नाम के बोर्डों पर लड़के चाहे जैसी बातें लिखते जाएँगे। इससे उत्तम यही होगा कि अपनी मूर्ति किसी चमकते चौराहे के चबूतरे पर लग जाए, चाहे वह आदमकद हो या आवक्ष

(बस्ट), सफेद संगमरमर की हो या 'ब्रास' की। यही स्थायी स्मृति बन जाएगी। हम सपने सँजोने लगे। यह मूर्ति युवा यावलकर के हाथों बनवाई जाए या 'फड़केजी' जैसे अनुभवी शिल्पकार के हाथों गढ़ी जाए, यावलकर जी हमारे साथ 'यूरोप यात्रा' भी गये थे और फड़केजी भी हम पर गहरा स्नेह-भाव रखते हैं। दोनों ही मुहब्बत मुलाहजे में मेहनत का मामूली मूल्य लेकर ही बना देंगे। मुश्किल का मामला न होगा। सहूलियत के साथ सब हो जाएगा। अब इस मूर्ति का आकार-प्रकार क्या हो? और कितने पैसों की व्यवस्था करनी पडेगी, कहाँ लगेगी, कैसे लगेगी, कौन इसमें सहायता करेगा, ये प्रश्न हैं, जो मूर्ति के साथ प्रतिमूर्ति बनकर हमारे समक्ष खड़े हो जाते हैं।

हमारे एक मित्र ने यह शंका उठाई कि किसी की मूर्ति उसके जीते-जी नहीं लगायी जाती, पर यह कोई शास्त्र का मत नहीं है। देवताओं के रहते हुए इस दुनिया में कोई मूर्तिकार पैदा नहीं हुआ था। होता तो उस वक़्त भी ज़रूर बन जाती, वेदों में यह भी कहा गया है कि 'न तस्य प्रतिमा अस्ति' किन्तु इसी शब्द में प्रतिमा के आ जाने से यह ज़रूर लगता है कि तस्य के बनाये किसी अस्य की प्रतिमा ज़रूर बनी होगी। ख़ैर ये रिसर्च की बातें है, हमें तो व्यावहारिक बातें देखनी चाहिए। गाँधीजी के सामने ही उनकी प्रतिमाएँ बनने लगने लग गयी थीं, उनसे पहले वाइसरायों के भी 'स्टेच्यू' बने हैं। आन्ध्र में संजीव रेड्डी भी जीते-जी बुत बनकर चौराहे पर चमक चुके हैं, हमारी अपनी देखी बात है कि सर सेठ हुकुमचन्दजी ने अपनी ही मूर्ति बनवाकर पार्क में अपने सामने लगवा ली थी, ऐसे बहुत से उदाहरण हैं।

'महाजनो येन गतः सः पन्था' हमारे लिए तो इन महाजनों ने मार्ग प्रशस्त कर दिया है। इसी प्रकार परम्पराएँ बनती हैं। अगर इस पर भी कोई शंका शेष हो तो (मुझे आप दकियानूस न समझें) हम शास्त्र का आधार भी प्रस्तुत कर सकते हैं, पुराने आचार्यों ने जहाँ किसी के स्वर्ग (...या... ?) में आने के बाद श्राद्ध करने का बतलाया है, वहाँ अपने खुद के हाथों अपना ही श्राद्ध करने का भी विधान माना है, उसे 'जीवित श्राद्ध पद्धति' कहा गया है, इसी प्रकार अपनी मूर्ति अपने हाथों बनवाने-लगवाने में कोई आपत्ति नहीं रह पाती है।

फिर आज इन सदियों के सिद्धान्तों की कौन परवाह करता है? ऐसे पुराने सिद्धान्तों की इस समाजवादी समाज रचना के बहुत पहले ही समाधि लग चुकी है। आज तो अन्तरात्मा की आवाज़ जो कहे, वही सुनना उचित है। हमारी अन्तरात्मा का यही अनुरोध है कि अपनी मूर्ति की प्राण-पतिष्ठा अपने सामने और अपने ही हाथों कर दी जाए। फिर आज आप किसका विश्वास कर सकते हैं? कौन जाने बाद में ज़बानी प्रस्तावों के सिवा कोई मूर्ति स्थापित करे या नहीं? जिन निजलिंगप्पा को मुख्यमन्त्री पद से हटा कर प्रधानमन्त्री ने काँग्रेस का प्रधान बनाया, विश्वासपात्र माना, वही उनसे 'म्याऊँ' करने लग गये हैं। चव्हाण जैसे तो लाखों में मुश्किल से एकाध

मिल पाते हैं। अस्तु, अब यह तो हमने हर तरह से तय कर लिया कि अपनी मूर्ति ही खुद बनवाकर लगाएँगे। थोड़ा इसी पहलू पर और अन्दर उतरकर विचार कर लिया जाए।

एकाध हमारे अपने पुराने विचार के मित्र ने कहा—चौराहे चबूतरे पर लगी मूर्ति पर कोई खुराफाती काला पोत जाए या अंग-भंग कर जाए तो मूर्ति का अपमान होगा। हमें उनसे सहानुभूति हुई, पर समझाया कि भाई मेरे, देवताओं की मूर्तियाँ खुली जगह में स्थापित होती हैं, उन पर कौवे बैठक लगाया करते हैं और कुत्ते भी अभिषेक कर जाते हैं, जब देवों के साथ ऐसे बर्ताव होते हैं, तब इन मानव-मूर्तियों की ऐसी चिन्ता क्यों करनी चाहिए? मूर्तियाँ बन जाती हैं तो वे सहिष्णु ही समझी जाती हैं और अंग-भंग हो जाए तो उनका मूल्य इतिहासज्ञों के लिए बढ़ जाती है। आख़िर सदियों की टूटी-फूटी मूर्तियाँ ही जीवित जनों को इतिहास की प्रेरणा देती हैं, जैसे मृतमानव का शरीर ही मानव को शरीर-विज्ञान का ज्ञान देने में सहायक होता है। इसलिए चिन्ता का यह विषय नहीं रहता। अब यह प्रश्न अवश्य विचारणीय है कि देश में देवताओं का युग तो समाप्तप्राय हो गया, केवल नेता नामक प्राणी ही रहा है, जिसकी मूर्तियाँ ज़्यादातर बनती हैं, ये मूर्तियाँ पूजनीय नहीं, शोभा की रहती हैं, चौराहे की धूल उस पर उड़कर अबीर की तरह चढ़ती रहती है, पूजा-पत्री तो दकियानूसों का काम रहा है। आज जो मूर्तियाँ लगायी जाती हैं, वे पूजा के लिए नहीं प्रदर्शन के लिए ही उगती रहती है, जिनकी मूर्तियाँ लगती हैं और तो और उनके पुत्र भी पूजा की कल्पना नहीं कर सकते। कौन अपने को इस समाजवाद के युग में दकियानूस कहलाना पसन्द करेगा?

मूल प्रश्न पर आना चाहता हूँ, जो महत्त्वपूर्ण है कि आख़िर यह मूर्ति कैसे बनेगी? पर इसे गोपनीय ही बना रहने दें, रहस्य पर पर्दा पड़ा रहे, यही ठीक है। मूर्ति किसी तरह स्नेह-सहयोग से तैयार हो ही जाएगी। घर के शादी-ब्याह कब रुकते हैं? यह सच है कि बिना पैसे के नहीं होते...पर पैसा आ ही जाता है, मूर्ति भी बन ही जाएगी, सभी का सहयोग सुलभ होगा। और यह काम तो किसी तरह हो जाएगा, पर सामने यह टेढ़ा प्रश्न रहता है कि मूर्ति को महत्त्वपूर्ण स्थान पर प्रतिष्ठित करवाया जाए, कुछ सेवी संस्थाओं से प्रस्तावों का प्रचार करवाकर, वक्तव्यों का सिलसिला शुरू कर 'नगरसभा' को प्ररित-प्रभावित करवाया जा सकता है। और कोई राह मिल जाने की आशा है। अन्तिम बात मूर्ति के अनावरण वाली है। उसके लिए हम किसी परम्परा को प्रश्रय नहीं देना चाहेंगे। यह कार्य सर्वथा मौलिक और अभिनव ही करना है। यह हमारी अन्तरात्मा का आग्रह है कि अपनी मूर्ति का अनावरण अन्य के हाथों न हो। स्वयं हम ही उसका उद्‌घाटन या प्राणप्रतिष्ठा कर लें, हमें उस शाक-सब्ज़ी वाले की बात बहुत अर्थपूर्ण मालूम हुई, जो हमारे एक विद्वान मित्र से उसने कुछ दिन पूर्व ही कही थी। वह सब्जी वाला पढ़ा लिखा नहीं था, पर उसने जो कहा वह बहुत महत्त्व

की बात थी। बात यह थी कि गाँधीजी की मूर्ति का अनावरण होने जा रहा था। एक विशिष्ट केन्द्रीय मन्त्री आने को थे। एक रोज़ पहले हमारे प्रोफेसर मित्र उस सब्ज़ीवाले के यहाँ सब्ज़ी खरीदने गये। उसने बहुत सहज भाव से पूछा—

"बाबू जी! कल क्या गाँधी बाबा की मूर्ति खुलेगी?"

"हाँ!"

"कौन आ रहा है इसके लिए?"

"एक बड़े मिनिस्टर आ रहे हैं।"

"क्या वे इस मूर्ति को छू सकते हैं?"

"क्यों नहीं, वे ही तो इसका पर्दा उठाएँगे।"

"अरे साहब! इनमें इतने 'पुन्न' कहाँ कि 'गाँधी बाबा' को छू लें।

यह बात सुनने में बहुत साधारण-सी लगती है, पर इसमें कितना सत्य और अर्थ भरा है। सो हमारा भी यही विचार है कि अपनी मूर्ति को किसी दूसरे को छूने का मौका क्यों दें? पता नहीं उसमें कोई 'पुन्न' हो या नहीं, उत्तर यही है इस ख़तरे को मोल लने की अपेक्षा हम अपने ही हाथों उद्घाटन करें, मूर्ति को क्यों ग़लत हाथों से अपवित्र होने दिया जाए? इधर अपनी मुट्ठी भी बँधी रह जाएगी।

एकाध बार यह भी ख़्याल आया कि क्यों न यूनिवर्सिटी के प्रांगण में यह मूर्ति लगवा ली जाए? फिर ख़्याल आया कि कौन उस पार्टी-प्रपंच में पड़े? सिंडीकेट के सदस्यों को पटाये? काश! किसी सदस्य ने यह प्रस्ताव कर दिया कि पहले सभी आये-गये, उपकुलपतियों के 'बस्ट' उसी बजट से बनवा दिये जाएँ तो और नयी उलझन उपस्थित हो जाएगी, अब यह सारी समस्या अपने पाठक मित्रों के समक्ष रखने के लिए यह सवाल 'सर्क्यूलेट' कर रहा हूँ। वे सलाह दें कि इसके लिए 'चन्दे' की (अपने सहयोग से) चर्चा भी चुपके से ही चलती कर दें ताकि कानों-कान बाहर ख़बर न पड़े और काम भी हो जाए। ठीक है न?

[टिप्पणी— *यह 'व्यंग्य-लेख' अब इसलिए और दिलचस्प हो गया है, क्योंकि 38 वर्ष पूर्व पंडित व्यास जी के देहावसान पर डॉ. सुमन ने भावावेश में घोषणा कर दी थी कि अगर सरकार उज्जैन में व्यास जी की प्रतिमा नहीं लगवाएगी तो मैं अपनी जमा पूँजी से लगवाऊँगा। इस दरम्यान विगत वर्षों में अनेक सरकारें बदलीं, मन्त्री बदले, पचासों बार पंडित व्यास की प्रतिमा लगाने की घोषणा हुई, फिर उसी बजट में किसी जातिवादी राजनेता की प्रतिमा 'वोटबैंक' निमित्त लग गयी। नगर निगम विकास प्राधिकरण, कालिदास अकादमी, विश्वविद्यालय एवं म.प्र. शासन ने भी 1976 से पंडित व्यास-प्रतिमा की घोषणा कर रखी है। (वर्ष 2002 जन्म शताब्दी वर्ष तक तो नहीं लगी) मगर, इधर एक दिलचस्प बात यह हुई कि कुछ जीवित् लोगों ने अपनी प्रतिमा उज्जयिनी में बनवा ली, सम्भवत: भविष्यदृष्टा व्यासजी को यह बात ज्ञात थी, इसलिए उन्होंने 1969 में ही व्यंग्य-लेख भी लिख दिया था ताकि सनद रहे—सं.*]

अपनी आत्मकथा लिखना चाहता हूँ पर...

मैं भाषण-भीरू अवश्य हूँ, किन्तु चर्चा-चतुर हूँ। लोगों को गाँव में अपनी बीती सुनाता हूँ तो बड़ा मज़ा आता है। जीवन की आधी सदी की, आपबीती कम नहीं होती। और वह जब रोचक हो तो अधिक आनन्द भी आता है। दिन-रात हर तरह के लोगों से मुझे काम पड़ता रहता है। लाखों लोगों से सम्पर्क किया है। उनमें राजा-रहीसों से लेकर नेता, अभिनेता तथा सर्वसाधारण की संख्या का लेखा-जोखा लगाया जाए तो एक स्वतन्त्र सैंसस (जनगणना), अधिकारी की नियुक्ति करना ज़रूरी हो, पर मुझमें यह जुर्रत नहीं, इसलिए समय-समय पर जो सन्दर्भ सामने आ जाए, उसी की चर्चा चल पड़ती है और वह लोगों को बहुत पसन्द आ जाती है। कई बार मित्रों ने ज़ोर लगाया कि मैं यह सब लिख डालूँ, पर मैं उन 'बड़ों' में नहीं कि मेरी आत्मकथा 'कथा' की तरह पढ़ी जाए, न पास इतने पैसे हैं कि छप जाए, प्रकाशक क्यों पसन्द करने लगे कि छापें? चर्चिल, चेप्लिन जैसी मेरी स्थिति नहीं रही, गाँधी, नेहरू का सा मेरा काम-धाम नहीं, 'स्वेतलाना' का स्वरूप भी मुझे प्राप्त नहीं कि कहीं भागकर संस्मरण लिखूँ और हज़ारों डालर दहेज में दान मिल जाएँ? कुछ मित्र कहते हैं कि महज राजों-महाराजों के साथ रहने की बात लिख डाली जाए, पर यह कैसे सम्भव हो? अवश्य ही उनके राज-प्रासादों के और व्यक्तिगत सम्बन्धों के सैकड़ों संस्मरण हैं, मनोरंजक भी हैं, रहस्यमय भी हैं, वहाँ अपने व्यक्तिगत सम्बन्धों के साथ विश्वास का विलय भी हुआ है। उन पर से पर्दा उठाना सहज बात नहीं है। डेढ़-दो सौ राजाओं से मेरे सम्बन्ध मधुर रहे हैं, तो तीन सौ पेज की पुस्तक सहज बन सकती है। पर क्या वह उचित होगा? जनता के बहुविध रूपों को देखा-परखा है। नेताओं की नैतिकता से लेकर वर्तमान के पतन पर क्या वह उचित होगा? नेताओं की नैतिकता से लेकर वर्तमान के पतन की पराकाष्ठा भी आँखों से देखी है। पर क्या यह अपनी 'जाँघ उघाड़ना' नहीं होगा? रहीसों के रहस्य भी आँखों देखे हैं। वैद्य-वकील-ज्योतिषी के समक्ष पेट पर से पर्दा उठाना पड़ता है तथा सही इलाज मिल पाता है। इस तरह मुझे भी बहुत-सों के पाप-पुण्यों को पहचानने का प्रसंग आया है 'सहस्र रजनी-चरित्रों'

की तरह मेरे सामने बहुत प्रकार की चलचित्र कथा—गाथा है। पर संस्कारवश उन पर से पर्दा उठाने का साहस नहीं होता। स्पष्टवादिता रखते हुए लोगों का विश्वास सम्पादित किया है। इसीलिए मेरे समक्ष रहस्योद्घाटन भी हुआ है, किन्तु क्या मैं यह सब जगज़ाहिर करूँ? फिर भी मेरे पीछे आपबीती लिखने का तकाजा रहता है। श्री रतनलाल जोशी (हिन्दुस्तान सम्पादक) नवनीत में यथाक्रम छापने का आग्रह करते रहे। साहस नहीं हुआ और हाल ही में सुना कि श्री मुरारजी भाई अपनी आत्मकथा लिख रहे हैं। वे बड़े नेता हैं, उनके प्रति आदर अर्पित करनेवाले और आलोचना करनेवालों की संख्या आधे-आधे हिस्से में बँटी हुई है। जब छपेगी तो धड़ल्ले से वह दोनों वर्गभेदों में हाथों-हाथ पहुँच जाएगी और महीनों तक चर्चा-परिचर्चा का विषय भी बनेगा। मुझे अपनी आपबीती के लिए ऐसी कोई सम्भावना नहीं दिखाई देती। शायद प्रकाशित कर देने पर पढ़नेवाले ही पर्याप्त न मिलें और छपाई का पैसा गिरह से कट जाए। मैं मौलाना आज़ाद की तरह भी नहीं कर सकता कि आत्मकथा लिखकर रख छोड़ूँ और पच्चीस साल बाद प्रकाशित करने की पाबन्दी लगा जाऊँ? कौन जाने किसका रहस्य प्रकट हो जाए और मेरे बाद मेरे परिवार पर मानहानि का दावा दायर हो जाए, परिवार के निरपराध लोगों को व्यर्थ लेने के देने पड़ जाएँ।

अभी हाल ही में मेरे एक स्नेही ने, जो पहले मिनिस्टर भी रह चुके हैं, कुछ मज़ेदार संस्मरण सुनाकर पुनः आग्रह किया कि ये सब लिख डालो। मुझे फिर लगा कि अपने को 'पाँच सवारों' से जुड़ाने का यह तरीक़ा तो उत्तम है और यह भी समझ में आया कि मानो मेरे बाद कुछ लोगों ने संस्मरण लिखे हैं (मेरा यह विश्वास आज की स्थिति में नहीं रहना चाहिए) और उन्होंने जगजाहिर गुणों के सिवा प्रच्छन्न दोषों पर ही प्रकाश डाला तो कौन सफ़ाई देने समक्ष आए? या सभी दोष-दर्शन करवाने लगे तो क्या होगा? इसलिए निर्बलता यह आ जाती है कि अपने हाथों ही अपने गुण-कर्मों को ऊँचाई के आवरण में लपेटकर ऐसी चमक के साथ चमका दिया कि जनता चकाचौंध हो जाए। दोषों को आहिस्ता से दबाकर दुनिया का दरिया पार कर लिया जा सकता है। वैसे मैं अपने-आपको सही रूप में समझता हूँ, पहचानता हूँ, पर वह स्वरूप सभी को न समझने देने का आर्ट भी होता है। तभी तो 'आत्मकथा' का महत्त्व बना रह सकता है। वर्ना गाँधीजी की तरह मुझे 'सत्य के प्रयोग' करने का ख़तरा थोड़े मोल लेना है? गाँधीजी का जीवन खुला चित्रपट था, यदि मेरा भी होता फिर क्या चाहिए। पर अपना चित्र जितना खुला छोड़ना हो, वह भी आकर्षक होना चाहिए, 'बड़ा' बन जाता है। यदि सारे रहस्य खुल गये तो गुणों की गरिमा ही ग़लत हो जाएगी। यह भी एक बात है कि यदि आज हमने अपनी बात बताई नहीं तो बाद में कौन बतलाएगा? बड़े-बड़े भुला दिये गये हैं। फ़िर हमारी क्या औकात कि कोई याद करे? इसलिए हमें अपनी वह सारी बड़ाई लिखकर बतला देना चाहिए कि जो वास्तव में हम न भी हों तो लोग समझने लगें।

एक बात और भी है कि हमारे दोष जाननेवाले वे कुछ लोग ही होंगे, जो हमारे आस-पास रहे हों। मुहल्ले-नगर में रहे हों, पर बाहर के लोगों पर तो हमारी ऊँचाई की मोहर असरदार ही होगी और फिर हम उसमें अपने गुणों को भी तो चमकदार रंग भरकर (बढ़ा-चढ़ाकर) रखेंगे। ताकि किसी आत्मकथा से कम आकर्षक न हो। हाँ, हम नेफा के परमवीर (?) जनरल कौल की तरह कोई स्मृतियाँ नहीं लिख सकेंगे कि चारों ओर चर्चा हो, चिन्ता हो, पार्लियामेंट से लेकर प्रतिरक्षा मन्त्रालय तक में विवाद उत्पन्न हों और पुस्तक हाथों-हाथ बिक जाए। काश! हमारा चीनी आक्रमण के समय दिल्ली से नेफा तक ही चंचु प्रवेश भी होता तो ऐसी चटपटी चीज़ लिखते कि 'अँग्रेज़ी' कौल को हिन्दी में पछाड़ खानी पड़ती। अनेक बड़ों की आत्मकथाएँ और लोगों को आत्मकथाएँ लिखने को प्रेरित करती रहती हैं, परन्तु हमारी, आपबीती से किसी का तो क्या, स्वयं हमको भी प्रेरणा नहीं प्राप्त होने की है। हाँ, काश, लिखी और प्रकाशित कर डाली तो यह प्रभाव अवश्य होगा कि भविष्य में हम आगे कोई साहस न कर सकें। जब स्नेही परिवार प्रेरित करते हैं हनुमानजी की तरह हमारे अन्दर प्रसुप्त शौर्य का स्मरण दिलाते हैं, 'हिमाद्रि तुंग-शृंग-सी' हमारी विभूति का कल्पित चित्र समक्ष खड़ा करते हैं, तब बाह्य मन ललचा उठता है। आत्मकथा और अभिनन्दन में संघर्ष शुरू हो जाता है। दोनों हम पर हावी होना चाहते हैं। किन्तु अपना अन्तर्मन, एकान्त में असलियत के आईने में हमारा अपना चेहरा दिखला देता है तो न जाने क्यों आत्मा काँप उठती है। यही कारण है कि अब अपनी बीती वह लिख नहीं पाती। बतलाइए क्या किया जाए? हाँ, यदि मैं भारत का सर्वोच्च पदाधिकार-सम्पन्न कोई व्यक्ति होता तो उन अपने की परवाह नहीं करता, जिन्होंने मुझे वह 'पद' प्रदान किया होता, मैं अपनी 'अन्तरात्मा' की आवाज़ सुनकर ही प्रेरणा लेता और अपनी बीती सुना देता, चाहे अन्तर्विरोध ही क्यों कर न होता, कुछ स्कूटर-चालकों, रिक्शा-टैक्सीवालों के समर्थन की आशा रखकर ही यह साहस कर बैठता। पर यह स्थिति भी मेरी नहीं है, अवश्य ही मेरे जीवन की सफलता तो नगण्य-सी क्यों न हो, असफलताएँ ढेरों हैं, जिन्हें मैं सफलता से लिखकर अपना नाम-स्थान बना सकता हूँ। इससे मेरी आलोचना का भी अवकाश कम रहेगा। उसका नाम 'अपनी आत्मकथा' की अपेक्षा 'मेरी असफलताएँ' रखकर 'आत्म-कथा' की वैतरणी पार कर सकूँगा। यह सर्वथा मौलिक चीज़ भी होगी। कहिए आपकी क्या राय है?

परिशिष्ट-1

आकलन

डॉ. प्रभाकर श्रोत्रिय

व्यास जी का मूल्यांकन ऊर्ध्वरेखा में करना असम्भव है। उन्हें जानने के लिए एक व्यापक फैलाव से गुज़रना होगा, क्योंकि उनके व्यक्तित्व की तरह उनका कृतित्व भी बहुआयामी है और हर क्षेत्र में एक निर्णायक भूमिका तक पहुँचा है। वे एक साथ ज्योतिर्विद, तत्त्व-चिन्तक, इतिहास-संशोधक, साहित्यकार, पत्रकार, कर्मठ कार्यकर्त्ता, उग्र क्रान्तिकारी, हिमशीतल मनुष्य और आत्मानुशासित व्यक्ति हैं।

एक साथ लोकोन्मुखी और अन्तर्मुखी साधना इतनी जटिल और द्विविधा-भरी होती है और इतनी ख़तरनाक भी कि व्यक्ति को जीवन-भर सही सन्दर्भों में समझकर अवमूल्यित और उपेक्षित करती रहती है। दुहरे-तिहरे कर्म ओढ़ना, और वे भी ऐसे जो परस्पर विरोधी लगते हों, व्यक्ति की अपने साथ की गयी दुर्घटना है। जो लोग व्यास जी को ज्योतिषी समझते हैं, वे शायद ही यह जान पाते हों कि इस व्यक्ति ने इतिहास और संस्कृति के भीतर कितने गहरे धँसकर, क्या किया है! नर्मदा की सारी उपत्यका में, मालवा की प्राचीन और प्रागैतिहासिक संस्कृति को खोजने के लिए कितनी यायावरी की है! अपने वर्तमान की ज़मीन को खोदकर निचली और निचली गर्भ-राशि के ज़रिये उसे विस्मृत अतीत से जोड़ने का कितना सघन प्रयास किया है, ताकि अपनी सही बुनियाद से उसका साक्षात्कार हो।

जो लोग उनके अन्वेषक से अपरिचित हैं, उन्हें क्या पता है कि अन्वेषण की गरिमा को रचनात्मक स्तर तक पहुँचना कितना दुःसाध्य होता है? कितना दुःसाध्य होता है एक अन्तर्मुखी साधक का बाहरी दुनिया से समझौता करना, ख़ासकर उस महत्त्व की स्थापना के लिए, जिसका उसके बच्चे के भरण-पोषण से कोई रिश्ता नहीं है। क्योंकि किसी विस्तृत ऐतिहासिक प्रदेश और उसके साहितित्यक-सांस्कृतिक व्यक्तित्वों को शोधी विद्वानों के बौद्धिक व्यायाम से बाहर निकालकर, राष्ट्रीय और अन्तरराष्ट्रीय व्याप्ति देना, उनके सांस्कृतिक, बौद्धिक, कलात्मक आशय को रचनात्मक

रूप से प्रतिष्ठित करना, कोरे पांडित्य से नहीं हो सकता था, इसके पीछे कर्मठता, लगन, समझ और समझौते की एक दीर्घ परम्परा रही है।

अकेले शोध करना ही एक लम्बी यातना से गुज़रना है और अगर उसे रचनात्मक स्मारक का इतना असाधारण और भव्य रूप देना हो, तब तो यह अलग किस्म की मानसिक एवं बाहरी दुनिया का तनाव झेलने की तरह है। और यदि इन दोनों कामों को अलग-अलग समझा जाता है तो इसलिए नहीं कि सचमुच ही वे अलग हैं, बल्कि इसलिए कि मनुष्य की सीमाएँ होती हैं।

व्यास जी की इस अन्विति को न समझने वाले संवेदनहीन विद्वानों पर मुझे तरस आता है। वे छोटे-मोटे अख़बारों में लिखे उनके सामाजिक लेखों की वजह से उनका अवमूल्यन करते हैं। अगर आम आदमी का यह ढंग हो तो बात समझ में आती है, क्योंकि उसने सम्मेलन-पत्रिका, नागरी प्रचारिणी पत्रिका, परिषद् पत्रिका, आलोचना, सरस्वती जैसी अनेक पत्रिकाओं में उनके पांडित्यपूर्ण अनुसन्धाता को तो देखा नहीं है और जो देखा है वही उसकी समझ का आधार है। लेकिन पंडितगण अपने सामन्तवादी तरीकों से हटना नहीं चाहते, किसी विद्वान द्वारा जनता की रोज़मर्रा की समस्याओं या लोकधर्मी कामों को छूते ही वे उसे जाति-भ्रष्ट घोषित कर देते हैं और टेढ़ी नाक से उसका नाम लेते हैं। जबकि सच्चाई यह है कि तात्कालिक समस्याओं और स्थितियों पर लिखकर व्यक्ति एक तरह से अपनी ही बलि चढ़ाता है। यह प्रक्रिया समाज को भरने के प्रयास में खुद को ख़ाली करने जैसी है। कोई नहीं कहता कि इस लेखन का कोई साहित्यिक मूल्य है, लेकिन अगर उसका कोई समकालीन मूल्य है तो उसे नकारा नहीं जा सकता है। व्यास जी के अख़बारों वाले रूप और उनकी कर्मठता ने ही उन्हें पुस्तक-कीटों की दुनिया से बाहर लाकर खड़ा कर दिया है। यह उनकी अतिरिक्त शक्ति है।

उनकी कर्मठ उपलब्धि के उदाहरणस्वरूप उज्जयिनी को ही लिया जा सकता है। आज इस नगरी का जो रूप और ठनगन है, उसके मूल में पंडित व्यास ही हैं। अगर व्यास जी नहीं होते तो मुझे शक है कि उज्जैन में विक्रम विश्वविद्यालय, विक्रम कीर्ति मन्दिर, प्राच्य विद्या शोध-प्रतिष्ठान होते। यहाँ अखिल भारतीय स्तर पर कालिदास समारोह भी शायद ही मनता। तब उज्जैन कदाचित मेले-ठेले की धार्मिक और दकियानूस नगरी रह जाती, यहाँ पंडे, पुरोहित और पंचकोशी के यात्री तो नज़र आते, लेकिन भगवतीशरण उपाध्याय, सुनीतिकुमार चटर्जी, महादेवी वर्मा, प्रो. बाँशम, डॉ. हजारीप्रसाद द्विवेदी, डॉ. विश्वनाथप्रसाद मिश्र, हिदेओ किमुरा, कामिल बुल्के, नन्ददुलारे वाजपेयी, डॉ. सम्पूर्णानन्द, डॉ. सुमन पतन्जलि शास्त्री, डॉ. राघवन, ओंकारनाथ ठाकुर, राजेन्द्र बाबू, जवाहरलाल नेहरू जैसे प्रभूति विद्वान, साहित्यकार और राजनेता शायद ही बौद्धिक रूप से इस नगरी को अपना स्पर्श दे पाते। क्या किसी

नगर के इतिहास में यह कम महत्त्वपूर्ण है कि एक पद और अधिकार से रहित व्यक्ति पूरे-के-पूरे शहर को एक युग से उठाकर दूसरे युग में रख देता है? व्यास जी ने 'कालिदास', 'विक्रम' सांदीपनि के नाम पर मन्दिर या मठों की प्रतिष्ठा नहीं की, शिक्षा अनुसन्धान और कला संस्थान खुलावाए, धार्मिक दकियानूसी और वायवीय जीवन-प्रणाली को अतीत के सहारे उन्होंने जो बौद्धिक और सांस्कृतिक मोड़ दिया है, वह उनके पांडित्य और शोध की रचनात्मक दृष्टि का प्रतीक है। कालिदास और विक्रम के जरिये उन्होंने भारतीय साहित्य और संस्कृति को सागर-पार उतारने का प्रयास किया है।

उन्होंने समूचे-मालव प्रदेश को अपने गर्वीले अतीत से जोड़ा है। रोटी और अन्न को अपनी खुशहाली माननेवाले इस प्रदेश को व्यास जी के शोधों ने समझाया है कि उसका अतीत कितना प्रबुद्ध, उज्ज्वल और मानवमूल्यों के प्रति आस्थावान रहा है, साहित्य, कला, भाषा, ज्योतिष, धर्म, सभ्यता, पराक्रम और राष्ट्रीय गौरव की दृष्टि से उसकी जड़ें कितनी गहरी और पुख्ता हैं, उसकी सांस्कृतिक सीमाएँ कितनी व्यापक हैं, इस दृष्टि से उन्होंने शोध में जीवन और सार्थकता उत्पन्न कर दी है।

आठ वर्ष तक विक्रम के सम्पादक के रूप में व्यास जी ने जो एक हज़ार पाँच सौ छत्तीस पृष्ठ लिखे हैं—उनमें समकालीन राष्ट्रीय-अन्तर्राष्ट्रीय, राजनीति, धर्म, समाज और संस्कृति का कई जगह इतना स्पष्ट और प्रखर विश्लेषण है कि 'विक्रम' की पूरी फ़ाइल से गुजरने पर मुझे प्रसिद्ध इतिहासकार डॉ. करंदीकर के इस कथन में कोई सन्देह नहीं रहा है कि व्यास जी जीवित विश्वकोश हैं। व्यास जी के सारे विचार श्लाघ्य और प्रगतिशील हैं। यदि हम उनके समयुगीन परिवेश, परम्परा, व्यवसाय और इतिहास प्रेम पर ध्यान दें तो हमें लगेगा कि उन्होंने कितना अन्तराल लाँघा है? सन् 1920-22 (स्व. व्यास का लेखन वर्ष 1916 से आरम्भ होता है) में जब उन्होंने लिखना प्रारम्भ किया था, हमारे सामाजिक संसार और उज्जैन की क्या हालत रही होगी? कितनी धार्मिक और सामाजिक संकीर्णता की चुनौती झेलकर व्यक्ति को, ख़ासकर परम्परागत पंडित वंश के व्यक्ति को, परिवर्तन की बात करनी पड़ती होगी। समाज की जड़ता को धीमे-धीमे तोड़ने की ऐतिहासिक प्रक्रिया से व्यास जी का समकालीन लेखन जुड़ा है। इसलिए आज बैठकर बिना पीछे की ओर लौटे हम उनके विचारों का सही मूल्यांकन नहीं कर सकेंगे।

ज़ाहिर है, अपने ज़माने में साधारण-से विद्रोह के लिए व्यास जी को कितना असाधारण प्रयत्न करना पड़ा होगा? यों विद्रोही वे शुरू से ही रहे। सबसे पहले तो उन्होंने अपनी पितृ-परम्परा से ही विद्रोह किया; बजाए ज्योतिष को जीवन के केन्द्र में रखने के उसे उन्होंने नेपथ्य में ढकेल दिया और अपने युग के सशस्त्र क्रान्ति तथा विद्रोही लेखन से जुड़ गये। 'बोलशेविक क्रान्ति' की वकालत से अपना लेखन प्रारम्भ

करते हुए उन्होंने 'देशी नरेशों के प्रजानाशक ख़र्च', 'आज के हाहाकार का कारण : पूँजीपति', 'नियम विरुद्ध राजतन्त्र का ढोंगी कानून' आदि खून खौला देनेवाले लेख लिखे। लेख ही नहीं लिखे, सशस्त्र क्रान्ति में हिस्सेदारी भी की। उस वक़्त पंडित सूर्यनारायण व्यास का नाम क्रान्तिकारियों की बही में 'विश्वस्त सहचर' और पुलिस की बही में 'ख़तरनाक राजनीतिज्ञ' के रूप में दर्ज था। ठीक भी था, इस व्यक्ति ने छः महीने तक गड़ोदिया केस (सरदार भगत सिंह को छुड़ाने के लिए किये गये डकैती कांड) के प्रमुख अभियुक्त को अपने घर में छिपा रखा था, अजमेर में लार्ड मेयो के स्टेच्यू का हाथ तोड़नेवालों में शामिल था, घर में से क्रान्तिकारियों के लिए 49 मीटर बैंड पर गुप्त रेडियो स्टेशन का संचालन करता था। इसने अँग्रेज़ों के ख़िलाफ पर्चे छपवाए और बँटवाए थे, स्वयंसेवकों का संगठन किया था, हालाँकि 1934 के बाद से उसने ऐतिहासिक लेखन और ज्योतिष के व्यवसाय में ध्यान लगा दिया था, फिर भी जो राजनीतिक हलचलें जब-तब कर देता था, उनकी वजह से सिंधिया नरेश को इस ख़तरनाक राजनीतिज्ञ को 'इंडिया डिफेन्स एक्ट' के तहत 1946 में एक वर्ष के लिए घर में नज़रबन्द भी कराना पड़ा।

बावजूद इतने ख़तरनाक लेखों के राजा-महाराजा और सेठ-साहूकार 'ज्योतिर्विद' के रूप में व्यास जी का बहुत सम्मान करते रहे। एक राजा ने तो दरबार में उन्हें पैरों में सोना पहनाकर उनका सम्मान किया। एक राजा ने उन्हें सलाह के लिए यूरोप बुला भेजा। उनके बहुमूल्य भेंट व्यास जी को सेठों और राजाओं से प्राप्त हुए हैं। लेकिन ज्योतिषी के रूप में अपने को स्थापित करने की महत्त्वाकांक्षा उनमें प्रायः नहीं रही, न उन्होंने ज्योतिष पर ज़्यादा कुछ लिखा। लेकिन कई बार चमत्कृत कर देने वाली भविष्यवाणियाँ उन्होंने अवश्य कीं। विश्वविख्यात ग्रीनविच वेधशाला में भारतीय सूर्यविषयक गवेषणा की वैज्ञानिक व्याख्या करके उन्होंने संचालकों और अनुसन्धाताओं को विस्मित कर दिया (जिसकी यूरोप के अख़बारों में चर्चा भी हुई) फिर भी वह उनके जीवन की त्रासदी ही रही कि वे जिस विद्या को मात्र 'व्यवसाय' कहकर उपेक्षा करना चाहते थे, वही उनके कीर्ति का आधार रही और जिसे महत्त्व देते रहे वह गौण बनी रही। (इसलिए उनके वास्तविक कृतित्व का सामने आना बहुत आवश्यक था। अब भी उनका साहित्य, इतिहास क्रान्ति, निबन्धकार, पुरातत्त्व, व्यंग्यकार पक्ष सामने नहीं आया है)।

जीवन के इतने आयामों को एक साथ जीने वाले पंडित सूर्यनारायण व्यास के व्यक्तित्व से कम दिलचस्प नहीं है, उनका स्वाभिमान। एक ओर जो व्यास जी विक्रम विश्वविद्यालय के लिए सिन्धिया नरेश के आगे झोली फैलाते हैं, वे ही 'विक्रम' पत्र की सहायता के लिए घर आये पंचहजारी चैक को लौटा देते हैं, ताकि अपने पत्रकार की स्वतन्त्रता और प्रखर आत्मा को कृतज्ञता के बोझ से बचाया जा सके। वह

सर्वविदित है कि उन्होंने स्वर्णपात्र को आत्मसत्य का मुख ढकने की कभी आज्ञा नहीं दी। प्राप्ति के ऐसे पचासों मौक़े आये, जब उन्होंने उसे अस्वीकार किया है। यहाँ तक कि पिछले दिनों जब वे 'मस्तिष्क स्खलन' की व्याधि से ग्रस्त थे, शासन की ओर से सहायतार्थ हजारों रुपये की राशि भेजी गयी थी। उन्होंने उसे अस्वीकार कर दिया था और इलाज की तमाम सुविधाओं को भी प्राप्त करने से इन्कार कर दिया था। उनके अन्तरंग लोग जानते हैं कि उस समय वे आर्थिक अभाव के असह्य दौर से गुज़र रहे थे। इससे लगता है कि उनका स्वाभिमान ओढ़ा हुआ नहीं है, उनके व्यक्तित्व का अंग है। अन्यथा मस्तिष्क का नियन्त्रण छूट जाने पर अपनी हताश और असहाय हालत में किसे अपनी गरिमा और अभिमान का ख़्याल रहता है? लेकिन गंगा में गिरे घायल चातक की तरह व्यास जी ने अपनी चोंच सदा पुण्य जल से ऊपर ही रखी है। जीवन भर उन्होंने अपने लिए दया और सहायता जैसे शब्दों से नफरत की है। लक्ष्मी उनके द्वार में सिर झुकाकर ही घुस सकी है। लगता है, चातक की यह टेक पंडित व्यास भी साधे हुए हैं। 'नहिं जाँचत नहिं संग्रहों, सीस नाय नहिं लेय।' लेकिन लक्ष्मी के मामले में जितनी 'अकड़' उनमें हैं, सरस्वती के मामले में वे इतने ही विनयी, सज्जन और निरभिमान हैं। पंडिताऊपन की खोल से अपरिचित व्यास जी की सरलता और खुशमिज़ाजी की अनेक मित्रों ने चर्चा की है। लेकिन अपने नियमों और बच्चों के लिए वे एक सख़्त व्यक्ति हैं।

कन्हैयालाल मिश्र प्रभाकर ने, लगता है कि काफी अनुभव के बाद ही यह लिखा है—"श्री सूर्यनारायण व्यास ज्ञान और कर्म, अकड़ और नम्रता, विद्वत्ता और साहित्यिकता का एक सलोना संगम हैं।"

इसलिए, जो संगम है, उसे संगम की ही तरह पहचाना जाना चाहिए, विरक्त धारा की तरह नहीं। अगर व्यास जी को पहचानना है तो हमें बहुत-सी बातों को एक जगह, एक साथ पहचानना होगा। मसलन, हमें कैसा लगेगा अगर हम देखें कि सरकार विरोधी गुप्त रेडियो-स्टेशन के पास ही सिन्धिया नरेश का चित्र रखा है। पास ही विक्रम का पुरातात्त्विक पुतला, मालव प्रदेश की खोज के लिए फ़र्श पर बिछे ग्रन्थ, कालिदास समारोह का दफ्तरी सामान, 'बोलशेविक बनाम विश्व कुटुम्बवाद' लेख, ज्योतिषाचार्य पंडित नारायण व्यास का यज्ञोपवीतधारी चित्र, वात्स्यायन का कामसूत्र, महात्मा गाँधी की तस्वीर, प्रेम की एक कविता, चापलूसी पर एक व्यंग्य-लेख रखा है। स्वयं लेखक के दो चित्र टँगे हैं। एक पाश्चात्य वेशभूषा में और दूसरा विशुद्ध भारतीय वेश में है। हवेली का यह कमरा हज़ारों किताबों से लदा है, बेशकीमती फ़र्नीचर हैं। पचासों अभिनन्दन पत्र लटक रहे हैं, तभी गृहस्वामी का सबसे छोटा सुपुत्र उधर से सहमा हुआ निकलता है, जिसका कुर्ता फटा है। मेरा ख़्याल है कि आम आदमी की दहशत के लिए यह काफी बड़ा सामान है, लेकिन व्यक्तित्व खोजी के

लिए एक दिलचस्प समारोह। यह उस आदमी की ज़िन्दगी है, जो अपने ही इतिहास से आगे बढ़ गया है, लेकिन किसी भी पिछली याद से कटना नहीं चाहता। हर आरोप को उसने खुला टाँग दिया है। यह उसकी बुनियादी ईमानदारी और निर्भयता का प्रमाण है। ज़ाहिर है कि व्यक्ति कितने दौरों में से गुज़रकर यहाँ आया है, कितने विरोध को उसने अपने व्यक्तित्व में साधा है, उसके जीवन में कितना फैलाव है, उसकी शान और उसके स्वाभिमान दोनों की रीढ़ सीधी है। वह खोजी विद्वान है, इतिहास-प्रेमी है। किसी चीज़ को बिना तोड़े और नकारे हुए, वह अपने लिए राह बनाता है, शायद इसलिए वह किसी एक दिशा में हिमालय की ऊँचाई नहीं छूता, अलबत्ता विन्ध्याचल का विस्तार और गुरुता उसके व्यक्तित्व को परिभाषित कर सकती है, उसके जीवन की सिकुड़न और प्रशस्ति को, ऊँचाई-निचाई को और यहाँ तक कि अभिमान और नम्रता को भी। इसीलिए पंडित सूर्यनारायण व्यास, अकेले शोध, अकेली पत्रकारिता, अकेले लोककल्याण कर्म, अकेली क्रान्ति में हिस्सेदारी, अकेले साहित्य, अकेले मानवीय गुण और यहाँ तक कि सिर्फ़ ज्योतिष में भी भले ही शलाका पुरुष शायद आलोचक न मानें, लेकिन समग्र रूप में वे एक महान दुर्लभ और विशिष्ट व्यक्ति हैं। समन्वित भारतीय संस्कृति के अत्यंत गौरवशाली महिमामय प्रतीक।

लेखनी के आयाम

व्यास जी का सबसे महत्त्वपूर्ण लेखन इतिहास एवं पुरातत्त्वविषयक गवेषणाएँ हैं। उन्होंने मुख्यत: मालव-प्रदेश, उज्जयिनी, विक्रम और कालिदास पर कार्य किया है। इसके अतिरिक्त उनका जितना अन्वेषण है, वह प्राय: इन्हीं से कहीं-न-कहीं सन्दर्भित है और अपने मुख्य अनुसन्धान को पुष्ट और प्रमाणिक बनाता है। उदाहरण के लिए कृत-संवत्, सातवाहन राजवंश, प्रद्योत राजवंश, भृगकच्छा, गुणाढ्य, हाल इत्यादि से सम्बन्धित खोजें और अध्ययन प्रकारान्तर से उपर्युक्त मुख्य गवेषणा को ही अधिक तर्कसंगत बनाती हैं। एक तथ्य को पूरी तरह प्रमाणित करने के लिए अन्वेषक ने आगम, निगम, पुराण, इतिहास, ज्योतिष, साहित्य, कला, संस्कृति, पुरातत्त्व और यहाँ तक कि जनश्रुति के समस्त सम्भावित स्रोतों का भी उपयोग किया है। तथ्यों के तार्किक प्रतिपादन के साथ ही देशी-विदेशी विद्वानों की भ्रान्त धारणाओं का तर्कसम्मत खंडन किया है। इस तरह अपने विषय पर अन्वेषक व्यास जी की पकड़ मजबूत और प्रामाणिक है।

अपने शोध-क्षेत्र का चयन उन्होंने केवल वस्तुगत दृष्टि से ही नहीं किया, उसके मूल में इस प्रदेश के प्रति उनकी गहरी रागात्मक भावना रही है। इस बारे में लोगों की अलग-अलग राय हो सकती है, लेकिन रागात्मकता या अन्त:प्रेरणा से रहित वस्तुगत अनुसन्धान या तो अत्यधिक यान्त्रिक होता है या औपचारिक। विवेक से ही

यह निर्णय लिया जा सकता है कि भावनात्मकता की सीमाएँ क्या हैं? जहाँ तक व्यास जी का प्रश्न है, उन्हें यह भावना इतिहास और संस्कृति में बहुत गहरे प्रवेश करने को प्रेरित करती रही है। इसके भीतर कहीं न कहीं उनका समकालीन सामाजिक पक्ष भी संपृक्त रहा है। वे इतिहास के उस अध्याय के सन्धाता हैं, जो सुवर्णमय था। इसकी तुलना वे वर्तमान हालत से करते हैं और इसी के सहारे इस दुर्दशा से उबरने का आह्वान भी।

व्यास जी केवल अन्वेषक ही नहीं हैं, साहित्यकार भी हैं और उस ज़माने के, जिसमें भावुकता साहित्यकार का मुख्य लक्षण मानी जाती थी। लगता है कि वे शोध के कर्त्तव्यदंड को साधे बलपूर्वक आगे बढ़ते रहे, लेकिन उनका मन चीनाशुंक ध्वजा की तरह साहित्य की उल्टी दिशाओं में ही फरफराता रहा। इसीलिए न केवल उनकी शोधभाषा वर्तुल और काव्यात्मक हो गयी, वरन उनके निष्कर्षों पर भी भावनात्मकता कहीं-कहीं आग्रह जता बैठी। माना कि वे अपनी शोध-वस्तु, अर्थात उज्जैन, मालवा, कालिदास, विक्रम आदि से भीतर से जुड़े हैं, लेकिन जब अनुसंधान के निष्कर्षों पर भावनात्मक आग्रह हावी हो जाता है तो वैज्ञानिक अनुसन्धान के सामने प्रश्न-चिह्न खड़ा हो जाता है। उदाहरण के लिए, विक्रम की अवस्थिति और 'काल' के विषय में जब उन्हें लगता है कि वे अकाट्य प्रमाण प्रस्तुत नहीं कर सके हैं तो वे जनश्रुति तक की दुहाई दे डालते हैं और आग्रह करते हैं कि भले ही 'आधुनिक माध्यमों के प्रमाण-पथ पर' विक्रम 'पूरी तरह न उतरे' लेकिन 'अन्तःकरण की विश्वस्त भावना' और 'संस्कृति की परम्परा' के आधारों पर ही उसे स्वीकार कर लेना चाहिए। वैसे मेरी विनम्र राय में पंडित व्यास को ऐसे आग्रह की कतई जरूरत नहीं थी। शायद यह या ऐसी बातें उन्होंने भावनात्मक त्वरा में कह डाली हैं, क्योंकि अन्वेषक व्यास जी ने विक्रम की अवस्थिति और काल-निर्णय के विषय में पूर्व और परवर्ती युगों के राजवंशों के साहित्य, ज्योतिष, पुरातत्त्व आदि के अनुसन्धान द्वारा पर्याप्त प्रामाणिक स्थापनाएँ की हैं। यहाँ तक कि अरब राष्ट्र (मक्का) से प्राप्त 'जरहम बिनतोई' की स्वर्णपत्र पर खुदी कविता और कालान्तर में बर्नाला में प्राप्त मुद्रा भी उन्हीं स्थापानाओं को प्रमाणित करती हैं।

फिर, समय-समय से, कुछ-कुछ अन्तराल से, व्यास जी अपने नये शोध या शोधों का पुनर्मूल्यांकन करते रहे हैं। इसलिए यह मानने का कोई कारण नहीं है कि शोध के सन्दर्भ में वे जनश्रुतियों या सांस्कृतिक परम्पराओं पर सचमुच भरोसा करते हैं। एक ही तथ्य की इतनी तरह से परीक्षा की गयी है कि यदि उसे क्रमबद्ध प्रस्तुत किया जा सके तो निश्चित रूप से न केवल सम्बद्ध तथ्य की प्रामाणिक पुष्टि हो सकेगी, वरन उससे सम्बद्ध अनेक नवीन तथ्य भी अपने-आप प्रकाशित होते चलेंगे। दुर्भाग्य से व्यास जी ने अपने शोधों के व्यवस्थित प्रकाशन पर कभी ध्यान ही नहीं

दिया। पंडित जी के शोध-निबन्ध और उनके छोटे-छोटे टुकड़े इतने बिखरे और बेतरतीब हैं कि उन्हें व्यवस्थित रूप से सम्पादित कर प्रकाश में लाए बिना उनके सही कार्य का मूल्यांकन करना कठिन है। 'मालव और अविन्तका' तथा 'भारत का सांस्कृतिक अतीत और व्यापकता' जैसे शीर्षकों के कम से कम दो वृहदाकर ग्रन्थ तुरन्त प्रकाशित करने की आवश्यकता है। खेद है कि उन जैसे मालव के अग्रणी इतिहासकार और खोजी विद्वान के विषय में अनेक प्रशस्ति लेख तो लिखे गये, लेकिन उनके शोधों की सही सन्दर्भ में परीक्षा नहीं की गयी। वास्तव में उनके बारे में जो लिखा जाता है, उसका स्वर 'हनुमान-चालीसा' का न होकर विशुद्ध तथ्यात्मक विश्लेषण का होना चाहिए। सम्मान-पत्रों और प्रमाणपत्रों के क़ाग़जी पुल की अपेक्षा किसी विद्वान तक पहुँचने के लिए उसके कृतित्व और रचनाओं का सेतुबन्ध ही प्रामाणिक होता है। इसलिए यह जानना आवश्यक है कि व्यास जी के शोधों में कितनी गहराई और विस्तार है? कितनी मौलिकता और अनुकरण है? कितनी तटस्थता और कितना मोह है? विद्वान की सार्थकता है—उसका सच्चा मूल्यांकन, न कि स्तुति पाठ, भले ही वह मूल्यांकन उसे निरर्थक और ग़लत सिद्ध कर दे। गुजराती के कवि उमाशंकर जोशी की एक कविता है, जिसमें एक वैज्ञानिक प्रयोगशाला में बैठा अनुसन्धान-कर्म पर विचार कर रहा है, तभी उसकी आँखों में गैलेलियो का चित्र आ जाता है, जिसने दुनिया को गोल सिद्ध करने के लिए काफ़ी यातनाएँ सही हैं। वैज्ञानिक सवाल उठाता है कि मान लो कि दुनिया गोल न होकर चौकोर हो जाती, तो क्या वे यातनाएँ व्यर्थ चली जातीं?

स्मृति में आये वे महानुभाव
गैलीलियो, जिन्होंने हमारी पृथ्वी का
आकार गोल स्वयं मानकर
और अन्य को मनाने में, खूब सहन किया
और अगर कहीं पृथ्वी चौकोर होती
तो वे यातनाएँ क्या व्यर्थ हो जातीं?

('*निशीथ*' से)

प्रबुद्ध शोधी विद्वान का अनादर उसके तर्कों के खंडन में नहीं है, उसकी उपेक्षा और ग़लत मूल्यांकन में है और सबसे बढ़कर बिना जाने हुए उसके स्तवन में है। इसलिए मालवे के इस समर्पित श्रेष्ठ इतिहासकार के शोधों का मूल्यांकन किया जाना चाहिए।

ऐतिहासिक शोधों के अतिरिक्त व्यास जी ने कालिदास और अन्यान्य संस्कृत कवियों के साहित्य में कला, संस्कृति, समाज और सौन्दर्य की पड़ताल की है। उनकी प्रतिभा, मुख्यतः व्याख्या और विश्लेषण की नहीं है, तथ्यान्वेषण की है। इसी दृष्टि से उक्त कार्य किया गया है। महाकवि कालिदास पर उनकी एक पुस्तक प्रकाशित

हो चुकी है, परन्तु वह उनके अध्ययन के छोटे से भाग का ही प्रकाशन है। उनके 'साहित्यानुशील और अनुसन्धान' पर भी एक ग्रन्थ प्रकाशित किया जा सकता है।

ज्योतिष पर उन्होंने कम लिखा है, लेकिन जो लिखा है, उसका दृष्टिकोण ज्योतिष की भ्रान्तियों और फलित आदि के सस्ते क्रिया-कलाप से निकलकर वैज्ञानिक स्वरूप देना है।

पंडित जी इस पीढ़ी के पितामह साहित्यकार रहे हैं। यद्यपि उन्होंने अपना लेखन भावुक तरुण की तरह ही कविता से ही प्रारम्भ किया, लेकिन धीरे-धीरे उनकी भावुकता, यात्रा-वर्णनों और ललित निबन्धों में रूपायित हो गयी। बिहार राष्ट्रभाषा परिषद से 'सागर-प्रवास' नाम से उनका यात्रा-वर्णनों का संकलन प्रकाशित हो चुका है। 1937 में लिखे इन वर्णनों का ऐतिहासिक महत्त्व है। उनकी भावपूर्ण कविताएँ प्राय: हरिऔध, मुकुटधर पांडेय और रामकुमार वर्मा की सन्धि-रेखा में कहीं खड़ी की जा सकती हैं। विषय प्राय: प्रकृति-प्रेम, करूणा या नैतिक भावना से सम्बद्ध है।

साहित्य के क्षेत्र में किसी भी विधा की अपेक्षा व्यास जी ने हास्य-व्यंग्य सबसे अधिक लिखे हैं। समकालीन विकृति पर उन्होंने मखौल-भरे व्यंग्य यथासमय किये हैं। यद्यपि आज व्यंग्य की चुभन और आस्वाद बदल गया है, लेकिन यदि इन व्यंग्यों को अपने युग की कसौटी पर कसें तो वे एक विशिष्ट स्थान के अधिकारी होंगे। क्योंकि उनके अतिरिक्त किसी हास्य-व्यंग्यकार ने अपने लेखों में ऐतिहासिक पृष्ठभूमि का प्रयोग नहीं किया है। यह हिन्दी व्यंग्य की दृष्टि से एक सार्थक प्रयोग है। व्यास जी के व्यंग्यों में चुभन कम और मखौल या उपहास ज़्यादा है। लेकिन उनके सांस्कृतिक व्यक्तित्व के कारण उनमें कहीं फूहड़पन नहीं आया है, अलबत्ता एक अर्से तक उग्र जी से उनकी संगत रही है। उनके व्यंग्य-लेखन के सन्दर्भ में उल्लेखनीय यह है कि यह उनका केन्द्रीय लेखन नहीं है। यह भारी भरकम शोधकार्य से राहत पाने का एक ज़रिया है। इसलिए इस पर पूरे साहित्यिक अस्त्र-शस्त्रों से कूद पड़ने की ज़रूरत नहीं है। इसी तरह उनकी पैरोडियों और हलकी-फुलकी रचनाओं के बारे में समझना चाहिए। मगर वर्ष 1918 में उनके व्यंग्य 'आज', 'मतवाला' से मिलते हैं। (*कर्मवीर स्वराज से और अब तक 400 से ज़्यादा व्यंग्य मैंने उनके खोज निकाले हैं। हास्य-व्यंग्य पर उनकी एक कृति बाबू प्रेमचन्द ने 'जागरण' प्रेस से प्रकाशित की। नाम था—तू-तू मैं-मैं*—सं.)

सैकड़ों की संख्या में लिखे सामयिक लेखों में पंडित व्यास का राजनीतिक सामाजिक और मानवीय पक्ष प्रकट होता है। देश-विदेश की समस्याओं से लेकर नगर और मुहल्ले की समस्याओं पर उन्होंने ईमानदारी और तन्मयता से लिखा है। यह प्रश्न उठाना उचित है और आवश्यक भी कि इन सामयिक लेखों में क्या है? वे किस हद तक समाज का प्रतिनिधित्व करते हैं और किस हद तक अपने आग्रहों का? वे अपने

ज़माने को आगे ले जाते हैं या पीछे? या कि उनका मानवीय हित, वैचारिक गाम्भीर्य तथा औचित्य से कितना सम्बन्ध है? वे आरम्भ में राजनीतिक और सामाजिक रूप से पीड़ित मानवता के साथ जुड़े थे। कालान्तर में उनकी दृष्टि सांस्कृतिक-राष्ट्रीय हो गयी। इसलिए उनकी सम-सामयिक रचनाओं के शेड्स बदलते रहे हैं। लेकिन उनके इन लेखों पर वैयक्तिक स्वार्थ का आरोप नहीं लगाया जा सकेगा। उनकी दृष्टि आदर्शोन्मुख अतीत की आग्रही है, लेकिन अतीत से वे कल्याण-मार्ग का चयन करते हैं। शोध, व्यंग्य, कविता और सामायिक लेखन में उनकी भाषा की जादूभरी-मुद्रा देखते ही बनती है। आख़िर उनके जीवन की भी कम भूमिका नहीं रही है।

एक व्यक्ति अपने जीवन में इतना विविध लिखता है, इतना सोचता है, इतना कार्य करता है और फिर भी इतनी निस्पृह तन्मयता से, यह एक सुखद विस्मय ही है। अनवरत सारस्वत साधना और कर्मण्य जीवन की क्या इसके अतिरिक्त कोई और परिभाषा होती है?

व्यास जी के व्यक्तित्व और कृतित्व के इतने विस्तार और गरिमा को इस छोटे-से लेख में समेटना असम्भव है। उनके लेखन की विविध-मुद्राओं को प्रतीकात्मक रूप से ही यहाँ प्रस्तुत किया जा सका है। जाहिर है कि उनके 70 वर्ष की साधना का प्रतिनिधि रूप इस क्षीणकाय लेख में नहीं समा सकता।

[अनुष्टप, पंडित सूर्यनारायण व्यास की प्रतिनिधि रचनाओं का संचयन, म.प्र. शासन साहित्य परिषद से प्रकाशित ग्रन्थ से साभार, (1972)]

परिशिष्ट-2

पुण्यश्लोक प्रियदर्शी पंडित सूर्यनारायण व्यास

डॉ. शिवमंगलसिंह 'सुमन'

शनैः—शनैः पंडित जी के महाप्रयाण को कितने वर्ष पूरे हो गये, पर आज भी विश्वास नहीं होता कि वे हमारे बीच नहीं है। जैसे उनके बिना उज्जयिनी की कल्पना ही नहीं की जा सकती।

इस पुण्यतीर्थ के वे प्रबुद्ध प्रचेतस थे, रामझरोखे में बैठकर हरसिद्धि की प्राप्ति में आने-जाने वालों का मुजरा लेनेवाले। मालव भूमि के सांस्कृतिक पुनर्जागरण का ऐसा जागरूक प्रहरी सदियों बाद अवतरित हुआ था। आज का विक्रम विश्वविद्यालय, विक्रम कीर्ति मन्दिर और निर्माणोन्मुख कालिदास-स्मृति मन्दिर उसी के अप्रतिहत अनुष्ठान के प्रतिफल हैं। कौन जान पाएगा कि अवन्तिका जनपद के स्वर्णिम अतीत को वर्तमान में ढालने में उसने क्या-क्या सपने सँजोए थे। प्रथम अखिल भारतीय कालिदास समारोह के ऐतिहासिक अधिवेशन का वह पुण्य-पर्व आज भी प्रभात के सपने-सा मेरी स्मृति में सजीव बना हुआ है। पुण्यमित्र शुंग के बाद शायद ही कभी ऐसी यज्ञ की वेदी इस भूमि में प्रज्वलित हुई हो। अद्‌भुत दृश्य था वह, जब भारत का चक्रवर्ती सम्राट, प्रथम राष्ट्रपति राजेन्द्रप्रसाद अपनी गरिमा के समस्त विधि-विधानों को भूलकर महर्षि व्यास की पीठ को नमन करने पहुँच गये थे—

पितु वैभव विलास में दीठा, नृप मणि मुकुट मिलित पर पीठा।

कैसा था विभावसु का वह विभामंडल, जिसके इर्द-गिर्द देश-विदेश के अनेक ज्योतिषी परिक्रमा करते रहते थे। ज्योतिष और राजनीति के प्रबुद्ध पंडित बाबू सम्पूर्णानन्द, भारत की श्रीसमृद्धि के आकलनकर्ता चिन्तामणि देशमुख, न्यायमूर्ति पातंजलि शास्त्री, व्योमकेश आचार्य हजारीप्रसाद द्विवेदी, संस्कृत के प्रकांड रूसी पंडित वारन्निकोव्ह, संगीत मार्तंड ओंकारनाथ ठाकुर, मध्य प्रदेश के सन्त मुख्यमन्त्री डॉ. काटजू, द्विवेदीकाल के विदग्ध विद्वान पंडित श्रीनारायण चतुर्वेदी और पूर्व तथा

पश्चिम के सांस्कृतिक समन्वय के उद्गाता डॉ. भगवतशरण उपाध्याय जैसे अनेक रत्नों से महिमा-मंडित उसकी सभा विक्रम नवरत्नों की पुनरावृत्ति-सी करती प्रतीत होती थी। उसके आलोकित अलिन्द में काव्यशास्त्र, संगीत, दर्शन, ज्योतिष और नाट्यशास्त्र की कलात्मक व्याख्याताओं को सुनकर राजशेखर की उक्ति की चरितार्थता प्रत्यक्ष हो उठती थी कि—'श्रूयते हि उज्जयिन्यां काव्यकारानाम्... परीक्ष्य...'—सुनते हैं, पूर्व समय में उज्जयिनी में काव्यकारों की परीक्षा होती थी।

इह कालिदास-मेंठावत्रामररूपसूरभार्वय:।
हरिश्चन्द्र-चन्द्रगुप्तौ परीक्षिताविह विशालायाम्॥

अर्थात् यहाँ कालिदास, भर्तृमेंठ, अमर, आर्यसूर, भारवि, हरिशचन्द्र और चन्द्रगुप्त नामक कवियों की परीक्षा हुई थी। राजशेखर द्वारा वर्णित युग की प्रतीति तो मुझे नहीं, पर अपने युग में मैंने आधुनिक राजशेखर पंडित सूर्यनारायण व्यास के सभामंडप में इस परीक्षा का दृश्य कई बार देखा था।

इसे भी संयोग ही कहा जाएगा कि व्यास जी के व्यक्तित्व में राजशेखर की विद्वत्ता और रसिकता दोनों का अद्भुत सम्मिश्रण था। ऐसी विदग्ध विद्वत्मंडली में मुझ जैसे नौसिखिया के लिए कोई स्थान नहीं था। मैं तो काव्यशास्त्र विनोद के क्षेत्र में उनके अखाड़े का लतमार था, जो बाद में पहलवान बनने का दम्भ करने लगा। उनकी संवेदनशीलता के सहभागी तो स्व. रमाशंकर शुक्ल 'हृदय' और स्व. गोपीकृष्ण शास्त्री जैसे मर्म-मधुर मनीषी थे।

हाँ, तो उस सारस्वत पर्व (कालिदास समारोह) पर उज्जयिनी अपना प्रतिकल्पा नाम सार्थक-सी करती प्रतीत होती थी। संयोग की बात है कि नेपाल प्रवासी होने पर भी उस अवसर पर मैं अनायास उपस्थित हो गया। मुझे देखकर पंडित जी भाव-विभोर हो उठे और छाती से चिपकाकर बोले कि 'सुमन! तुम भी आ गये, यह तो बहुत ही अच्छा हुआ। आज मेरा चिरकालिक स्वप्न साकार हो गया। अब तो मर भी जाएँ तो कोई चिन्ता नहीं।' कहकर वे बालकों की भाँति सिसक उठे। मैं तो अवाक् मन्त्रमुग्ध-सा उनके आनन्दाश्रुओं की छलकन में उज्जयिनी के प्रति उनके अनुराग का प्रतिबिम्ब निहारता रह गया। महाकाल के पार्श्व में उस निर्धूम जातवेदस की ज्वलन्तता शरभंग ऋषि की यज्ञवेदी की याद दिलाती थी।

आज से लगभग वर्षों पूर्व जून 1932 में मैंने पंडित जी के प्रथम दर्शन किये थे। अपने अग्रज स्व. हरदत्त सिंह जी का ग्वालियर से उज्जैन स्थानान्तरण हो जाने पर मैं उन्हीं के साथ माधव कॉलेज में इंटर-प्रथम वर्ष में प्रवेश लेने आया था। किसी कारणवश मुझे एक महीने बाद पुनः ग्वालियर लौट जाना पड़ा, पर वह संक्षिप्त प्रवास मेरे लिए बहुमूल्य बन गया। मैं व्यास जी के निवास 'भारती-भवन' के बगल में ही

महाराजवाड़ा में ठहरा था। उस समय उसकी ऊपरी मंजिल में राजपूत बोर्डिंग था। प्रथम दिवस ही क्षिप्रा-स्नान और महाकाल दर्शन के पश्चात् अपने अग्रज के साथ पंडित जी के द्वार पर पहुँचा तो उनके गेहुँआ वर्ण, प्रशस्त ललाट, शुक-नासिक और अन्तर्भेदी अवलोकन पर मंडित सुनहले फ्रेम चश्मे को बिम्बित करने वाली उनकी मन्द-मन्द मुस्कान को देखकर मुग्ध हो गया। उस समय तक पंडित जी के निवास का प्रासाद-प्रतिरूप निर्मित नहीं हो पाया था। आज भी उनके भवन के दक्षिण पार्श्व में आबनूस की लकड़ी का जैसा अलिन्द महाकाल के कुंड की ओर खचित है, ऐसा ही लम्बा-सा बरामदा और बैठक गादी और तकिया से सुसज्जित था। अग्रज तो अपने ग्रहों-नक्षत्रों की चर्चा में व्यस्त हो गये, पर मैं उस विशेष करीने से सजाए हुए कक्ष में उज्जयिनी के प्राचीन वैभव की झलक पाने को लालायति होता रहा। उस समय मुझमें ऐसी कोई बात तो थी नहीं कि उनकी नज़रों पर चढ़ता। नयी-नयी तुकबन्दियाँ लिखना आरम्भ ही किया था और पंडित जी को सुनाना भी चाहता था पर भाई के डर से साहस नहीं हुआ।

कविरूप में तो मेरा उनसे परिचय सन् 1943 में हुआ, जब उन्होंने 'विक्रम' में मेरी 'बंगाल का अकाल' नामक कविता प्रकाशित की। फिर 1948 में माधव कॉलेज के हिन्दी विभाग के अध्यक्ष के रूप में उज्जैन निवास का सुयोग सुलभ हुआ, तो शनैः—शनैः उनके वात्सल्य-भाजन बनने के सौभाग्य क्रम की भी एक कहानी है, जो एक स्वतन्त्र निबन्ध और ग्रन्थ की अपेक्षा रखती है। मैं तो यही सोच-सोचकर विस्मित हूँ कि मैंने उन्हें 30 वर्ष की आयु से देखा था, महाप्रयाण के समय 75 वर्ष की आयु में भी उनमें कोई विशेष अन्तर नहीं पड़ा था। वही मन्द मुस्कान, वही सिंह ध्वनि और वही अन्तरंग चर्चा का आह्लाद। देश के मूर्धन्य चिकित्सकों को भी आश्चर्य था कि पक्षाघात के इतने प्रबल आघात के बाद वे पुनः कैसे उबर आये। पता नहीं वह कौन-सी अन्तर्मुखी साधना थी, जो उन्हें काल के विषम आघातों को मुस्कराते हुए झेलने का अदम्य साहस और धैर्य प्रदान करती थी।

जीवन के विषण्णतम क्षणों में भी उन्होंने कभी किसी से दया की भीख नहीं माँगी। महाराजाओं का प्रताप और महाजनों का ऐश्वर्य उनके स्वाभिमान को दर्पित नहीं कर पाया और वे अपनी अकिंचनता में भी आपूर्यमाण और अचल प्रतिष्ठ ही बने रहे। निश्चय ही अवन्ती की अन्तरंग-गोष्ठियों में उदयन की भाँति उनकी भी कथा सदियों तक विशाला की श्री को महिमा-मंडित करती रहेगी।

परिशिष्ट–3

व्यास जी : अनेक मुखड़े, सभी उज्ज्वल

पद्मश्री वि.श्री. वाकणकर

उज्जयिनी का प्रांगण आधुनिक युग में जिन विशिष्ट व्यक्तियों के कारण सुरभित रहा है, उनमें स्वर्गीय पंडित सूर्यनारायण व्यास का नाम अग्रगण्य है। किसी नगर में शायद ही ऐसा कोई व्यक्ति होगा, जो उनकी तरह राव में रंक तथा कुलपति से अनपढ़ किसान तब सबका परिचित और प्रिय हो।

पंडित जी का घर एक अतिथिगृह था, जहाँ परतन्त्रता के दिनों में भी क्रान्तिकारियों को आश्वस्त आवास मिलता, विद्वज्जनों को आत्मीय सहवास मिलता, दुखी-सन्तप्त जनों को सांत्वना मिलती और अनपढ़ कृषक एवं श्रमिक को प्रगति का मार्गदर्शन होता, संशोधकों को सामग्री मिलती, भाषाविदों को ठेठ मालवी का आस्वाद मिलता, पुराविदों को अभिलेख एवं पुरावशेष मिलते, ज्योतिषियों को वराहमिहिर का आधुनिक अवतार मिलता और शिक्षाविदों को शिक्षा-योजनाओं का प्रात्यक्षिक मिलता, कलाकारों को प्रेरणा मिलती, साहित्यिकों को सजीव चेतना मिलती, समाजसेवियों को गतिशील विचार मिलते, राजनीतिज्ञों को प्रखर स्वातन्त्र्य और क्रान्ति की चेतना मिलती।

इस अनोखे व्यक्तित्व ने अपनी बहुमुखी प्रतिभा से उज्जयिनी में एक 'व्यास-युग' निर्मित किया और 'भारती भवन' के छज्जे पर बैठकर उज्जयिनी की समृद्धि में वह योगदान दिया, जो भुलाया नहीं जा सकता। उज्जयिनी के गौरव विक्रम विश्वविद्यालय, अखिल भारतीय कालिदास परिषद्, विक्रम कीर्ति मन्दिर, सिन्धिया प्राच्य शोध-प्रतिष्ठान, कालिदास महोत्सव, कालिदास अकादमी आदि के मूल प्रेरणास्रोत पंडित जी थे।

सूर्यनारायण थे नारायण के पुत्र और नारायण की प्रतिष्ठा को सूर्य के समान

प्रकाशमान करके अपनी व्यास-कुलोत्पन्नता को सार्थक कर दिया था उन्होंने। उनकी मान्यता थी कि कृष्ण के गुरु सांदीपनि ऋषि की कुल-परम्परा से उनका सीधा सम्बन्ध था। इतिहास इसे भले ही प्रमाणित न करे, किन्तु उज्जयिनी में विश्वविद्यालय की स्थापना के लिए जो अथक परिश्रम उन्होंने किया और उसकी सार्थकता का जो स्वरूप आज दिखाई देता है, वह निश्चय ही सांदीपनि से उनकी निकटता का द्योतक है। उनके पिताश्री नारायण व्यास स्वयं संस्कृत के उद्भट पंडित थे। और उनका सम्बन्ध पाश्चात्य संस्कृत-पंडित हुल्ट्ज बूलहर एवं ल्यूअर्ड से था। ज्योतिषशास्त्र के वे असामान्य अधिकारी थे और उनकी यह विद्या श्री संकर्षणजी और सूर्यनारायण दोनों भाइयों ने प्राप्त की थी।

पंडित सूर्यनारायण जी अपने ज्योतिष के कारण जगमान्य थे और अपने इतिहासज्ञान, साहित्यिकता एवं देशप्रेम के कारण विद्वज्जगत् में भी सम्मान्य थे। उज्जयिनी, अवन्तिका, मालव उनका अपना आत्मीय विषय था। मालवी भाषा के उन्नायक व्यास जी बोलचाल में उसका प्रयोग करते, किन्तु संस्कृत मराठी, हिन्दी, बांग्ला, गुजराती, अँग्रेजी आदि भाषाओं पर उनका प्रभुत्व था।

2 मार्च 1902 (फाल्गुन कृष्ण 8, सम्वत् 1949) को उनका जन्म हुआ। उनका शैशव पंचमुखी हनुमान के देवालय में, महाकालेश्वर के सान्निध्य में, रूद्रसागर की उत्ताल तरंगों की ध्वनि में, माँ भगवती हरिसिद्धि के देवालय की संध्या छायाओं में एवं स्वनामधन्य महादजी सिंधिया के प्रासाद—तले बीता। ऋषितुल्य पिता के आश्रम मे संस्कृत एवं ज्योतिष का प्रारम्भिक शिक्षण पूर्ण करके उन्होंने वाराणसी संस्कृत विश्वविद्यालय में आगे का शिक्षण पूर्ण किया।

इन्हीं दिनों देश में चल रहे स्वातन्त्र्य आन्दोलन में आप्लावित हो उन्होंने क्रान्तिकारियों के आश्रयदाता के रूप में अपने घर को 'जनधर्मशाला' बनाया। वीर सावरकर, रासबिहारी बोस, शचीन्द्रनाथ सान्याल आदि के कार्यों से उनमें क्रान्ति के लिए स्फुलिंग का जागरण हुआ, उसे उन्होंने पल्लवित किया 'आनन्दमठ', 'अन्दमान की गूँज' आदि काव्यों से। सावरकर साहित्य से उन्हें जो प्रेरणा मिली, उसका प्रचार भी उन्होंने स्वयं उन पुस्तकों का वितरण करके किया। काकोरी कांड के वीरों की सहायता-हेतु उन्होंने घर-घर जाकर अर्थ एकत्र किया।

उनके इस क्रान्ति प्रेम ने अनेक क्रान्तिकारियों को उनकी ओर विश्वासपूर्वक आकृष्ट किया। स्वयं भैया चन्द्रशेखर आज़ाद प्रच्छन्न वेश में आकर उनसे मिलते। भगतसिंह उन दिनों जेल में थे और उन्होंने आयरिश क्रान्तिकारी डानब्रीन की जीवनी लिखी थी। विश्वम्भरजी के पकड़े जाने पर मि. छगनलाल ने लाहौर जेल से उस जीवनी की पांडुलिपि प्राप्त की। उसे छपवाने की समस्या थी। एक सेठ ने 300 रुपये

की सहायता दी। पंडित जी ने वह राशि अजमेर में बाबा नरसिंहदास जी के पास भेज दी और वह पुस्तक छपकर आ गयी। फिर वे उसके गुप्त वितरण में संलग्न हो गये।

पंडित जी का क्रान्तिकारी पक्ष जितना विविध था, साहित्यिक पक्ष उससे बढ़-चढ़कर ही था। प्रसिद्ध संशोधक श्री विष्णु करन्दीकर उन्हें जीवित विश्वकोश कहा करते थे।

प्रागैतिहासिक अवशेषों (मालव प्रदेश में प्रागैतिहासिक अवशेषों की खोज) से ऐतिहासिक काल (इतिहास के परिप्रेक्ष्य में उज्जयिनी-दर्शन) तक उनके विषयों की व्याप्ति थी। कृतमाव विक्रम सम्वत् के सम्बन्ध में उन्होंने व्यापक गवेषणा की थी। विक्रमादित्य : अस्तित्व-विषयक भ्रान्तियाँ और निराकरण पर उन्होंने अकाट्य प्रमाण प्रस्तुत किया। सातवाहन, पांड्य, शुंग, गुप्त वंशों के इतिहास पर मूलभूत प्रामाणिक लेखन करके नयी दिशाएँ दीं। अवन्ती-मालवा भाषा की विवेचना पर उन्होंने मौलिक संशोधन किया। विदेशों से सम्बन्धित ऐतिहासिक अभ्यास करके उन्होंने लंका, जावा, माया और समेरिय इतिहास पर नया प्रकाश डाला।

ज्योतिष उनका परम्परागत व्यवसाय था। अपने पिता से शास्त्रीय ज्ञान प्राप्त करके उनमें और अधिक योगदान दिया। अचूक भविष्यवाणियों के लिए वे विख्यात थे। उनकी इन भविष्यवाणियों की ख्याति यूरोप तक पहुँच चुकी थी। इसी कारण जब 1937 में वे इंग्लैंड पहुँचे तो ड्यूक ऑफ इडिनबरा ने उनका महल में स्वागत किया था जर्मनी प्रवास में वे हिटलर से भी मिले थे।

पंडित जी ने 1920 में 18 वर्ष की वय में लिखना प्रारम्भ किया था। अभी दो वर्ष पूर्व असह्य बीमारी के कारण ही लेखन-विश्राम लिया। मस्तिष्क में आघात के कारण उनकी स्मृति कुछ समय के लिए लुप्त हो गयी थी, जो उनके प्रबल आत्मविश्वास के कारण ही वापस आयी। इसके बाद बहुत दिन तक लिखना न हो सका और उन्हें इसका दु:ख भी था। पर अथक परिश्रम से उन्होंने वह शक्ति पुन: प्राप्त कर ली थी और स्वर्गवास (2 जून 1970) के पूर्व उन्होंने पुन: लिखना प्रारम्भ कर दिया था।

सन् 1948 में उन्होंने 'विक्रम पत्रिका' का प्रकाशन प्रारम्भ किया और 1955 तक उसे चलाया। इस अरसे में उन्होंने उसमें 1536 पृष्ठों की सामग्री लिखी (*यह जानकारी ठीक नहीं है। विक्रम 1942 में प्रारम्भ हुआ और वर्ष 58 तक प्रकाशित होता रहा एवं उनके लिखे संपादकीय 2500 से ऊपर है—सं.*)

बहुमुखी प्रतिभा के धनी थे पंडित जी। गम्भीर चिन्तनपूर्ण लेख भी लिखते थे और हास्य-लेखों का भी सृजन करते थे। उज्जयिनी, कालिदास और विक्रम पर गम्भीर शोध करने वाली संस्था 'कालिदास परिषद्' के वे जन्मदाता थे, तो उज्जयिनी

के 'टेपा सम्मेलन' के भी उन्नायक थे। उनका 'श्वान-प्रबन्ध' और 'एक और डाक्टरेट' (राजसभराज गर्दभ पर) हिन्दी—व्यंग्य के उत्कृष्ट उदाहरण हैं। डाक्टरेट की 'सिनाप्सिस' में उस प्रबन्ध का नामकरण था—'गधे का ऐतिहासिक—सांस्कृतिक अध्ययन : समाजवादी दृष्टिकोण से।'

काव्यानन्द उनका स्थायी भाव था। कविसम्मेलनों, कविगोष्ठियों और काव्यपाठों को उन्होंने उज्जयिनी की सांस्कृतिक गतिविधियों में श्रेष्ठ पद पर प्रतिष्ठित कराया। केवल रसानन्द की प्राप्ति के लिए वे काव्य रचना करते थे।

उनके कवि हृदय का सौरभ हिमाच्छादित देवात्मा हिमालय की गोद में उन्मुक्त हो इस तरह फैल पड़ा—'रम्य सुमन सज्जित वन उपवन हिमस्नात वे प्रात'। उनकी काव्य-प्रतिभा के कलकल-रव युक्त प्रवाह को प्रवाहमान कर गया—

वह निकुंज सुर-सरिता 'डल'-सी, गुरुतर गिरिवर-माला,
मनोमोहिनी, मिकिरीटिनी, प्रकृति की मधुशाला।
रंग-बिरंगी, सुरभित-सज्जित, कुसुम-क्यारियाँ प्यारी,
विविध लता लावण्यमयी, तरुवर से लिपटी न्यारी।
जलमय जीवन की सुन्दरता, सुषमामयी अनन्य,
प्रतिबिम्बित जगमग आलोकित प्रेक्षणीय बस धन्य।

स्निग्ध भावों के सर्जक व्यास जी हिमालय पर चीनी आक्रमण होते ही सिंहनाद करने में न चूके—धवल-धौत हिमतुंग शृंग का बना रक्तमय भाल। और महाकाल के इस अनन्य भक्त ने आह्वान किया—

शिवशंकर! कर लो त्रिशूल
अब तांडव नृत्य दिखाओ!
सावधान, सिद्धान्तहीन, विश्वासहीन ओ चीन।
शुद्ध-बुद्ध के अनुयायी तुम करते कुटिल मलीन।
निकट नाश को किया निमन्त्रित, हिम को आज तपाया।
राष्ट्र सिंह को भरी नींद से, छेड़ा और जगाया।
हिमगिरि की चोटी पर चढ़कर आज हमें ललकारा।
भारत के सिंहो जागो! यह है हिम शैल हमारा।

भारत की अस्मिता को जगाना ही उनका जीवन-व्रत था। परन्तु एक बार भावुक मन:स्थिति में जीवन के एकाकीपन की यह अनुभूति हमें सुनाई थी—

नाविक, मेरे हृदय-सिन्धु में उमड़ रही हैं लहरें।

तू ले जाना, कूल निकट है, मैं जाता हूँ गहरे।
पथ में अगणित भँवर पड़े हैं, आँधी है, तूफ़ान।
और निराशा की रजनी है काली, कहना मान।
बहने दे जीवन-नौका को अब मत लगा सहारा।
इस जगती में एकाकी है जीवन, सखे हमारा।

जीवन की आँधी का एहसास उन्हें हमेशा ही होता था। परन्तु आत्मसम्मान की उनकी चिन्ता ने उसे हमेशा अन्तर में ही बन्द रखा। सहायता देने के इच्छुक आये, पर मान के धनी ने अपना हाथ कभी भी न बढ़ाया। हाथ बढ़ा अवश्य-अभय-मुद्रा में, दान-मुद्रा में, भिक्षाटन मुद्रा में नहीं।

पत्रकारिता में अभिव्यक्ति स्वातन्त्र्य के वे कट्टर समर्थक थे और जब उन्होंने 'विक्रम, में छपे लेखों द्वारा देशी नरेशों के आमोद-प्रमोद और लिबास पर कड़ी फटकार दी, तब नरेशों की थैलियाँ उन्हें मोह न सकीं।

कराची काँग्रेस के अधिवेशन के समय क्रान्तिकारी भगतसिंह, सुखदेव और बटुकेश्वर दत्त की आत्माहुति से तड़पने वाले इस अन्तःकरण ने उज्जयिनी के चित्रकार स्व. मुकुन्दराव भांड से 'आहुति' (राष्ट्र यज्ञ कलेंडर) नामक चित्र बनवाकर इंडियन प्रेस के प्रयास से छपवाकर वितरित कराया। यह कार्य उन्होंने स्व. श्री सूरजप्रसाद (उज्जयिनी के दिवंगत निष्ठावान स्वातन्त्र्य सैनिक) के हाथों करवाया था। सारी व्यवस्था गुप्त रूप से हुई थी। जब चित्र बँटे तो अँग्रेज़ी सत्ता चौंकी, क्रुद्ध हुई, किन्तु राज़ खुल न सका।

क्रान्तिकारी पंडित जी स्वातन्त्र्य-आन्दोलन की अहिंसात्मक गतिविधियों में भी पूरे जोश से भाग लेते रहे। स्व. आगरकरजी के सार्वजनिक कार्यों में उनका प्रमुख सहयोग रहा। अजमेर के सत्याग्रह में प्रत्यक्ष भाग लिया, पिकेटिंग करके विदेशी माल की बिक्री का विरोध किया। काकोरी केस के एक अभियुक्त क्रान्तिकारी विश्वम्भरनाथ शर्मा उज्जयिनी में पंडित जी के 'भारती-भवन' में छह मास सुरक्षित रहे। इन्दौर रेसिडेंसी ने उन्हें ख़तरनाक आदमियों की सूची में दर्ज़ किया। खुफिया पुलिस की निगाह से बचाकर छैलबिहारी उर्फ मि. छगनलाल को भी अपने यहाँ छुपाये रखा।

सन् 1942 के आन्दोलन ने उन्हें भी अछूता नहीं रखा। 42 मीटर बैंड पर गुप्त रेडियो-स्टेशन चलाने का भार अपने ऊपर लिया, इसमें मध्य भारत के एक महाराज का भी उन्हें सहयोग था। रेडियो संचालन में बनारस काटन एवं सिल्क मिल्स के मैनेजर स्व. सरदार सिंह जी ने अपरिमित सहायता दी और रेडियो यन्त्रों के वहन में महादेव जोशी ने पर्याप्त सहयोग दिया। परन्तु जब स्वतन्त्रता-सेनानियों की सूची बनी

और ताम्रपत्र एवं पुरस्कार की बारी आयी तो पंडित जी ने उसमें तनिक भी रूचि नहीं ली। राष्ट्रपति ने उन्हें 'पद्मभूषण' से सम्मानित किया, किन्तु अँग्रेजी को चलाये रखने की सरकारी नीति के विरोध में उन्होंने उसे 1967 में त्याग दिया।

'सिन्धिया प्राच्य प्रतिष्ठान' उन्हीं के अथक प्रयत्नों से स्थापित हुआ। पाश्चात्य जर्मन विदुषी मैडम 'शार्लेट क्राउजी', आठव-शास्त्री, गोपीकृष्ण शास्त्री, स्व. स. ल. कात्रे और पंडित टिल्लू शास्त्री को इस संस्था में लाने का श्रेय भी उन्हीं का है। टिल्लू शास्त्री के अवकाश ग्रहण करने पर पंडित जी मानद नियामक बने, किन्तु कभी आर्थिक लाभ न लिया। (*यहाँ तक की अपने वाहन के बिक जाने पर वि.वि. के वाहन से कार्यालय जाने पर वे वि.वि. में पेट्रोल खर्च भी जमा करते थे*—सं.)

जीवन भर वे विक्रम और कालिदास के अनन्य उपासक रहे और दोनों को ई.पू. प्रथम शताब्दी का ही मानते रहे। वे आशावादी थे और प्रत्यक्ष प्रमाण के अभाव में भी वे अन्त:प्रमाणों से यही काल-निर्धारण करते रहे। वर्ष 1975 में मैं, डॉ. भगवतीलाल राजपुरोहित एवं डॉ. सुरेन्द्रकुमार आर्य 'विशाला शोध परिषद्' द्वारा आयोजित 'विक्रम एवं कालिदास का काल' नामक परिचर्चा का निमन्त्रण देने उनसे मिले। स्वास्थ्य ठीक न होते हुए भी वे उसमें आये और डॉ. भगवतशरण उपाध्याय की अध्यक्षता में उन्होंने अपने जीवन का अन्तिम शोधपूर्ण सार्वजनिक भाषण दिया।

उज्जयिनी से मुझे मिली कृत मृदा से और डॉ. जगदीश गुप्त को मिली भरत-मुद्रा से वे पर्याप्त आनन्दित थे। बोले कि मैं जीवन-भर इन महापुरुषों को ई.पू. प्रथम शताब्दी का ही मानता आया हूँ और इसकी पुष्टि में मैंने अपनी शक्ति-भर सभी योग्य तर्क दिये हैं, परन्तु आज प्रत्यक्ष प्रमाणों ने मेरी धारणा को सबल आधार दिया है।

उनके देहावसान के चार दिन पूर्व ही मैं उनसे मिलने गया था। तब वे चिन्तित थे, अपने बारे में नहीं, कालिदास महोत्सव के बदलते स्वरूप से, सिन्धिया प्राच्य शोध प्रतिष्ठान की शोध-पत्रिका के सम्बन्ध में और कालिदास परिषद् के भावी स्वरूप पर।

उनके सफल 'स्वाभिमानी' कृतत्वशाली जीवन की कुंजी यह थी, उन्हीं के शब्दों में—"आत्मविश्वास ही सदैव प्रेरक रहा है। संघर्ष और संकट में भी इसने सदैव साथ दिया है।

नि:स्वार्थ स्नेह मेरी बहुत बड़ी निधि रही है। मैं अभावों में आत्मपरितोष मानता हूँ।

जीवन में स्वार्थ-साधना का मुझ पर आरोप नहीं लगाया जा सकता और न सिर झुकाने का ही प्रसंग कभी मेरे सामने आया।

मुझे अपने जीवन में अब तक विफलताएँ बहुत कम मिलीं। जो सफलताएँ मिली, वे किसी के जीवन-काल में कम ही मिल पाती हैं। मान-सम्मान, प्रतिष्ठा

आदि से मैं सदैव दूर भागता हूँ, पर वे मिलती ही रही हैं। उससे अन्तर में आनन्द अवश्य हुआ, पर उसे मैंने अपने ऊपर कभी हावी नहीं होने दिया।''

पंडित जी का यह व्यक्तित्व उनके कार्यों की पूर्ति का भार करने की शक्ति देता है।

□□□

णाणं पयासयं

वीर नि० 2470

ई० सन् 1944

भारतीय ज्ञानपीठ